U0141675

哈佛溝通專家教你轉化負面意見，
成就更好的自己

# 謝謝你的指教

道格拉斯・史東 Douglas Stone
席拉・西恩 Sheila Heen 著
朱崇旻 譯

THANKS FOR THE FEEDBACK
The Science and Art of Receiving Feedback Well

# 各界好評

我必須承認，《謝謝你的指教》讓我讀得很不自在，但這也是我如此喜歡本書的理由之一。史東與西恩透過犀利的見解與各種實用的重點，揭露接受回饋的難處——以及進步的方法。假如你喜歡在職場上接受批評，更愛在個人生活中受人批判，那你應該是全世界唯一能安心跳過這本書的人。

——丹尼爾．品克，《未來在等待的人才》作者

《謝謝你的指教》是本有機會改變人生的書，它能幫助人正視生命中最困難卻又最重要的部分之一：接受回饋。它是一張地圖，帶領讀者遠離防衛心態，朝自覺、更深入學習與更完滿的人際關係邁進。

——亞當．格蘭特，華頓商學院教授、《給予：華頓商學院最啟發人心的一堂課》作者

想成為學習型組織的領袖，首要工作就是提升回饋的品質，而本書是不可或缺的指引。

——艾美．艾德蒙森，哈佛商學院諾華領導力與管理講座教授

愛上這本書的，不會只有教育與人資工作者。只要是會接受績效考核的人，任何希望進步的人，都該閱讀本書。

——B・亞倫・埃騰坎，時代華納公司全球組織與領導發展部門執行董事

想像一個人人善於接受回饋的組織：在這裡，眾人的焦慮程度很低，且能持續學習與成長。這是不可能的嗎？有了這本獨一無二、直擊人心的書，空想也可能化為現實。

——茱蒂・羅森布倫，可口可樂前學習長、杜克大學企業教育學院創辦人

在工作場合，接受回饋十分重要，但在家庭中，這是關鍵技能。這本簡單又簡練的書，能教我們接受回饋的方法。

——布魯斯・法勒，《紐約時報》專欄作家與《意想不到的幸福家庭秘訣》作者

本書讓讀者坐上駕駛座，扭轉了學習主導權的典範。

——華格納・丹努佐，IBM前管理發展長、保德信金融集團未來工作力研究部長

接受回饋是一種技能，它和大多數其他技能一樣，需要投入心力與練習，才能幫助人改變與持續進步……在學習此技能這方面，本書是最有效的指南。

——《紐約時報》

生活中處處是回饋，我們或許無法完全控制他人對我們的想法，但絕對能改變自己面對與處理回饋的方式。

——《金融時報》

本書極為實用，任何有志管理組織、領導團隊、建立合伙關係或處理人際問題的人，都能活用書中種種技巧……兩位作者出色地教導個人與組織如何善用「回饋」的龐大價值，充分使用這項對人類學習而言最強而有力的工具。

——《戰略與經營》雜誌

本書並非教人逆來順受的宣言，而是傳授讀者理解回饋並將批評轉為堅毅篤定學習的技藝。聖人就不必讀了。

——《週日標準晚報》

這本獨特的書教我們如何優雅地接受回饋，無論是上司的批評、孩子對晚餐的評價，或婆婆對於教養風格的指責，你都能大方接受……兩位作者在充分調查後提出自己的見解、建議與小撇步，推出了卓越的好書。

——《親職雜誌》

本書呈現出與眾不同的面向，兩位作者不是來教導如何有效提出回饋，而是告訴讀者怎麼在接受回饋的同時建立自覺，並且訂立改善與進步的計畫……他們以極富意義的方式，陳述關於回饋的真貌。作者接續先前的暢銷著作《再也沒有難談的事》，再度提供有效的成長架構，幫助人接受以各種方式傳達的各種回饋，將它轉為己用。

——《T＋D》雜誌

所有人都必須增進接受回饋的能力，雖不必每次接納對方的想法，但在面對不公允的回饋時，我們仍該捨棄大聲抗議的直覺反應，嘗試探詢雙方觀點分歧的原因……本書還提出一個值得記下的問題：就你對我的觀察，我的哪一種行為妨礙了自己？

——《衛報》

驚人的是，竟然極少有人注重有效聽取回饋這門學問。現在，兩位作者寫出一部完整探究「接受回饋的科學與藝術」的著作……他們深入討論有效應用回饋的方法，同時探索「回饋」的新定義。在益發注重個人與自我的社會文化中，這本教人有建設性地接受並使用他人意見的書，值得大眾一讀。

——《科克斯書評》

我和管理團隊一起閱讀《謝謝你的指教》，還花好幾個鐘頭討論書中內容，彷彿這是教人怎麼一輩子獲得免費咖啡與甜甜圈的說明書！現在，我們有辦法為建設性回饋設立有意義的標準，而且更重要的是，我們還能和無法順利接受回饋的警員合力發展出合理的解決方法。作者的觀念融合了我們加州警政機構對服務與專業的要求，可說是完美的結合，我們準備在提供給全警局的訓練當中，加入本書的教導。

——小J・愛德華茲，少校與警校教官

《謝謝你的指教》的重點不是如何給予回饋，它比那重要得多，是接受回饋的技巧……在我們心目中，自己是想法開明、情緒上能接受批評的人，然而實際上，我們就是各不相同的人類。這本書承認人人反應各異的事實，也提出面對回饋、處理回饋與隨之成長的方法。

——丹・科特雷爾，《國際橄欖球教練》雜誌

給全世界最棒的父母，安與唐・史東，是你們教我認知到真正重要的事物。

——道格拉斯・史東

給約翰、班傑明、彼得與亞德蕾，謝謝你們不顧我的缺陷——甚至（偶爾）因為我的缺陷——選擇接受我。

——席拉・西恩

# 目次 contents



## 回饋面臨的挑戰

## 真相觸發機制——「看清」的挑戰

## 對話中的回饋

# 前言——從推到拉

在你告訴我怎麼做得更好之前，在你提出改變我、改善我、修整我的大計畫之前，在你教我怎麼撐起自己、拍掉身上的塵土、變得光鮮又成功之前——你要知道，這些話我都聽過了。我受過評量、評價、排名，也受過指導、篩選、評分，曾優先選中或最後才中選，甚至是徹底落選，而這些都只是幼稚園等級的經歷。

我們生活在各界批評指教的汪洋之中。光是在美國，每個學童每年就有多達三百份的作業、作文與考卷；數百萬名孩童會在參加體育團隊選拔或戲劇社演出時受評量；將近兩百萬名青少年會收到ＳＡＴ成績，面對各所大學或褒或貶的評價；至少四千萬人在網路上挑選戀愛對象，其中七一％的人相信自己能一眼就尋獲愛情，而在彼此認識後……每年有二十五萬場婚禮被取消，還有八十七．七萬對配偶申請離婚。

職場上還有更多意見回饋在等著我們。每一年，有一千兩百萬人失去工作，無數人擔心下一個輪到自己；超過五十萬間新企業首次開張，還有將近六十萬間新公司關門大吉；數千家公司掙扎求活，其會議室與茶水間充斥著關於公司**為何**營運不佳的爭論……各種批評指教漫天飛舞。

對了，我們還沒提到績效考核呢！根據估計，今年會有約五十%至九十%的員工收到考核結果，這不僅關係到加薪、獎金與升遷，還經常和我們的自尊息息相關。全球各地，每年共有八二五萬小時——整整九．四萬年——用於準備與進行年度考核上；在事後，我們感覺自己老了好幾千歲，但真的有學到任何東西、獲得任何成長嗎？

・瑪姬收到的考核結果是「符合預期」，這在她聽來就像是說：「妳怎麼還在這裡上班？」
・你讀二年級的孩子在美術課畫了一幅「媽咪罵人」，因此成了學校家長日的熱門話題。
・你的配偶從好幾年前開始，老是一再針對你那些人格缺陷抱怨不停。你覺得配偶不是在「給你建議」，而是在「煩你」。
・羅德里戈一次又一次閱讀自己的「三六〇度全方位績效回饋報告」，看得一頭霧水。現在他只知道，自己和所有同事的關係都變得更尷尬了。

《謝謝你的指教》這本書所討論的，是「接受回饋」這項大挑戰——我們該如何接受好評與負評、正確與錯誤的回饋、若無其事的意見、苦口婆心的指教，以及不經大腦的建議？本書並非鼓勵人進步的讚歌，也不是來信心喊話教你如何接納自身錯誤。我們確實會鼓勵你，但主要目標是誠實檢視「接受回饋」這件事**為何**困難，並提供架構與工具，幫助你消化有挑戰性，甚至是令人崩潰的資訊，將它轉化成加深見解、讓自己成長的能量。

☺😐☹

一九九九年，我們和同僚兼朋友的布魯斯·巴頓合著《再也沒有難談的事》，自此之後，我們持續在哈佛法學院教書，並且和不同地域、不同文化及不同產業的客戶合作。我們有幸和形形色色的人共事，包含經理、創業者、油井設備操作者、醫師、護理師、教師、科學家、工程師、宗教領袖、警察、製片人、律師、記者、救災人員，甚至還和舞蹈教師、太空人接觸過。

我們很早就注意到一件事：當我們請客戶列出最難談的事時，他們**總會**提到「回饋」。無論他們是誰、在哪裡、做什麼、為何找上我們，客戶總是告訴我們，即使深知對象亟需誠實的回饋，但執行起來仍非常困難。有時候，同仁有一些多年未處理的績效表現問題，我們的客戶終於給予了回饋，結果往往不如人意：同仁因此惱羞成怒，結果反而更沒有動力。光是給予回饋就耗費了大量的勇氣與精力，結果又令人灰心，那我們又何苦要給予回饋呢？

說著說著，團隊中往往會有人跳出來表示，**接受**回饋也沒比給予回饋輕鬆多少，因為別人的回饋也許不公平或根本有誤，也可能時機抓得不好或表達得很糟糕。此外，回饋者怎麼會認為自己有資格提出意見呢？他們雖然是上司，卻沒有真正理解我們的工作或所受的限制，憑什麼對我們指手畫腳？聽完回饋之後，我們只覺得不受尊重、毫無動力，以及忿忿不平。我們要這種回饋做什麼？

說來有趣，我們在給人回饋時，經常覺得接受方不擅於接受回饋；在接受回饋時，往往認為對方沒有好好給我們回饋。

回饋這東西究竟怎麼了？為什麼給予者與接受者都為它頭痛不已？於是，我們開始傾聽人們描述他們的困境、掙扎與跨越難關的過程，並且在自己身上看見同樣的掙扎。在構思處理回饋的新方法時，我們很快就發現，其中的關鍵並不在於給予者，而是接受者。這不僅能改變我們在職場處理績效考核的方式，還能改變我們在職場、私生活中學習、領導與表現的模式。

## 什麼東西算回饋？

只要你收到關於自己的資訊，就算是收到了「回饋」。廣義來說，我們透過自身經驗與其他人（也就是從生活中）學習到關於自己的種種，就算是收到了回饋，其中包括你的年度績效考核、公司員工問卷、當地美食家對你經營的餐廳的評價。不過除此之外，你兒子在觀眾人群中看見你時，眼睛一亮的模樣，以及你朋友在以為你沒注意時，悄悄脫下你織的毛衣，這些也算是回饋。多年合作的客戶持續與你更新合約、路邊的警察把你訓斥一頓、不靈活的膝蓋一再讓你知道自己的身體大不如前，以及你家十五歲小孩令你摸不著頭緒的愛與鄙視……這些也都是回饋。

總而言之，回饋不僅是評分，還包括你收到的道謝、評論、下一次邀請，甚至是對方絕口不提的事。人們能給你正式或非正式、直接或暗示的回饋、直白或婉轉的回饋，以及淺顯易懂或隱晦到不明所以的回饋。

舉例來說，配偶剛剛給出那句評論：「你穿那件褲子不好看。」**我穿這件褲子不好看？這是什麼意思？**是褲子本身有問題？還是你嫌我最近變胖了？是在暗諷我跟不上流行？還是認為我都這麼大了，卻不懂穿搭？或是想幫我打扮得更體面，好參加稍後的派對？還是想以此展開話題，接著和我談離婚？（**你說我反應過激？這又是什麼意思？**）

## 回饋的簡史

「回饋」（feed-back）一詞源於一八六〇年代的工業革命，最初的意思是輸出能量、動量或訊號，回歸機械系統的原點。到了一九〇九年，諾貝爾獎得主卡爾．布勞恩（Karl Braun）使用「回饋」一詞，形容電路中不同部件的連接與迴路，而十年後組成了新的複合字「feedback」，用以形容擴音系統的聲音迴圈，也就是我們在高中禮堂與吉米．罕醉克斯唱片中聽到的刺耳尖銳聲。

第二次世界大戰過後，開始有人將「回饋」一詞用於勞資關係，描述人們與績效管理的關係。將矯正資訊回饋給原點——也就是身為員工的你，讓你這裡加強、那裡放鬆，然後就能像蘇斯博士（Dr. Seuss）故事中的神奇機器，調整到完美無瑕的最佳表現狀態。

在今日的職場上，回饋在人力培訓、加強士氣、團隊協調、解決問題與增加營收等方面，都扮演了關鍵角色。儘管如此，在近期一篇研究中，仍有五一％的受訪者表示，他們收到的績效考核不公平或不確實，而且每四位員工就有一位表示，在他們的職涯中，最害怕的就是績效考核。

其實主管也不怎麼喜歡給予回饋。只有二八％的人資工作者認為，自家主管有認真填表單，而非虛應故事。接受調查的高層主管當中，有六三％表示在績效管理這部分，他們最大的挑戰是底下的經理缺乏勇氣與能力，無法就回饋進行高難度對話。

有什麼地方出了問題，因此每一年大大小小的組織會花費數十億美元訓練主管、經理與領袖，教他們如何更有效地**給予**回饋。當回饋遭到抵抗或被直接否定時，人們鼓勵給予者堅持己見，更用力地**推動**下屬。

但我們認為這是錯的。

## 拉比推更有效

訓練主管**給予**回饋，教他們怎麼推動下屬才更有效，這樣做當然也有用。但假如接受者不願或無法吸收回饋，那主管再怎麼堅持、有技巧地提出回饋，效果也有限。重點不是給予者的權威或權力，畢竟只有接受者能控制自己要不要把話聽進去、要怎麼理解自己聽到的話，以及要不要改變自己。

更加努力地推動他人，鮮少成功開啟真心學習的大門。無論是在辦公室或家裡，我們不該只專注在教導給予者如何給出回饋，焦點應該放在回饋的**接受者**身上，並思考怎麼幫助我們每個人都成為更高明的學習者。

**創造拉力，才真正有影響力**。

所謂「創造拉力」，意思是掌握促使我們學習的技能，學會辨識並管理自己的抵抗心態，能在保持自信與好奇的狀態下討論回饋，並在認為回饋有誤之時，找出能幫助自己成長的洞見。此外，我們也該為自己與自己的世界觀出聲，提出自己的需求。創造拉力，就是學習接受回饋——沒錯，就算你心情很差，也可以學習接受錯誤、不公平與表達得很糟糕的回饋。

我們之所以用「拉」這個動詞，是因為它點出經常被忽視的事實：能讓你成長的關鍵變數，並不是老師或上司，而是**你自己**。我們當然會期望自己能遇到名師（也當然會珍惜自己身邊的良師益友），但可別等他們來到你身邊才學習。出色的師長與前輩十分罕見，我們生命中常見的，往往是已盡力卻能力有限的人、忙到沒時間幫助我們的人、本身也有不少毛病的人，或者是根本不擅長給予回饋或輔導他人的人……大部分時候，我們都得向上述這些人學習。因此，如果我們真心想成長、進步，就必須提升自己的學習能力，學會向所有人學習。

## 學習與被接受之間的拉鋸

聽起來應該不會太難，畢竟人類天生就適合學習。從嬰兒時期就能明顯看出人類的學習欲望，而到了幼兒時期，那份求知欲會更蓬勃發展。即使長大成人，我們還是會記住與棒球相關的各項數值；退休後，我們會出門旅遊；我們還會奮力練習瑜伽，只為了有所發現與進步帶來的滿足感。在關於幸福的研究中，「持續學習與成長」是生命尋得滿足感的關鍵要素之一。

我們或許天生適合學習，不過學習**關於自己的事**卻另當別論。自我探索可能會十分痛苦——有時甚至苦不堪言，而且旁人還常會以毫不體貼的方式給予各樣批評指教，讓我們聽了想一頭撞牆。這種時候，與其說是收到「學習之禮」，倒不如說像是在照結腸鏡。

- 湯姆的上司針對「組織能力」這事訓斥了他一頓。在開車回家的路上，湯姆不停清算上司的種種不是，甚至在路邊停車寫清單，條列上司的罪狀。
- 人事部長莫妮莎滿心希望慘不忍睹的員工意見調查，能讓高層主管敞開心扉，討論改變公司的方法。結果她收到財務長語氣不悅的一封信，對方在信中指出調查方法的缺陷，否定調查結果，甚至質疑莫妮莎的行事動機。
- 肯德菈的小姑不小心說溜嘴：婆家認為肯德菈對孩子的過度保護已到歇斯底里的程度。實際上小姑的措詞或許並非如此，但肯德菈在準備週日家族聚餐時，腦中不停重播這句話。

這也難怪，當我們察覺到難以接受的批評指教朝自己逼近時，會想要拔腿逃跑。問題在於，我們也知道不能無視別人的看法，把自己封在情緒夾鏈袋裡，若無其事地過活。我們從小經常聽人說：**別人的建議對你很有幫助**——和運動與蔬菜一樣，**它會讓你變強、幫助你成長**。難道不是這樣嗎？

回饋的確能幫助人變強與成長，我們的人生經驗也印證這點。我們或曾有過這樣的經驗：一位師長或家人在其他人不看好我們時，願意相信我們的能力，並致力栽培；一位真心相待的朋友對我們指出嚴苛的真相，幫助我們跨越難關。我們都親眼看見自己的信心與能耐增長、人際關係改善、粗糙的稜角變得圓融。其實回顧過往，我們還必須承認，即使是糟糕的前夫／前妻、傲慢專橫的上司，也和站在我們身旁的朋友一樣，加深了我們對自己的認識。自我認識並不容易，但現在我們更了解自己，也更喜歡自己了。

這讓我們感到糾結不已。難道回饋既像是結腸鏡，**同時**也是幫助我們成長的禮物？我們究竟該硬著頭皮接受回饋，還是掉頭逃命？學習真的有重要到值得我們去承受痛苦嗎？

這真是矛盾。

我們之所以如此，是除了渴望學習與進步之外，還有另一個最根本的渴望：自己真實的模樣能夠被愛、被接受、被尊重。但我們收到回饋，這代表現在的自己還不夠好，因此忍不住火大：「你為什麼不能接受我現在的模樣與行為？為什麼我有改都改不完的缺點，非得一直改進不可？你為什麼**就是沒辦法**理解我？上司／團隊／老婆／爸爸，**這就是我**。**我就是我**。」

接受回饋卡在這兩種渴望之間——我們渴望學習，也渴望被人接受。兩者都是人性深層的需求，它們之間的拉鋸不可能消失，但每個人都能以各種方式管控這股拉鋸力，減少自己面對回饋時的焦慮，儘管心中帶著恐懼，但仍能學習。我們相信，好好接受回饋的能力並非與生俱來，而是能夠鍛鍊的**技能**，在學習的過程中也許令人不快，但我們終究能學會。無論你認為現在的自己能否好好接受回饋，都還有進步的空間。這本書將告訴你如何進步。

## 成功接受回饋的益處

成功接受回饋，不表示你一定要**接納**那份回饋，而是有技巧地進行對話，深思後決定是否使用這份資訊，並且如何運用你學到的事情。成功接受回饋，指的是管理自己受到的情緒刺激，聽取對方的意見，並允許自己從不同的角度看自己。而有時候——我們將在第十章討論——你也必須設下界線，向對方說「不」。

成功接受回饋的益處顯而易見：人際關係會更豐富、自尊心會更堅定；此外，當然還會在處事上更進步，同時建立滿足感。而對某些人來說最重要的或許是，當我們接受回饋的能力增強了，即使面對最棘手的回饋互動，也不會像過去那樣令人心慌了。

在職場上，別只把回饋視為不得不承受的事；主動尋求回饋，也可能帶來深刻的影響。這種行為研究文獻稱之為「尋求回饋」。根據研究，尋求回饋者往往工作滿意度較高、工作時較有創意、較快適應新組織或新職位，流動率也較低。此外，尋求**負面**回饋的人，績效評分往往比較高。

這些結果也許不令人意外，畢竟願意直視自己的人，本來就比較好共事，和他們相處也輕鬆許多。與腳踏實地、心胸開放的人在一起，其他人也會得到能量與動力。你願意接受回饋，在職場上的關係就更能互相信任、互相配合，你和他人合作的生產力會更高，解決問題時也輕鬆不少。

至於私生活中的人際關係，我們處理親友怨言、請求與指教的能力，同樣至關重要。即使是面對關係最要好的人，我們也可能感到灰心或失去耐性，不小心傷害到對方——有時甚至是故意這樣做。我們能否處理自己的情緒、自己不高興的原因，以及自己和對方的衝突點，長期下來都會影響人際關係的健全與幸福。婚姻研究者約翰．高特曼（John Gottman）發現，一個人願不願意、有沒有能力接受來自配偶的影響與意見，是判斷一段婚姻是否健康、穩定的關鍵之一。

反之，倘若共事或相處的對象拒聽別人指教，用抗拒及爭論來面對回饋，就相當累人了，天天像是如履薄冰，不時要擔心與對方發生無意義的爭執，結果無法再坦誠相對，無法給予回饋，接受者也沒機會了解或解決問題。在這種情況下，處理問題的代價過高，以致再怎麼簡單的問題也難以面對，而重要的想法與心情也無從抒發，全憋在心裡。再繼續推演下去，問題將逐漸發酵，我們和對方的關係失去活力。隔絕最終導致孤立無援。

上述情況不僅令人沮喪，當今情況下，更是極具破壞性。專欄作家湯馬斯．佛里曼這麼觀察：「我們正逐漸進入新世界，現在是愈來愈鼓勵個人立定志向、堅持到底，還能精確量測每個人的貢獻度。假如你很有動力，非常好，這是為你量身打造的世界，你前途無量；但如果你無法給自己動力，那在這樣的世界生活將成為挑戰，因為過去保護人們的牆壁、天花板與地板也逐漸消失了。」

等在前方的獎勵令人怦然心動，而我們也押下了空前的高昂賭注。

這不僅會影響我們，也影響我們的孩子。無論我們是否有意為之，在孩子面前談論不公平的績效考核時，就是會影響他們應對不公平判決的方式，這也許會導致他們輸掉大局。孩子們面對挑戰的方式，是從我們身上學來的。被小惡霸謾罵時，他們的自我形象會不會下降？孩子會觀察我們面對困境時的反應。比起一次次鼓勵與說教，以身作則的教育效果實在好得多，孩子也更能從我們身上學到堅強。

在職場上，以身作則也能引起關鍵的變化。如果你尋求輔導，你的下屬也會尋求輔導；如果你能為自己的過錯負責，同儕也會較願意承認自己犯的錯；如果你試著實踐同事提出的建議，他們也會更願意嘗試照你的想法做。隨著你組織位階的上升，以身作則的效果會愈來愈強。高層管理團隊接受回饋的能力，對組織的學習文化影響更為深遠。當然，你一旦步步高升，誠實的諫言會愈來愈少，你只能更努力去尋求回饋。只要你做到了，就能定出基調，培養樂於學習、解決問題、適應力強的高效組織文化。

## 挖掘小馬

有一則老笑話，說到有位快樂又樂觀的年輕人，他父母想教他用更務實的眼光看世界，於是在他生日當天送了一大袋馬糞。

「你收到什麼禮物了？」祖母聞到臭味，皺著鼻子問道。

「我也不知道。」男孩一面興奮地在糞堆中挖掘，一面開心地高喊：「可是這裡面好像有小馬耶！」

這笑話就和收到各界批評指教有點像。接受回饋未必是樁愉快的差事，但或許你能從中挖出小馬呢！

# 回饋面臨的挑戰

# Chapter 1

# 三種阻絕回饋的觸發機制

讓我們先從好消息說起：並不是每種回饋都難以接受。你兒子的老師可能會誇獎這孩子有驚人的社交能力；客人也許會提出聰明的建議，幫助你加快訂單處理的流程；你想剪瀏海，理髮師卻想到更合適的髮型，而且確實比瀏海好看很多……我們天天接受這類回饋，無論有沒有幫助，都不會讓我們太過困擾。

大多數人收到正面回饋時，都沒有問題，但也有時就連讚美都能令人不安。我們可能會擔心對方是虛情假意，或是害怕自己沒資格受人讚揚。不過，碰上交易成功、發現你欣賞的人也欣賞你，或是在完美教導下有大幅進步，都是大快人心的事。我們辦到了，成功了，有人喜歡我們。

此外，也有一些比較麻煩的批評指教，令人感到困惑、憤怒、慌張或惶恐。你竟敢攻擊**我的**小孩、**我的**事業、**我的**人格？你不選我加入團隊？這就是你對我的看法？

這類回饋會觸發我們心跳加速、胃腸糾結、心思在飛快運轉後潰散。一般情況下，湧上心頭的情緒會被我們視為「阻礙」——必須擺到一旁的心煩意亂，必須克服的情緒干擾。當我們陷入這些被觸發的反應裡，感覺會非常差，世界也顯得黑暗許多，而平時信手拈來的溝通能力則消失無蹤。我們無法思考、無法學習，只能竭力保護自己、攻擊對方，或是夾著尾巴敗退。

然而，將觸發機制引起的反應推開或假裝它們不存在，並不能解決問題。要是不先找出觸發的根源，只想無視自己的身心反應，那就像是拔掉煙霧警報來處理火警一樣。

所以，觸發機制確實會產生阻礙，但它們不**僅僅**是阻礙，更是資訊，是能幫助我們找到問題根源的地圖。了解是什麼觸發了自己，釐清哪些東西會激起情緒反應，是我們管理自身反應、有技巧地進行回饋討論的關鍵。

那麼，讓我們來仔細看看這張地圖吧！

## 三種回饋觸發機制

給予批評指教的人非常多，我們的缺陷似乎也罄竹難書，因此在想像上，形形色色的回饋都能觸發情緒反應。幸好，實際上，阻絕回饋的觸發機制就只有三種。

我們稱為「真相觸發機制」「人際觸發機制」與「自我觸發機制」，每一種都由不同因素觸發，也會在我們身上引起不同的反應。

「**真相觸發機制**」是指回饋的內容本身引起觸發，有可能是對方的回饋有問題、沒幫助或根本不實。面對這類情況，我們會產生憤慨、忿忿不平與惱怒的反應。米莉安的先生告知她，在參加先生姪子的猶太教成人禮時，她表現得「冷淡又不友善」，這時，米莉安就受到真相觸發。「不友善？難道我該跳上桌子跳踢踏舞嗎？」她覺得先生的回饋真是莫名其妙，完全沒道理。

「**人際觸發機制**」是指，引起觸發的原因是在那位給予批評指教的特定人身上。所有回饋都會因給予者和接受者的關係，染上不同的色彩，我們可能會基於對給予者的**認知**（他們在這方面毫無可信度！）或是我們對於給予者**態度與行為**帶給我們的感受（我對你這麼好，結果你為這些芝麻綠豆的小事批評我？）而產生反應。這時，我們不再關注回饋的內容，反將注意力轉到斗膽提出批評指教的人身上（他們究竟是心懷惡意，還是愚蠢透頂呢？）。

相比之下，「**自我觸發機制**」的重點不在回饋的內容，也不在給予回饋的人，而在於**我們自己**。無論那些指教建言是對或錯、睿智或無腦，都是衝著我們的自我而來，挑戰我們對自己的認知，讓我們感到不知所措、備受威脅、羞愧難當，或者暈頭轉向，一時間不知該如何看待自己，甚至懷疑起自己的信念。這種狀態之下，我們或許會覺得過去做的都是錯的，未來也黯淡無光。但這其實是自我觸發機制導致的想法，而且一旦陷入其中，我們也不會有興致討論自己的優缺點，只是滿腦子想著怎麼存活下去。

上述這些反應是錯誤的嗎？如果回饋內容當真有誤，如果批評指教的人有令我們無法信任的不良紀錄，或者我們備感威脅、心生不平，這些難道不是合理的反應嗎？

沒錯，我們的反應確實合理。

我們被觸發的反應之所以成為障礙，並不是因為它們不合理，而是它們妨礙我們進行有技巧的對話。成功接受回饋是一種整理與篩選的過程，我們會學到對方看事情的方式，嘗試乍看不妥當的做法，進行測試，最後丟棄或擱置那些錯誤或目前不需要的回饋。

不光是接受者會從回饋過程中有所學習，在有效的對話中，給予者也可能會發現自己的建議沒有幫助，或是察覺自己的評估並不公平，雙方也能看清彼此間的關係。無論是給予者或接受者，都能看到自己是如何回應對方，並找到一條前所未見、生產力比過去高上許多的道路。

然而，我們幾乎不可能在受刺激時做到這些，因此會犯下錯誤，捨棄有價值的回饋，或是將本該丟棄的回饋放在心上。

## 我們為何被觸發？該怎麼改進？

接下來，我們要仔細檢視上述三種觸發機制，初步探討該如何更有效地管控它們。

### 一、真相觸發機制：回饋有誤、不公、沒幫助

不願接受指教的理由非常多，排在最前面的好理由，就是對方說的不對：提出的建議很糟

糕，評量的方式不公平，或是對我們的了解不夠，再不然就是沒考慮到最新的情報。面對這類回饋，我們會抗拒、防衛或反擊，有時會在對話中表達出來，有時會存在心裡。

然而，充分理解我們得到的回饋，並且以公平的方式評判它，其實不如我們所想那麼容易，下面是三項原因及改善方式：

## ◆區分收到的回饋是欣賞、指導，還是評量

在試圖理解回饋時，我們面對的第一個挑戰是……說來奇怪，我們常不知道那**到底**算不算回饋。就算是回饋，我們也不確定屬於哪一種，不曉得它對自己有什麼幫助。是沒錯，我們是請對方批評指教；但並不是要他們想說什麼就說什麼。

問題有一部分出在對於「回饋」的定義。「回饋」可以有很多種樣貌，鼓勵、訓斥、有助益的指教都算是回饋，被踢出團體也是一種回饋。這些不是只有正面與負面的分別，而根本是不同種類的回饋，目的也截然不同。

評估回饋的第一步驟，是為我們所面對的回饋分門別類。廣義而言，回饋分為三類：欣賞（認可）、指導（提出更好的做法）與評量（說明你目前的狀況）。很多時候，接受者想得到某一種回饋，或是把對方的話理解成某一種回饋，但實際上給予者提供的是另一種。例如你喜孜孜地將自畫像拿給專業藝術家朋友看，對於剛開始學畫的你而言，可能是需要一些鼓勵，像

是「哇，酷哦，繼續加油！」，結果朋友卻給你一張改進清單，列出該修改的十二個地方。反過來說也行。你將自畫像拿給專業藝術家朋友看，滿心希望對方能提點一番，卻只聽到「哇，酷哦，繼續加油！」。可是，對方不列出你的缺點，這樣要怎麼進步呢？

你要先知道自己想要的和實際得到的回饋分別是哪一種，因為兩者匹配與否相當重要。

## ◆首要任務是理解

有句聽起來再明顯、簡單不過的話：「在決定該如何處理回饋之前，先確保自己理解了對方的意思。」和我們一樣，你應該認為自己已經做到了這件事——你會傾聽回饋，然後決定接納或否定它。但是在接受回饋這方面，「理解」對方的意思是指，你必須看清他們看見的事物、明白他們的憂慮，並且理解他們提出的建議。這不太容易，事實上難如登天！

來看看奇普與南希的例子吧！他們在某個組織工作，專門為海外搶手的工作物色人力。南希告訴奇普，他似乎對非傳統背景的求職者存有偏見，而這份偏見會在面試時「浮出水面」。一開始奇普對南希的回饋置之不理，心想自己的偏見才不會「浮出水面」，因為他根本就沒有偏見。其實南希並不知道，奇普也是非傳統背景出身的人才，他甚至擔心自己會偏袒那些自行規畫人生道路的求職者。

在奇普看來，南希的回饋完全錯誤。那麼，難道我們要建議他無視對錯，全盤接受南希的回饋嗎？不是，我們的意思是，奇普還不明白回饋的實際**意義**。他該採取的第一步，是更努力理解南希看見的現象，想辦法知道她憂心的原因。

後來，奇普請南希進一步解釋。她說：「你面試傳統背景的求職者時，會說明這份工作常見的挑戰，然後聽他們提出解決問題的辦法。可是在面試非傳統背景的求職者時，你絕口不談工作的事，而是聊他們以前開咖啡餐車，或是和商船隊出海的經歷，根本就沒有認真看待他們。」

奇普漸漸能理解南希的意思了，並且說出自己的看法：「我覺得自己非常認真看待他們，我是想從這些人的經歷中，判斷他們是否努力不懈，能否隨機應變。為了因應海外工作可能出現的界線模糊與嚴苛條件，我們必須篩選出具備這些特質的人。比起提出假設性問題，這方法會好一些。」

奇普遵循「首要任務是理解」的方針，更加理解了南希的想法，南希也更理解奇普的看法。如此一來，對話有了好開頭；但接下來我們會看到，事情並不會就這樣結束。

## ◆看清自己的盲點

我們想理解對方的回饋，但事情會因盲點而變得複雜。當然，**你自己**沒有盲點，但確信同事、家人與朋友都有盲點——這想法就是個盲點。我們不但看不見自己的某些部分，甚至連自己有盲點也不曉得。而惱人的問題是，我們的盲點在別人看起來，真是再明顯不過了。

討論回饋容易引起困惑的一個關鍵，就是盲點。有時，我們認為有誤的回饋確實是錯了；但也有些時候，我們認為回饋有誤，只是因為對方說到了我們的盲點。

再回來看看奇普與南希的例子！南希能看見奇普看不見的東西，也就是奇普本人。當奇普面試求職者時，南希都在觀察他，因此發現奇普面對非傳統背景的求職者，往往是聊得有聲有色，說話音量大，也較常打斷對方，沒給求職者太多替自己說話的空間——有時甚至幾乎不給他們推銷自己的空間。

南希的見解令奇普大吃一驚，他幾乎不敢相信這番話，之前他都沒注意到自己的表現差異。此外，他也感到沮喪，倘若南希說對了，那麼也許他不但沒幫到自己最想面試進來的求職者，反倒還害了他們。他些微偏袒非傳統背景的求職者，居然阻礙了他們的求職路。

奇普與南希都從對話中有所學習，如今南希知道奇普並沒有惡意，而奇普也漸漸明白自己的行為對面試的影響。對話尚未結束，但他們有了新的認知，比較有辦法處理問題了。

處理真相觸發機制時，你不該假裝自己有所學習，也不該假意認同你認為有誤的回饋，而是要承認事情總是比表面看到的複雜，首先該努力的是理解對方。即使最後你認定回饋有九成是錯誤，只有一成是正確的，也可能那就是你成長所需的建言。

## 二、人際觸發機制：我才不想聽「你」的批評指教

我們對回饋的看法，一定會受到是誰來給予批評指教所影響，甚至可能以人廢言。而觸發我們的原因包括，給予者可信度高低、是否值得信賴、懷有什麼動機。有時對方對待的方式帶來什麼感受，也可能成為觸發原因：他們欣賞我們嗎？他們給予回饋時，有沒有尊重我們？（開什麼玩笑，竟然是寄電子郵件！）他們是不是自己有問題，卻想把責任推到我們頭上？認識二十多年的人有可能會引起激烈的反應；但有趣的是，在紅綠燈前才認識二十秒的人，也可能因為人際觸發機制而爆氣。

### ◆別切換對話軌道：區分「個人」與「事情」

人際觸發機制會產生傷痛、猜忌，有時甚至令人惱火。那麼該如何解套呢？我們必須將回饋與它所引發的人際關係問題區分開來，再清楚地分別談論這兩件事。

日常生活中，我們幾乎從來不這麼做，身為接受者，我們往往會為人際關係問題開戰，最初的回饋反而被我們置之不理。在給予者看來，我們完全岔開了話題，議題從他們給我們的回饋（「別遲到」），變成我們給他們回饋（「不准用那種口氣對我說話」）。這時，「人」大過於「事」最初的回饋被擋在半路上，我們稱呼這種現象為「動態換道」（dynamic Switchtracking）。

回顧之前提到的事件：米莉安的先生嫌她參加猶太教成人禮時態度冷淡。除了真相觸發機制之外，米莉安還受到人際觸發機制影響。聽到丈夫山姆說她態度冷淡，讓米莉安感覺自己不受重視、內心很受傷，於是她開始換道：「你知道我為了參加那場成年禮，忙了多久嗎？我特地改了媽媽去洗腎的時間，還幫女兒洗澡、挑衣服，讓她體體面面去參加**你**姪子的派對，就是你連名字都記不起來的那個姪子！」

米莉安提出了幾個重要的問題，包括自己的努力沒被山姆看在眼裡，以及家務分工不均。儘管這些問題相當重要，卻已偏離山姆提出的回饋。話題從山姆認為米莉安不夠友善，轉變成米莉安認為自己很努力，丈夫卻不領情。或許山姆真的擔心米莉安對婆家不夠友善（這當然是十分重要、值得深入討論的問題），但米莉安的努力被山姆忽視也同樣重要。不過兩者是不同的問題，應該分開討論才對。

試圖同時討論兩種問題，就像是把蘋果派與千層麵混在同個鍋子裡，一起丟進烤箱。不管你烤多久，結果都將慘不忍睹。

### ◆看清彼此的關係系統

第一種人際觸發機制，源自我們對這個人的反應：不喜歡他對待我的方式，或是不相信他的判斷力。即使回饋本身和雙方的關係無關，就算對方只是想教我們怎麼打網球或記帳，我們仍可能產生這些反應。

不過很多時候，雙方的關係不僅是給予與接受回饋的背景畫面，更是回饋的來源。每一段關係都是由獨特的雙方組成，兩人有各自的情感、喜好、性格，產生摩擦的並不是其中一人，而是這個組合。給予指教的人告訴我們，我們必須改變，但我們心中卻如此回應：「你認為問題是出在**我**身上？莫名其妙，問題明明就是**你**造成的！」我們才沒有**過於敏感**，是對方**太遲鈍**了。

再舉一個例子：對方設定了遠大的營業目標，想以此激勵我們，結果我們非但沒得到激勵，反而灰心喪志。對方看我們沒達成目標，決定設下更高的目標，說是要「點燃我們的鬥志」，卻只讓我們**更**絕望。我們都指責對方的不是，但雙方都沒指出問題所在，也都沒看出我們困在不斷循環回饋的雙人系統中，彼此的所作所為都只是讓問題惡化。

人際關係中的回饋，極少是你**或**我的故事，大部分都是你**和**我的故事，也就是雙方關係系統的故事。

當對方責怪你，你或許會覺得不公平。但是你直接責怪回去，不但無法解決問題，在對方看來也是不公平，他們可能會認定你是找藉口、推卸責任。我們該努力以不同的方式看待問題：「我們之間的關係動力是什麼情況？我跟對方分別造成問題的哪些部分？」

## 三、自我觸發機制：回饋威脅到自我認知，導致我失去了平衡

「自我」是我們講給自己聽的一則故事，我們能從中知道自己是誰，以及自己的未來。當批判性的回饋朝我們襲來，故事就遭到攻擊，我們心中的警報器響起，腦中的防衛機制啟動，批評指教的人連第二句話都來不及說，我們就已經準備反擊或快要暈了。這種情況下，我們的反應可能是分泌腎上腺素，準備戰鬥，也可能是大受打擊。

### ◆腦內線路與性格是如何影響你的故事

面對同樣的刺激，每個人崩潰的方式都不同，崩潰的時間長短也不同。想了解自我觸發機制的第一個挑戰是：純從生物角度來看，我們每個人的「腦內線路」都不同，面對壓力的資訊，反應也不同——就跟搭雲霄飛車一樣，每個人的反應都不太相同：例如，蕾莎迫不及待要再搭第二次、第三次，伊蘭卻覺得光是搭一趟，人生就毀了。在對「腦內線路構造」與自己的性格有所了解之後，就能理解自己產生這些反應的原因，也多少能明白其他人和你產生不同反應的原因。

### ◆拆解扭曲之物

我們以萊拉的故事為例。不知是先天腦內線路、生命經歷或兩者兼具的緣故，萊拉對他人

的批評指教極為敏感，無論別人給予什麼回饋，都會被她扭曲、放大，以致萊拉不是在回應給予者的指教，而是對被自己曲解的話語產生反應。

當上司提醒明天要以「最佳狀態」來開會，萊拉不禁心想：「在此之前，上司都覺得我不夠認真嗎？**難道他覺得我連自己在做什麼也不曉得？他該不會以為我不知道這場會議有多重要吧？**」她回想自己和上司過去的互動，因而懷疑對方從一開始就對她沒有信心，而且自己如此失敗，也許上司不該對她產生信心。過去十五年來的種種過錯湧上心頭，那晚萊拉輾轉難眠，結果在開會時表現得亂七八糟。

幸好，即使萊拉（還有我們其他人）天生不擅長從實際角度處理回饋，還是可以學習這項技能。萊拉必須意識到自己平時如何曲解回饋，並且認識自己大腦的習慣思路。了解這兩點之後，她可以系統性地拆解那些扭曲之物，幫助自己重拾平衡，進而處理回饋並從中學習。

## ◆培育成長型自我

除了習慣性曲解回饋之外，萊拉也面對心態上的挑戰：她將世界視為一場大考驗，每天上班都是考試，每場會議都是考試，每次和上司或朋友互動也是考試……每一個回饋都是考試成績，也是對她的判決。因此，即使別人鼓勵或指導她：「明天要用最佳狀態開會哦！」在萊拉聽來會覺得是對她的負評，並認為在上司眼中自己狀態不佳。

史丹佛大學的研究指出，人們敘說自我故事有兩種截然不同的方式，它們會影響我們如何承受批評、處理挑戰、面對失敗。一種自我故事是假設個人特質都已「定型」，一個人能幹或笨拙、可愛或難搞、聰明或愚鈍，都無法改變。保持這種心態的人，無論再怎麼用功、練習都無濟於事，因為我們就是這樣，而批評指教只是揭露「我們的模樣」，每次接受回饋都是一場危機。

而較能從回饋中有所收穫的人，他們對自我故事的初始假設就不同。這些人視自己為不停進化、成長的個體，擁有所謂「成長型」的自我。他們現在的樣子就只是**現在**的樣子，是此時此刻的一幅素描，不是裱了金框的油畫。在這些人看來，努力非常重要，面對挑戰及失敗，都是學習與進步的最佳途徑。對成長型自我而言，回饋是十分有價值的資訊，它能告訴你現況，也讓你知道後續該在什麼地方下工夫。比起令人懊惱的判決，它更像值得歡迎的建言。

☺ ☹ ☹

第二章至第九章會深入探討每一種觸發機制，了解它們造成的阻礙，以及找出關鍵策略來更有效地處理它們。到了第十、十一章，要轉而討論何時可以拒絕接受回饋，以及如何與人討論回饋。第十二章會提出一些測試回饋的方法，幫助你加速成長。

最後，在第十三章要探討團隊中的回饋，並且提出在團隊中創造拉力的方法。團隊、家

| 觸發機制反應 | 學習反應 |
|---|---|
| **真相** | |
| 對方說錯了。<br>那對我沒幫助。<br>那不是我。 | **區分欣賞、指導與評量**<br>這三種回饋我們都需要，但如果混淆了不同種類的回饋，我們只會因誤解而產生嫌隙。<br><br>**首要任務是理解**<br>**從「你錯了」轉變到「願聞其詳」**<br>回饋所貼上的標籤往往模稜兩可或難以理解。給予者擁有我們沒有的資訊（反之亦然），雙方都以不同的方式進行詮釋。<br><br>**看清自己的盲點：發現別人眼中的你**<br>我們看不見自己，也聽不到自己的語氣，所以需要透過別人的幫助來看清自己的模樣，以及我們對周遭人們的影響。 |
| **人際** | |
| 這就是你對我的回報？<br>你憑什麼說我？<br>問題明明就出在你身上。 | **別切換對話軌道：區分個人與事情**<br>討論回饋與人際關係問題。<br><br>**確認關係系統：退三步**<br>退幾步，看清楚給予者與接受者的關係系統，以及雙方都造成問題的一部分，以致你們會互相給予回饋。 |
| **自我** | |
| 不管遇到什麼事，都會被我搞砸。<br>我沒救了。<br>我才不是壞人——是這樣嗎？ | **腦內線路與性格如何影響你的故事**<br>每個人對正面與負面回饋的反應大不相同，極端反應會影響我們對自己與未來的認知。<br><br>**拆解扭曲之物：看見回饋的「實際大小」**<br>努力矯正扭曲的思想，重拾平衡。<br><br>**培養成長型自我：把回饋導向指導**<br>我們總是在成長與學習，接受挑戰則是通往成長的最快途徑，如果我們能盡量把回饋導向指導，效果會更好。 |

庭、公司、社群中產生了拉力，才能真正一起團結合作。我們能藉由鼓勵其他人驅策自己學習、找尋讓自己成長的驚喜與機會，來創造組織團隊中的拉力。我們也能在成長路上互相扶持，幫助彼此保持平衡。

本書的每一則小故事都改編自真實事件，只有改了人名。希望你有時可以在故事中看見自己的經歷，因而受到安慰，並且漸漸發現，為「接受回饋」這件事而掙扎的，不是只有你一人。

# 真相觸發機制

## 「看清」的挑戰

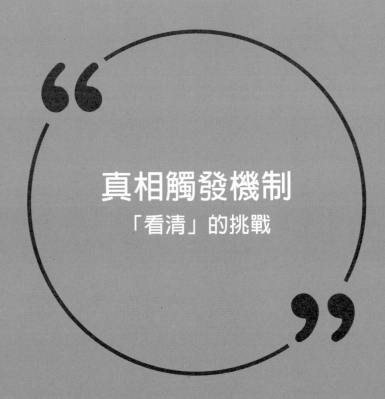

## 眞相觸發機制（「看清」的挑戰）

接下來三章，會探討各種眞相觸發機制。眞相觸發機制之所以會產生，是因爲我們遇到看似錯誤或偏頗的回饋時，身體起了認知與情緒反應。一旦觸發了這些反應，就很難**看清**——很難**看清**自己收到哪一種回饋（第二章）；很難看清給予者眞正的意思（第三章）；很難看清自己（第四章）。

第二章介紹的是三種回饋的區別，幫助你理解自己想得到哪種回饋、實際得到了哪種回饋，以及分清兩者差異的重要性。這裡的重點是意圖。

第三章會教你如何詮釋回饋：理解對方的想法、對方建議你改進的地方，以及你和對方可能意見相左的部分。我們將檢視理解回饋的難處，並且提供你正確詮釋回饋的工具。

第四章要來探討盲點，並且告訴你，即使自認沒有盲點，實際上卻是有。我們會探討盲點造成的影響，討論從別人的視角看自己的難處，並提出克服盲點、繼續學習的方法。

閱讀這幾個章節的同時，請把一個問題放在心上：「爲什麼我們**給予**回饋時，總覺得自己是對的，等到我們要**接受**時，卻往往認爲對方的回饋錯了？」相信在讀完第四章之後，你就能找到解答。

# Chapter 2 區分欣賞、指導與評量

今天是春日風光明媚的星期六。

爸爸帶安妮與愛爾希這對雙胞胎去公園打棒球，教她們怎麼調整姿勢、動作平順地揮棒，以及注意球的動向。

安妮玩得不亦樂乎，她和爸爸在剛割過的草皮上練習，感覺自己每次揮棒都有進步。愛爾希就沒這麼開心了，她悶悶不樂靠著圍籬，爸爸試著說服她進擊球區練習，想教她如何判斷時機。愛爾希臭著臉說：「你都嫌我不協調！你都在批評我！」

「我沒有批評妳。」爸爸糾正道，「寶貝，我是想幫妳，讓妳進步。」

「你看吧！」愛爾希高呼，「反正你就是覺得我不夠好！」球棒噹啷一聲甩在地上，她氣呼呼地大步離開公園。

## 一個爸爸，兩種反應

爸爸困惑不已，他自認對待兩個女兒的方式毫無二致，沒想到自己給予回饋時，兩人的反應居然差這麼多：安妮接受了指導，用他提出的回饋加強技藝、建立信心；愛爾希卻氣餒地退到一旁，不但不肯嘗試，還因為他提出意見而發火。

事實上，爸爸**的確**以相同的方式教導兩個女兒，以同樣的語氣提出相同的建議。假如我們坐在看台上觀察他，應該看不出差別。

但是在本壘板那邊，差異就很明顯了——爸爸說出同樣的話，在兩個女兒聽來卻有不同的意義。安妮認為爸爸的建議像輕輕朝本壘板中間投來的一顆球；愛爾希則認為它像一顆打擊自己身心的直球。

這就是接受回饋的矛盾之一：我們有時像安妮，覺得感激、積極、受到鼓舞；有時卻像愛爾希，感到受傷、不快、忿忿不平。我們的反應不見得和給予者提供意見的技巧有關，甚至可能無關乎回饋的內容，而是基於我們聽取回饋的方式，以及收到的回饋種類。

## 三種回饋

你任職的公司近期被併購，你的職位因此改變，團隊也被重整。在這混亂又動盪不安的時期，你和公司整併前就是同事的朋友固定在下班後去對面的酒吧，討論近來的異動。

一天晚上，你告訴朋友，新主管里克都不給予你任何回饋。朋友聽了很驚訝，「昨天開會時，里克不是才說他很高興團隊裡有你嗎？這不算回饋算什麼？你難道要他送獎盃給你？」

里克確實對你心懷**感激**，那是很好沒錯，但不是你要的回饋，「問題是，我以前是邁阿密地區的行銷主管，現在變成環太平洋地區的產品創意行銷主管。我連環太平洋地區是**什麼**都不曉得。」雖然被頒獎也不錯，但你真正需要的是**指導**。

數週後，朋友又問起你的近況，你表示大致上情況不錯，「我對里克說需要他多加指點，所以現在我們會每週討論我的工作，他也會回答我的疑問。他非常了解環太平洋地區。」你朋友聽了很羨慕，「里克既欣賞你又會指導你，看樣子你已經不愁沒回饋了。」

但事實不然，你心裡還有一個煩惱，就是從公司合併開始，你一直不確定自己的新地位到底是什麼。你現有的職稱、工作和其他人重疊，還不時聽到要裁減人力的傳聞，「我看不出自己是不是暫時卡位而已，說不定哪一天，里克找到背景更適合這職位的人，我就沒飯碗了。」你對朋友坦承，「我已經盡快學習了，但不曉得自己是不是里克長遠計畫的一部分，或者只是個臨時工。」

朋友建議你直接向里克提出心中的疑問，而你也照著他的建議去做了。里克表示，他仔細**評量**過你的工作表現後，認為你能力極強。接著，里克暗示自己之後會升遷到母公司，想在那之前把你培養成接班人。

當天晚上，你將這個好消息跟朋友分享，他開心地恭喜你，然後補充一句：「對了，說到回饋，你怎麼從不要求我給你回饋？」你回答：「因為你沒什麼要回饋給我的吧！」一陣尷尬的沉默後，你說：「好，你有什麼回饋？」結果你朋友以出人意料的挑釁態度說：「你上次買單請客是多久以前的事了？你上次聊到自己以外的人，又是多久以前的事了？」哇，天啊！

你朋友說這是「回饋」，但在你看來，他完全是在找碴。

你和里克的對話，以及你和朋友的對話，展現出「回饋」一詞涵蓋的三種意義：欣賞（致謝）、指導、評量。每一種回饋都有其重要性，能滿足不同的需求，也會帶來專屬的挑戰。

## 欣賞

上司說很高興團隊裡有你，就是一種欣賞。

欣賞基本上涉及人際關係，還有人與人之間的聯結。這種回饋字面上的意思是「謝謝你」，但也能表達「我看到你了」「我懂你的辛苦」及「你對我來說很重要」。

被人看見與理解十分重要，我們小時候會直接表現出這層渴望，對著遊樂場另一頭大喊：「媽媽！媽媽！妳看這個！」長大後，我們學會隱藏太過明顯的渴求，卻依然想聽到別人說：「哇，你好厲害哦！」我們永遠會需要他人的認可，希望別人能對我們說：「嗯，我看到你了。我『懂』你。你很重要。」

欣賞能成為一股動力，讓我們行走時多一分精神，也給我們加倍努力的能量。人們抱怨自己工作時收到的回饋太少，很多時候是覺得沒人注意或關心他們的辛勞。此時他們要的不是建議，而是欣賞。

## 指導

你請上司多加指點，就是在尋求指導。

指導的目的是幫助人學習、成長或改變，因此重點是幫助一個人改善技能、想法、知識、某種能力，或者是外貌或個性。在高階教練（executive coaching）的領域，「指導」一詞有時是指協助式學習，由受指輔者自己設定學習進程。這裡所說的「指導」也包含這層涵義，但有更廣義的意思是，包括任何以助人成長為目標的指導，或是其他形式的回饋。

在這種定義下，你的滑雪教練、蘋果公司「天才吧」（Genius Bar）的客服員、你上班第一天負責帶你的資深服務員，以及在你人生一片混亂時同情你、提出建議的朋友，都算是指導者。此外，上司、客戶、祖父母、同儕、兄弟姊妹，甚至是下屬與孩子，都可能在某些時刻指導我們。當然，我們都有機會遇到「意外」的導師——那個開荒原路華車跟在你後面的白痴說的有道理：「你還是別邊開車邊講手機，乖乖行駛在自己的車道上吧！」

指導可能源於兩種不同的需求，第一種需求是增進知識或技能，透過強化自我來面對新挑戰。好比前述例子的「你」在就任新職位後，必須學習關於環太平洋地區市場、產品、各種通路、文化，還有地點的知識。

至於第二種指導回饋，不是因應發展特定技能的需求，而是給予者注意到雙方關係中的問題，發現你們彼此缺了些什麼，有哪裡不太對勁。這類指導的起因經常是情緒，也許是傷痛、恐懼、焦慮、迷惘、孤獨、背叛或憤怒。給予者希望能改變現狀，很多時候，這表示他們也希望**你**能改變：「你沒有優先考慮到我們的家庭。」「為什麼每次都是我在道歉？」「你上次買單請客是多久以前的事了？」這種指導要解決的「問題」，其實是給予者的感受，或是他們眼中雙方關係的不平衡。

## 評量

上司說你的工作表現「極強」，還想培養你當接班人，就是在評量你（在這個案例中是給予正面評價）。評量會幫助你了解自己的現況，並且以評價、評等或評分的形式呈現。中學的成績單、路跑五公里花費的時間、做的櫻桃派受到讚賞、求婚被另一半接受……這些都是評量回饋；你的績效考核說你的工作表現是「超出預期」「符合預期」或「有待進步」，這也是評量；其他團隊成員暗地裡對你的稱呼，同樣是一種評量。

某方面而言，評量必然會直接或間接地做比較，也許是拿你和別人比較，或是比較你的表現與某套標準是否相符。「你不是好丈夫」這句話，詳細的意思是「你比不上我心目中的好丈夫」，或是「比起我如聖人一般的父親，你不是好丈夫」，抑或是「和我的三個前夫相比，你不是好丈夫」。

評量回饋能協調雙方期待、表明某件事的後果，也是做決策的基礎之一——你的考績會影響獎金多寡、你游仰式的速度會決定你是否合格。評量回饋帶來的一個難處是，你會為可能的後果（無論是真實或想像）感到擔憂。「你這次沒有合格」是真實的後果，「你永遠不可能合格」則是預期、想像的後果。

有時，評量回饋還會給出超過評量範疇的判斷：你不僅仰式沒合格，還天真以為自己能成功，這樣看來，你也沒發揮潛力。你太天真或沒發揮潛力的結論，並非基於評量結果（比賽成績），而是加在其上的一個主張。至於自己與他人負面評價的長鞭效應，會讓我們對回饋充滿焦慮。

令人的驚訝是，安慰與鼓勵（「你一定可以」「我相信你」）也同樣算是附加評價，不過是屬於正面的主張。

## 譁眾取寵

路克學了六年的古典小提琴，習得扎實的技術，卻沒培養出對小提琴的熱情。某天，有人給了他一把烏克麗麗，他瞬間就愛上了它，並且很快就在當地建立名聲。《美國達人秀》到他的居住地附近甄選參賽者時，他成功入選，可以上電視了。

十七歲的路克在五千多名當地觀眾面前演奏。在聚光燈的照射下，他看不清觀眾席，卻清楚看見腳邊三個「X」亮起紅燈。莎朗．奧斯朋搖了搖頭，霍華德．斯特恩則戲劇化地說：「我母親以前逼我吹豎笛，而你的母親應該**阻止**你彈烏克麗麗的。」觀眾哄堂大笑。

路克震驚到說不出話來，只能跌跌撞撞地下台。攝影組湊上來問他：「你感覺如何？**你對評審的回饋有什麼看法**？」

這是個好問題。

在那之後的數日、數週，路克一次次在惡夢中看見紅色的「X」，然後終於意識到一件事：該節目的主要目的，並不是審慎評估每位參賽者的才能，也不是為了幫助參賽者——而是要娛樂電視機前的觀眾。評審**給予他**的幾乎不算是真正的回饋。這當然是一種評量，甚至可以說是對評量的模仿與諷刺：評審們表明他在這節目上沒有未來，也明確傳達對烏克麗麗這種樂器的鄙夷。

當主角不是我們，而是別人時，我們很容易看清娛樂與真實回饋的差別。然而，一旦我們自己身處當事人的位置，這就困難許多了。

這年頭，學會區分娛樂與回饋愈來愈重要，因為讓人提出刻薄「回饋」的平台愈來愈多：網路上的評論、留言板、部落格、廣播談話節目、真人實境秀……層出不窮。在這些平台上，嚴厲的評論、懷有惡意的攻擊、匿名謾罵十分常見，這些多半以博得讀者喝采或奚落為目的。留言者只想說出自認聰明、辛辣或引人注目的話語，甚至可能沒想過，自己發洩出氣的貼文背後，有活生生的人被這些評論傷害。

路克並沒有放棄演奏烏克麗麗，他說：「重新開始表演並不容易，有一部分是因為三個禮拜過後，我又得回到同個舞台表演。」他先前以趣味的曲子揉合巴哈、法蘭克．辛納屈與搖滾樂，在當地青少年才藝競賽中拔得頭籌，受邀以冠軍身分上台演出。

現在路克表示，他絕不會抹消自己參加過《美國達人秀》的經驗，「我變得更認識自己，現在什麼困難都嚇不了我。」他笑道：「最糟糕的情況已經發生，而我也活下來了。」

## 三種回饋我們都需要

無論是欣賞、指導或評量，這三種形式的回饋各滿足人類不同的需求。我們需要透過評量得知自己的狀態，設立目標，給自己信心或安全感；我們需要透過指導來加速學習，將時間精力集中在真正重要的地方，並確保人際關係健康運作下去；我們也需要他人的欣賞與肯定，讓我們投入工作與人際關係的汗水與淚水更有價值。

## 評量的不足

由於評量實在太過震撼，可能會傷害到接受者，以致我們或許會想把這環節從回饋中移除。我們真的需要評量嗎？

當你以指導為目的時，避免提出評量回饋**會是**好方法。如果你真正想表達的是「這是改進方法」，那就別說「你做得不好」。

然而，如果完全移除評量，就會留下空虛的沉默。是否該找新工作了，或者這一切只是浪費時間？我們這段關係以後會往哪個方向發展？我們同居是因為不久後要訂婚，還是因為對方想在騎驢找馬的同時省房租？

我們因為被人評估、審核而感到焦慮，但同時也需要有評量當參考點，才能知道到目前為止的表現沒有問題。在接受指導或致謝前，我需要先知道自己該做到哪裡，或是這段關係能否持續下去。

在缺乏評量的情況下，我們會試圖用指導與致謝來評估自己的狀態。上司為何一直指導我，教我怎麼更有效地應對客戶？上司為何在第一封團隊信件中獨獨感謝我，第二封信卻沒這麼寫？我該為自己的情況擔心嗎？眼前缺乏明確的信號，我只好一再將耳朵貼在

| 回饋種類 | 給予者的目的 |
|---|---|
| 欣賞 | 看見、認可、形成連結、鼓勵、感謝 |
| 指導 | 幫助接受者增進知識、強化技能、加強能力<br>或是提出給予者的感受，談談雙方關係中的不平衡 |
| 評量 | 對照一套標準給予評分或評級、協調雙方期望、為決策奠定基礎 |

地面上，聆聽是否有逐漸接近的隆隆車聲。

## 欣賞的不足

在三種回饋中，欣賞也許顯得最不重要——誰會需要那些花言巧語、阿諛奉承呢？你不是有領薪水嗎？我們不是還沒離婚嗎？

然而，無論是私人或工作關係，如果其中少了表達欣賞這塊，就會出現巨大的空洞。我們當然想學到改進的方法，但也希望對方能看到我們有多麼辛苦工作、多麼努力、多麼特別。少了欣賞或致謝，指導就難以聽得進去，因為我們想聽的不是這些建議。

在《首先，打破成規》一書中，作者馬克斯·巴金罕與柯特·寇夫曼描述一次具指標性的蓋洛普調查。那份約八萬名員工填答的問卷調查中，研究者發現，對十二個關鍵問題（簡稱「Q12」）回答「是」的人，往往是員工滿意度高、留用率高、產能也高。Q12有三題和欣賞直接相關：

Q4：「過去七天內，我是否因為工作表現良好而得到認可或讚揚？」

Q5：「我的上司或工作環境中的其他人，是否關心我這個人？」

Q6：「我的工作環境中，是否有人鼓勵我持續發展？」

對這些問題答「否」的員工，並不表示主管不在乎他們或沒跟他們說「謝謝」，但主管表達欣賞的方式可能沒產生效果。

想讓欣賞達到效果，有三項要素。

**首先，它必須是特定且明確**。這部分有點困難，因為大多數人都會在表達欣賞的同時給予正面評量，以致變成籠統的：「做得好！」「你好厲害！」「謝謝你所做的一切！」

相較於表達欣賞時的模糊，我們的負評（又稱「尚有進步空間的部分」）往往鉅細靡遺列出一百一十八個問題。我們之所以專注於負面部分，是因為將目光聚焦於眼前的問題：對，你整體而言做得很好，但此時此刻的任務，是處理上次供應鏈出錯或置入性行銷的問題。又或者是，在非完成工作不可的壓力下，我們因為錯誤而產生的焦慮、氣餒與憤怒，壓過任何感激之情，但日後回想，其實心中是有著感激的。

隨著時間拉長，我們陷入了表達欣賞不足的景況，雙方都開始產生不滿：我覺得你沒看見我做的一切，以及我面對的種種挑戰；你認為我也沒看見你做的那些事。我們把這種狀況稱為「雙向欣賞逆差」，這是導致工作中人際關係出問題的元凶之一。

**第二，欣賞必須以接受者重視、能聽清楚的形式傳達**。蓋瑞．巧門在《愛之語》一書中也提及類似的事：有些人透過言語（「我愛你」）接受愛，有些人是透過行動、相處、肢體接觸或贈禮，才能清楚感受到對方的愛。假如我感覺自己不被愛，可能是因為你不愛我，但也可能是因為你表達愛的方式，與我接受愛的方式不同。

表達欣賞也是一樣，有些人只要每個月領到薪水，就覺得受到重視；有些人希望能在其他人面前受到表揚，例如在團隊信件中被上司感謝、在會議上受讚揚，或是獲得組織頒發的獎項；有些人不是很在乎薪水，即使薪資不變（甚至**減少**），他們也希望能升遷，或是得到更體面的頭銜。我們大多數人會因為被當成可信賴的顧問、不可或缺的團隊成員，而得到認同感。我知道你認同我是因為我們能一同歡笑，而且你也在遇到難題時第一個來找我求教。

**第三，則是真誠**。若員工發現，每個人達到最基本的要求就會受到褒獎（例如「謝謝你今天來上班」），就會出現欣賞通貨膨脹的現象，這種回饋很快就會失去價值。我們當然也不想聽到不甘不願的欣賞之詞：「我居然得負責幫前人擦屁股，這份差事也太爛了吧！可是我非說些好話不可，所以……呃……**做得好！**」沒人會相信這種鬼話，這只會降低你的可信度。

## 指導的不足

有些指導關係需要雙方投入大量的精力去維繫，也有一些是簡單到近似奇蹟。但無論如何，指導成功時，雙方都會覺得大大滿足，並留下深刻印象。

指導當然也可能造成壓力、帶來困惑或是毫無作用。一些組織並不會正式獎勵或「計算」

指導行為，因此很少有人會去指導他人。即使在鼓勵指導的環境下，指導者只要看到自己的努力使情況惡化，或耗費太多時間，或是被指導者大力辯駁、毫不感激，幾次過後也會灰心喪志。

即使是心懷好意的指導者與被指導者也會氣餒。我們都**很努力**指導或接受指導，但看到自己的努力引起反彈、不受認可或根本無效，就會產生指導不足的問題。一旦指導不足，就表示學習、生產力、士氣與人際關係都將受挫；而在雙方都心懷好意、勤奮努力的情況下，這更令人難過。

## 當心交錯性溝通

討論回饋的對話會碰上的一個關鍵挑戰是，我們常和人雞同鴨講，這情況呈現的方式有兩種：第一種是你給予的回饋種類，不是我想要的，例如我想得到欣賞，你卻給我評量；第二種是你原本想給予某種回饋，對方卻誤解了你的意思，例如你想指導對方，他卻把你的話聽成評量。

一旦矛盾產生，要化解糾紛並不容易。

我們以愛波、寇迪與伊芙琳任職的法律事務所為例，來看看回饋對話中產生的誤解。愛波、寇迪與伊芙琳三人的上司是合夥律師唐納。他不怎麼擅長給予回饋，不過三人在人資與年度績效計畫的鼓勵下，分別約唐納談話，希望能得到更多回饋。

最先找唐納談話的是他的助理——愛波。唐納看到愛波主動尋求回饋，心裡很高興，於是給出好幾條務實的建議，想幫助她更有效率管理時間，其中包括整理工作空間、更堅定地拒絕他人等。愛波道謝後走出唐納的辦公室，對剛才的談話充滿了問號。

其實愛波只是希望得到上司的肯定；她已經在唐納手下工作八年，愈來愈會揣摩上意。其他人都誇讚愛波不屈不撓的工作態度，但她經常覺得壓力大到喘不過氣；即使她做得很好，唐納也從來沒說過什麼、從未表達謝意，甚至看起來幾乎沒注意到她。愛波真的很需要上司的鼓勵，想被清楚地告知：「妳為我做的一切，我都看在眼裡了。」

結果她得到的，卻是教她如何改進的指導回饋。

這次對話讓愛波大受打擊，她感覺自己像個隱形人，心中也萌生辭意。問題其實不在於回饋的正確性或傳達的方式，因為唐納的指導回饋考慮周到，也相當有用。但愛波的沮喪來自於「交錯性溝通」——她得到的東西並不是她要的。

菜鳥律師寇迪的狀況也差不多糟。他上週四交了份研究報告給唐納，希望上司能提供明確的建議，幫助他未來更有效率完成這類工作。他經常感到不知所措，也知道自己花在研究上的時間超出應有的比例，所以希望能得到指導回饋。唐納仔細讀過報告，微笑著安慰寇迪：「你雖然第一年當律師，但是從這份報告和其他工作表現看來，你已經做得很好了。」寇迪收到的是評量回饋。他和愛波一樣困擾：「他這樣說，我哪知道具體該怎麼做才比較好？」面對下一份要上交的報告，他更加迷茫了。

伊芙琳是事務所的資深律師，想知道在邁向合夥律師資格的漫漫長征中，自己已經走多遠了。她正要說明自己想聽到何種回饋，唐納就插嘴說：「伊芙琳，我知道我不擅長誇讚人，但我可以告訴妳，我知道妳晚上和假日常常加班，這讓我非常感動。這些年來沒有多誇妳，真是抱歉了。」

伊芙琳得到了認可，這是愛波渴望的欣賞回饋，但實際上她要的是評量回饋。她想知道，在人人往上爬、力求成為合夥律師的事務所裡，她和同儕相比的進展如何。雖然主管表達了欣賞，伊芙琳卻感到更加焦慮。她的計費工時向來很高，但之前也有兩個計費工時高的資深律師，都因為沒能拉到新生意，結果和合夥律師職位失之交臂。伊芙琳不禁心想，唐納向她致謝的意思，會不會是「謝謝妳，妳可以走人了」？這會不會是在暗示，她沒辦法再往上爬了？伊芙琳只能換各種角度來檢視唐納的欣賞，設法從中解讀她要的評量。

如果以滿分三分計算，在「良好的回饋對話」方面，唐納與三個下屬得到零分，但反過來說，在「交錯性溝通」方面，他們可是拿了滿分！在這鬧劇般的循環之中，渴望得到欣賞的愛波得到了指導，期盼獲得指導的寇迪得到了評量，而想知道評量結果的伊芙琳得到了欣賞。唐納還為自己新發現的回饋技能沾沾自喜，甚至覺得自己能帶頭進行社內培訓，教其他合夥律師如何有技巧地給予回饋。

## 出現新問題：指導回饋必然包含評量

讓我們回到一開始的棒球場，爸爸正努力以清晰的方式指導雙胞胎女兒，他心中的意圖非常明確：他是在指導女兒。安妮聽到的是指導回饋，但我們先前得知，愛爾希聽到的卻是評量回饋，「你都嫌我不協調！」「你都在批評我！」愛爾希擔心自己在爸爸眼裡不及格。

所以，即使爸爸的目的很清楚，也仔細考慮過自己要說的話，父女之間**還是**出現交錯性溝通的情形。愛爾希怎麼會把指導聽成評量呢？原因有很多，可能是感覺父親默默拿她和安妮比較；可能是對自己的體育能力沒自信；也可能是相信爸爸有時會偏袒安妮；說不定她這週一直期盼和爸爸一起做打棒球之外的事；但也可能只是她昨晚沒睡好或沒吃早餐而心情差。

除了愛爾希與爸爸之間的其他問題外，兩人的誤會還存在結構上的問題：無論是什麼樣的指導回饋，都帶有一定程度的評判意味。指導就是告訴別人：「你可以這樣改進。」同時暗示對方：「你目前的表現還有進步空間。」

爸爸已經盡量避免提出評量回饋了，他說的不是：「我評估了妳們的表現，安妮四肢協調，愛爾希則不協調。」這是直白的評量（先不提一位父親說出這種話有多怪）。然而，各式各樣的指導回饋都隱含評量意味，爸爸沒辦法完全避而不談。對安妮而言，這並不重要，她聽取指導的部分，評量就先放在一旁；在愛爾希眼中，評量完全蓋過了所有其他部分。

從愛爾希對爸爸回饋產生的反應，我們可以看出，給予者其實不太能控制接受者對指導與評量比例的詮釋。我跟你說開車時雙手要抓住方向盤，也許只是想提出稀鬆平常的指示，但你可能會把這句話聽成評量回饋，認為你在我心目中是不負責任的人。

在接受這一方，我們時刻都在為自己收到的建議分門別類，判斷這是評量或指導。女朋友建議：「打給你媽。」你對這句話的詮釋取決於和女友的關係（她是在提醒你，還是責備你？）監理所的工作人員跟你說：「排錯隊了」這又是什麼意思？他是想指導你（幫你省時間）？還是在評判你（笨蛋，居然連最簡單的告示都不會看）？

在職場上，類似的情形隨處可見。建立績效管理系統是為了達成組織的一系列重要目標，而其中就包含評量與指導層面。我們評量員工，是為了確保他們公平地得到升遷與調薪的機會，並且確認他們清楚自己的動機與狀態，可以有效率地將工作做到最好。我們指導員工，是為了幫助他們成長與進步，希望他們往上爬之後，能達到更高的成就。

很多時候，回饋的本意是提供指導，結果接受者卻當成是評量（「你在教我怎麼改進，但真正的意思是，你覺得我不是這塊料。」）我們向師長與前輩尋求指導，卻得到混雜評量在內的回饋，這會令我們產生防備心與挫折感，無法有所學習。

## 該怎麼改善？

想確保自己不偏離正軌，可以用兩種方法：協調自己與對方的目的，以及（盡量）從指導與欣賞之中區分出評量回饋。

### 雙方協調：知悉目的並進行討論

交錯性溝通之所以發生，是因為給予者與接受者缺乏校準。該如何改善呢？就明白地和對方討論回饋的目的。這看來是再明顯不過的答案，不過即使是能幹的好心人，也可能一輩子沒機會進行這樣的討論。

本書提出的建議大多是針對回饋的接受者，但在此要奉勸給予者與接受者先自問三個問題：

1. 我給予或接受這份回饋的目的是什麼？
2. 從我的角度來看，這是正確的目的嗎？
3. 從對方的角度看，這是正確的目的嗎？

你的主要目的是指導、評量或是表達欣賞？你是想幫助對方改進、評估對方的表現，還是道謝並表示支持？現實生活很複雜，你不一定能將回饋乾淨俐落放進這些框架，但還是值得一試。在對話前思索自己的目的，能幫助你在對話過程中說得更清楚；就算你無法釐清自己的目的，甚至連理解自己的目的都有點混亂，這仍然有好處。

在對話過程中，可以不時問對方：「我這麼說是想指導你，你聽到的意思和我說的一樣嗎？從你的角度來看，這是你需要的回饋嗎？」接受者也許會告訴你，他想知道自己做的事是不是全錯了——這表示他渴望認可，可能也想得到一些正面的評量回饋。

坦白說出你這次對話的目的，並坦白說出哪種回饋對你最有幫助，然後和對方討論，假如雙方需求不同，那就協商出個結論。請記住這點：直白的意見不合，好過隱晦的誤解。直接表明雙方意見不合，可以釐清狀況，也是滿足雙方需求的第一步。

接受者可能得勇敢提出意見：「你給了我指導回饋，但如果能簡單給我一些評量回饋，那會很有幫助。我目前整體的表現還可以嗎？如果我的表現沒問題，我就能放鬆一點，專心接受你的指導了。」或者說：「你說這是在指導我，但我也聽到了一些評量的部分。就我的理解，你認為我進度落後了，請問我的理解正確嗎？」

後來讓愛爾希與爸爸化解糾紛的，就是這種直截了當的問答。爸爸停止投球，詢問女兒：「愛爾希，怎麼了嗎？」愛爾希哭了起來，爸爸這才發現，她一直很渴望獲得欣賞。愛爾希花了一整週練習揮棒，滿心希望週六上午能在爸爸面前大顯身手，結果卻沒能擊出好成績，心情跌到谷底。現在，比起爸爸的揮棒指導，她更需要爸爸的安慰，認同她的努力與失望。

## 從指導與欣賞之中區分出評量回饋

評量回饋就好比響亮的喇叭聲，可能會蓋過較安靜的指導與欣賞回饋，使我們聽不見後兩者的旋律。

就算我下定決心學習進步的方法，抱持這種心態去接受績效評量，評量回饋也可能阻礙我學習。假如我自認為成績是「超出預期」，結果只拿到「符合預期」，就算上司給予的指導回饋再好，我也可能聽不進去。即使對方是為了幫助我達到目標，為了讓我明年能拿到「超出預期」的成績，提出了量身打造的建言，我聽到的也不會是指導回饋。這時候，我滿腦子反覆播放都是自己的想法與情緒：**之前總部怪你出了問題，不就是我幫你解決的嗎？你有什麼問題？我有什麼問題嗎？那我的薪水怎麼辦？**

如果組織每年或每半年安排一次正式的回饋對話（舉例來說，上司與下屬針對特定的技能與成果，一同制定來年的目標或學習計畫），評量部分與指導部分應該至少要間隔幾天，如果間隔能再長一些會更好。

評量回饋必須排在前頭。教授將改完的報告發回去時，學生會先翻到最後一頁看自己的成績，然後才有心情看評語。在了解自己的現況之前，我們無法把心思放在進步的方法上。

理想情況下，一年之中我們每一天、每個案子，都會收到指導與欣賞的回饋。這就和開車一樣，如果綠燈了前面的車卻不動，我們想的絕對不會是：「**我要把意見統整起來，年終再一口氣回饋給那個駕駛人。**」我們會**馬上**按喇叭——前頭的駕駛人現在就得開車，現在就需要我們的「指導」。

☺ 😐 ☹

接受回饋的第一步，是理解自己收到的是欣賞、指導或評量。不過即使雙方的目的一致，我們可能仍無法理解對方的回饋，然後隨便將那些意見棄之不顧。關於這議題，我們會在下一章討論。

## 重點整理——

**「回饋」其實是三種不同的東西，有三種不同的目的：**

- 欣賞：鼓舞與激勵對方。
- 指導：幫助對方增進知識、技能、能力，並且成長，或是提出自己對雙方關係的感受。
- 評量：讓對方知道自己的現況、協調雙方目的，以及為決策奠定基礎。

**三種都是我們需要的回饋，但我們經常發生交錯性溝通的情況。**

**評量的聲音最響亮，可能會蓋過另外兩者。（而且指導回饋多少會摻雜評量的成分。）**

**認清自己需要的回饋，以及自己得到的回饋，然後調整心態。**

# Chapter 3

# 首要任務是理解——從「你錯了」轉變到「願聞其詳」

爾文是一間公設辯護人辦公室的監督律師，他對聘用不久的荷莉表示，她在客戶的私生活中「陷得太深」，未能保持專業，與客戶維持距離，爾文警告她：「妳不是他們的母親。」荷莉為自己發聲：「爾文，我也是在街頭長大的，我知道對這些人來說，有人一起並肩作戰的感覺非常重要。」爾文說：「話是這麼說沒錯，但妳還是得劃清界線。」

荷莉說會把上司的話放在心上，但並不打算這麼做。接受正確、合宜的回饋就已經夠難了，她可不打算浪費時間去聽取錯誤的回饋。

在這方面，荷莉和我們其他人一樣，不想聽取錯誤或沒幫助的回饋，所以先篩選也是理所當然。在聽別人的回饋時，我們腦中想的往往是：「這個人的回饋有哪些問題？」幾乎在所有情況下，我們都能挑出一些毛病。

## 我們擅長找碴

只要是在職場接受過回饋的人（或是有親家的人），就一定見識過形形色色的錯誤回饋。

- **二＋二＝五**：字面意義上的錯誤。我根本就沒參加那場會議，怎麼可能在會議上出言不遜？還有，我不叫麥可。
- **這裡是地球啦**：浩瀚宇宙的某個角落，也許某種碳基生物看了我的信會有被冒犯的感覺，但是全地球的人都知道，我只是在開玩笑而已。
- **曾經正確**：你批評我的行銷計畫，但你的意見是根據以前的行銷模式，年代超久遠，那時還沒有網路，甚至可能還沒有電力呢！
- **只有錯誤的人覺得你對**：我在某些人心中確實很糟糕，拜託你下次先找跟我沒仇的人聊聊，再來給我回饋吧！
- **牛頭不對馬嘴**：我是會對助理大吼大叫沒錯，可是他也會對我大吼大叫，我們的關係就是這樣運作——重點是，這完全不影響我們做事。
- **對你來說是對的，對我來說大錯特錯**：我們的身材不一樣，你穿亞曼尼西裝比較好看，我穿帽 T 比較好看。
- **回饋本身沒錯，但時機錯了**：我當然該減肥——但要等我家五胞胎都長大離家後再說。

．**不管怎樣，這根本沒用：**你叫我把導師工作做得更好，我就能自動變成好導師嗎？還有，你這樣算哪門子好導師？

為什麼我們很容易找碴？這是因為無論何時何地，回饋幾乎總會**有些**錯誤，也許是因為給予指教的人忽略資訊、移花接木或有所誤解。問題可能出在他們對你、對情況、對你所受限制的理解。此外，給予者或許會提出模稜兩可的回饋，讓我們也很容易忽略資訊、移花接木或誤解他們的話。

但說到底，找碴不僅擊破了錯誤的回饋，也擊破了學習的機會。

## 首要任務是理解

在判斷回饋是對是錯之前，我們必須先**理解**它。這似乎天經地義，但實際上，我們經常會跳過理解，立刻下結論。

你也許會這麼想：「我哪會跳過這步驟？對方都把回饋告訴我了，我當然能理解回饋的意思啊！對方給回饋，我聽回饋，這樣還不夠嗎？」這是個好開頭，但是還不夠。

## 收到貼著籠統標籤的回饋

我們收到的回饋經常貼著籠統的標籤，就像你去超市購物時，常常看到貼著「湯」或「汽水」的商品。給予者將回饋貼上自以為明確的標籤——「主動一點」「別這麼自私」「成熟一點」，但其實沒太多內容。你不會把罐裝湯品的標籤撕下來吃，同理，回饋標籤也沒有營養價值。

爾文告訴荷莉：「妳陷得太深了。」「妳得和客戶維持距離。」「妳必須劃清界線。」這些全都是標籤（連「妳不是他們的母親」也是回饋標籤）。如果荷莉打算聽爾文的建議，到底該做哪些改變呢？

荷莉認為爾文的意思再清楚不過：少花一些時間處理案子；敗訴了也別那麼難過；別直視被告的眼睛並說相信他；別和客戶分享自己過往的掙扎與救贖……簡言之，她覺得爾文就是要她別那麼關心客戶。荷莉對這回饋不屑一顧，所以不聽建議。

對爾文的回饋標籤，她詮釋得都算合理，爾文也確實可能是這意思。但實際上，他真的不是這樣想。事實上，爾文認為與被告建立強韌的連結是關鍵，而且更重要的是，你必須讓客戶知道你站在他們這邊。他並不想局限荷莉對於客戶的關心、努力或信任。

那爾文究竟想表達什麼？他解釋：「我們做這一行，必須清楚設界線。我曾看過被告向荷莉要錢，要十美元、二十美元，而她也真的給錢。我這麼說吧！客戶如果向你要十美元，代表他需要的應該遠多於十美元，我們該幫忙的是，找福利機構和其他資源，以便讓他們好好打理自己。我剛進這一行時，非常關心某位客戶，所以從不拒絕他。不久後，他開始利用我，更糟的是，他不再相信我的專業建議。因為在他眼裡，我不過是個被他騙得團團轉的傻瓜。」

荷莉若能理解爾文的回饋，就能聽得進去嗎？也許能，也許不能，但至少在理解了爾文的意思後，她才更有辦法做決定。

貼在回饋上的標籤還是有些用處，就和湯罐標籤一樣，讓我們大致明白回饋的主題，也能在事後討論同樣的議題時，讓我們簡略地談論此事。不過，標籤終究不等於內容物。

## 給予者與接受者會以不同方式詮釋標籤

在給予者看來，標籤的意思必定是清晰明確。想想你身邊一個人（手足、上司、朋友或同事）令你不滿的缺點，這時，你腦中應該是冒出某種標籤：

- 他好＿＿。
- 她太＿＿了。
- 我的配偶從不＿＿。
- 我同事就是不＿＿。

我們心目中有一齣高畫質電影，會去捕捉這些標籤所有的意義，包括對方糟糕的行為舉止、憤怒的語氣，以及我們被迫忍受的壞毛病。當我們使用標籤時，就會看到那部電影，而且畫面清楚到讓人不舒服。只是我們很容易忘記，將標籤傳達給別人，不會一併把電影畫面傳給對方，他們只會聽到意義不明的幾個字。這就表示，即使人們「獲取」了回饋，也很容易誤解對方的意思。

尼古拉斯的上司亞卓安娜，希望他在推銷時表現「多點魄力」。亞卓安娜之所以當上主管，正是因為其所向披靡的銷售力，而尼古拉斯也很想按照她的建議改進。那天稍晚，亞卓安娜聽到尼古拉斯堅持要客戶「現在、今天——在離開前」接受交易條件。

亞卓安娜很驚訝，她問尼古拉斯為何威脅客戶？尼古拉斯則困惑地回應，自己只是照她的建議去做，表現「多點魄力」而已。天啊！

亞卓安娜最初建議尼古拉斯「多點魄力」，是因為觀察到他推銷時的模樣，擔心他消極、悠哉的模樣，會讓人以為他對客戶與產品沒興趣。亞卓安娜「多點魄力」的意思比較像「表現得更有活力一點」。她希望尼古拉斯展現出興奮的模樣，讓客戶看見他的個性，用積極與關懷的態度籠絡客戶的心。結果，尼古拉斯的詮釋和亞卓安娜的原意截然相反。

在指導回饋中，接受者「聽到的話」和給予者「想表達的意思」經常對不上（見下頁表格）：

評量回饋也可能造成困惑（見左頁表格）：

我們經常只是透過標籤溝通。這麼想來，能夠成功傳達給對方的回饋，簡直堪稱奇蹟了。

### ◆「找標籤」遊戲

你一生中總會遇到一些特別擅長給回饋的人，他們會說：「我來說說自己的意思，你可以提問，看我說的話是否合理。」然而，大多數的給予者並不具備這些技巧，因此只能由接受回饋的一方努力去理解標籤下的內容物，而最好的方法是先辨識標籤本身。

一旦有意識去尋找，你會發現其實不難找到回饋標籤，重點是要記得去找。這就像記下一個人說「然後」的次數一樣，如果不是有意識地數算，你當然不可能記得對方說了幾次。一旦你決定仔細聽對方語句中的「然後」，事情就簡單多了。標籤也是一樣，你若仔細聽，就會發現到處都是標籤。

找到標籤之後，就進行第二步：你必須避免填入自己的詮

| 指導 | 聽到的話 | 想表達的意思 |
| --- | --- | --- |
| 自信一點。 | 就算不懂，也要表現出你懂的樣子。 | 在你不懂的時候，要有自信地坦承自己不懂。 |
| 找戀愛對象時別太挑剔。 | 你條件不好，配不上條件好的人。 | 別和我犯同樣的錯，最後落到我這種下場。 |
| 你意見可以不要這麼多嗎？ | 和人交談時別說些有趣的話，表現得漠不關心又無趣就好。 | 你都不聽我或別人的意見，和你聊天真的很累。 |

釋。如果你已經「知道」對方的意思，那就沒得學習，也沒有好奇的理由了。「她要我『親暱一點』？太好了，她一定是要我更常發生性行為。」問題在於，「親暱一點」真的是「更常發生性行為」的意思嗎？下面還有些其他選項：

1. 在公共場合牽手
2. 多做一些家事
3. 多開玩笑和擁抱
4. 每十年至少說一次你愛我

哪個是正確答案？在和對方聊開前，你不會知道，但要是你自認知道答案，就不會和對方展開討論。

**標籤下的內容物是什麼？**

在給予回饋這方面，我們最常聽到的建議是：說得具體一些。這確實是好建議——但還是不夠具體。「說得具體一些」究

| 評量 | 聽到的話 | 想表達的意思 |
|---|---|---|
| 滿分五分的話，你今年四分。 | 我去年也是四分，今年明明比去年努力很多，怎麼還是四分。都沒有人注意到我的努力。 | 沒有人能得滿分五分，也很少人能達到四分，你居然還連續兩年四分！你的工作表現真是傑出。 |
| 下次再約！ | 你是我的靈魂伴侶。 | 今天玩得很開心。 |

竟是什麼意思？應該在**哪方面**具體？

在回答問題前，我們先觀察一個現象：如果撕開標籤，就會發現回饋包含過去與未來兩部分。**回顧過去**是指：「這是我注意到的情形。」**展望未來**則是：「這是你該採取的行動。」我們平時看到的回饋標籤，很少提供有關過去或未來的資訊。

所以，為了清楚傳達標籤下的回饋內容，我們必須「具體」談論兩件事：

1. 這份回饋是從何而來。
2. 這份回饋將去往何方。

## 來龍去脈

先舉個例子。你說我開車的方式太魯莽，這回饋標籤是**從何而來**呢？你會這麼說，是因為某次跟我一起開車，還是我會在開車時打手機給你，或者是我去年發生過小車禍？如果知道答案，我就比較能解析你的回饋。

那麼，這份回饋將**去往何方**呢？你想建議我怎麼做？是希望我和前車保持距離，還是夜間開車時要戴眼鏡，抑或是在社區裡放慢車速，又或是在長途旅行前一晚睡飽一點？

我們接下來會更深入研究如何討論與理解回饋，了解來龍去脈。在「從何而來」這方面，我們將探索一個關鍵的差異：給予者持有的「數據資料」（他們觀察到的現象）及詮釋（他們從現象中看到的意義）。而在「去往何方」這方面，我們會探討不同種類的回饋有何差異，若是指導回饋，目的就在於提供建議；若是評量回饋，目的就是表明後果。下圖呈現出了資料與詮釋、指導與評量的差別，接下來幾頁的內容，會幫助你了解這張圖。

沒人天生就能自行理解回饋的來龍去脈，不過只要在現實中試過幾次，你也能將我們提供的技巧運用自如。

## 問對方，這份回饋是從何而來

回饋給予者在為回饋貼上標籤前，會先完成兩個步驟：第一，觀察數據資料；第二，詮釋數據資料——也就是將數據資料的意義整合成一則故事。

### ◆觀察數據資料

你收到的回饋，是基於給予者所觀察到的事物，也就是他們看到、感覺到、聽到、聞到、碰到、嘗到、記得或讀過的相關事物。學術文獻將這

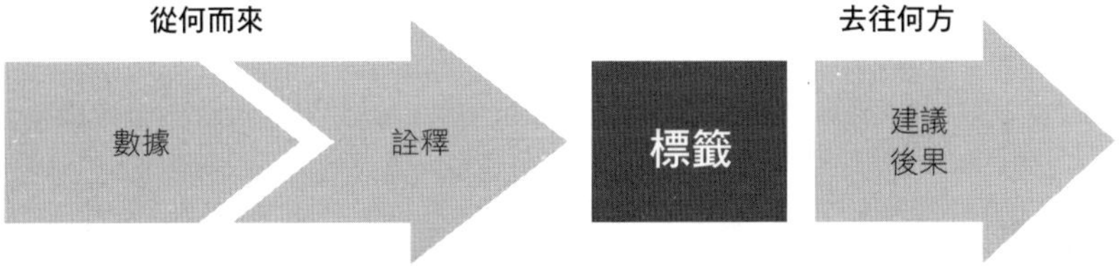

些統稱為「數據資料」，不過這裡的數據資料不只包含事實與數字，還包括給予者直接觀察到的一切：某人的行為、發言、語氣、衣著、產品、年初至今的收益、地上的襪子、辦公室的傳聞。以下是一些可能轉變為回饋的「數據資料」。

- 上司聽到你對同事說自己太忙了，沒空幫忙。
- 你的網球球伴發現，你經常記不得比分。
- 你在報告中，沒有區分線上銷售額與實體店銷售額。
- 你吃晚餐時異常安靜，然後又突然大罵小孩。

給予者本身的情緒反應，也可能包含在數據資料中：「你沒有回覆我的電子郵件，讓我心情很煩躁。」「我擔心你請半天假，工作可能會做不完。」「你開車時離前車這麼近，讓我嚇出一身冷汗。」

## ◆詮釋數據資料

人們在給予回饋時，很少直接說出自己觀察到的情形，而會先從自己的經歷、價值觀、假設與世界觀，「詮釋」或過濾他們看見的現象。因此，上司不會說：「我聽到你對葛斯說你太忙了，沒空幫忙。」而會說：「你沒有團隊精神。」

亞卓安娜手上有關於尼古拉斯的一些數據資料，包括他推銷時的用字遣詞、對顧客提問的回答、語調與肢體語言。此外，她也掌握很多和尼古拉斯無關的數據資料，她看過數十名銷售員和客人互動，自己多年來也累積不少銷售經驗。

亞卓安娜下意識**詮釋**了她看見的數據資料，並做出判斷：尼古拉斯**太**消極了，看上去對顧客沒什麼興趣，也無法引起客戶對產品的興趣。總而言之，他本該有辦法談成某些交易，後來都失敗了。

這些都是對數據資料的詮釋。你沒辦法觀察到某人「太消極」，因為「消極」是你觀察別人行為後得到的結論，而「太消極」也是對消極程度適切與否的判斷。而且，亞卓安娜雖然看見尼古拉斯生意談失敗，卻也不能保證，他改變作風後就能成交。這摻雜了關於他銷售方法與後果的假設，以及改變行為後對未來的推測。然而，在未來到來之前，一切不過都是猜測——這是亞卓安娜觀察到現狀後詮釋的結果。

有人認為，每個人提出的勸告與建議都是基於自身經歷，上述「詮釋」就符合這說法。我們會以自身的人生經歷、假設、偏好、優先考慮事項，以及內在的世界觀與人生觀，去詮釋自己看見的現狀。我是透過自己的人生來理解你的人生，所以我給你的建議，是以我自己為準。

### ◆給予者混淆了數據資料與詮釋（這是所有人的通病）

你也許會認為：「**如果給予者直接分享數據資料，那對話就簡單得多了。他們不該說：『你的報告寫得莫名其妙，而且沒深度。』他應該把自己看到的數據資料告訴我：『我發現你沒有區分線上和實體店銷售額，我們針對這件事討論一下……。』**」

如果給予者能這麼說當然很好，但一般情況下，他們不會這麼說——並不是刻意支吾其詞、模稜兩可，而是因為將數據資料轉為詮釋的過程只發生在一瞬間，而且大部分時候都是在下意識中就完成了。在這方面，人工智慧專家羅傑·香克（Roger Schank）觀察到一個現象：電腦的組織形式是以管理與存取為主，人類智慧則是以**故事**為主。我們會選擇性接收數據資料，立刻加以詮釋，瞬間以**數據資料**產出充滿個人意見的標籤：**這次開會真浪費時間；妳的裙子太短了；隔壁桌的客人真不會帶孩子**。

如果別人問我們觀察到什麼，答案很可能是：「我看到不會帶孩子的父母。」我們會以為這就是自己接收到的數據資料，因為資訊就是以這種形式存入記憶，然而，真正的數據資料是女人看嬰兒的眼神，或是男人在嬰兒啼哭時的反應（或根本沒有反應）。**不會帶孩子**並不是數據資料，而是我們在目睹現象之後，腦袋中自行編撰的故事。

說到這裡，你應該比較熟悉詮釋的概念了，同時也許會注意到，前幾頁我們說你「大罵」小孩。其實「大罵」也是對你言行的一種詮釋，換作是別人，也許會說你的言語簡短、犀利，甚至是清楚。我們很容易誤把自己的詮釋（大罵）當成數據資料（我們實際聽到的內容）。

所以，給予批評指教的人很少分享標籤背後未經處理的數據資料，那是因為他根本沒意識到自己觀察的這一切。這時，你必須幫助他們釐清數據資料與詮釋。你的目標不是無視或丟棄詮釋的部分，畢竟數據資料雖然是關鍵資訊，詮釋也一樣重要——至少是一個人對事情的看法。如果能清楚接收對方的數據資料與詮釋，那就再好不過了。

當尼古拉斯聽到亞卓安娜說他「必須表現得更有魄力」，可能他在腦中如此解讀：「『更有魄力』是標籤，我不知道這句話的來龍去脈。在從何而來這方面，我想了解背後根據的數據資料是什麼——亞卓安娜看到或聽到了什麼，以及她詮釋這些資訊的方式。」

尼古拉斯也許會需要一些溝通。當他請上司提出數據資料時，亞卓安娜可能會回答：「我看到你在銷售區的表現，你太消極了。」她開始朝正確的方向前進了，不過我們前面也提過，「消極」並不是數據資料，而是詮釋。尼古拉斯必須理解詮釋背後的原始數據，才有辦法理解亞卓安娜看見與聽見的「消極」，確切來說到底是什麼。這將需要一些討論，例如：「是我的語氣有問題？什麼樣的問題？是肢體語言嗎？可不可以示範一次……。」

## 問對方，這份回饋將去往何方

到目前為止，我們討論的是回饋的過往，現在要將目光放到回饋的未來。

不是所有回饋都提及未來的部分。舉例來說，你發現網球球伴記不得比分，即使將這情形告訴對方的配偶，或許也沒有相關的建議。你**可能**可以提出建議：「如果他的行為出現這三種變化，要小心可能是得了失智症。」但也可能只要把自己的觀察告訴球伴的配偶，就足以達成目的了。

話雖如此，回饋也有提及未來的部分。接下來會看到，如果是指導回饋，提及未來的部分就是建議；如果是評量回饋，則是後果與期望。

## ◆接受指導回饋之時：釐清建議

在不同情況下，你會選擇要或不要照對方的建議去做。不過我們可以透過一個問題，測試那個建議是否清楚：假如**要**照對方的建議去做，你知道該怎麼做嗎？

問題的答案經常是「不知道」，因為別人給的建議都太籠統了，好比：「如果贏了東尼獎，一定要確保你的得獎感言無懈可擊。」「孩童需要愛，但也需要可預測的事物與限制。」「想在職場上發光發熱，就要成為無可替代的人才。」

這些建議有兩個問題：第一，意思不明確；第二，就算明白了意思，我們也不曉得該怎麼做，才算是遵從指示。「無懈可擊」的感言是什麼？該如何讓講稿達到那樣的境界？

身為接受者，我們必須幫助給予者清楚表達自己的意思。「無懈可擊？可以解釋一下是什麼意思嗎？請給我一些『無懈可擊』的範例，以及你覺得太無趣的演講。」我們通常能從兩者的差異學到不少，找到讓致詞更令人印象深刻的關鍵。

再舉一個例子，湯姆因為工作忙得喘不過氣來，他朋友莉茲說他「必須學會拒絕別人」。就字面意義而言，這建議不僅沒幫助，更讓湯姆心情煩躁，他目前只知道：莉茲不了解他這邊的工作模式。

但在拋棄這建議前，湯姆應該先好奇詢問莉茲，她心中的「拒絕別人」看起來、聽起來是怎樣。湯姆問莉茲，假如他決定採行她的建議，具體而言該怎麼做？於是莉茲分享自己在拒絕別人方面的努力，「我認為這方法有效：和其他組員一起坐下來，把問題告訴他們。我解釋自己不想放棄工作，但發現自己成了一個瓶頸，沒辦法好好處理每個工作。」莉茲分享自己的困擾，讓同仁看見她面臨的挑戰，這樣做除了本身有好處外，還給了團隊一次機會，讓他們提出莉茲沒想到的創意解方。

莉茲還告訴湯姆，她後來為自己制定了一套新規則：「我不會當下接受或拒絕別人的請求，而會提出一些問題，了解這工作的輕重緩

**指導**

| 回顧過去 | | 展望未來 |
| --- | --- | --- |
| 你對我、對世界、對與這議題有關的事情，觀察到什麼？你看到什麼我看不到的現象？ | 標籤 | 你有何建議？我該怎麼做、怎麼說才能實行你的建議？請做或示範給我看，或者舉個例子。 |

急。」她認為最有幫助的，是以下幾個問題：「比起你昨天找我做的事，這個有比較急嗎？」「這工作有沒有特別重要的部分？為什麼比較重要？」接著她會說：「我想先確認自己的進度表還有哪些工作，再來答覆你。」這幫助她跨越自動答應的衝動，也將工作量與優先次序轉為彼此共同的問題。

詳細討論給予者的建議時，你就可以開始想像它。一旦有了想像，你就能看出貼著「拒絕對方」標籤、看似無用的回饋，其實上也有一些用處。

### ◆接受評量回饋之時：釐清後果與期望

釐清建議並不容易，而釐清評量的後果與期望，則更加困難。為什麼？因為我們還沒從方才的評量回饋平復過來。無論我們是欣喜若狂或大受打擊，當下都不會太好奇，也不會想追問下去。

但面對評量回饋時，我們更應該理解展望未來的部分。**對我來說，這是什麼意思？接下來會發生什麼事？他們對我有什麼期待？考慮到現況，我該做什麼？**

通常會發生以下幾種狀況：

**評量回饋**：經過一系列測試後，麥克斯得知自己對某些高頻音的聽覺下降約八〇%。

**麥克斯說的是**：真的嗎？沒想到會這樣。

**事後想想，麥克斯希望自己當時問的是**：我為什麼會聽力受損？該怎麼做才不會再惡化？「高頻音」到底是什麼？能不能聽到很重要嗎？「下降約八〇％」是什麼意思？比起同齡人，我的聽力算好嗎？這會影響到我能聽見的聲音嗎？我的聽力會繼續惡化嗎？會惡化得多快？

**評量回饋**：瑪姬沒有當上部門的新主管。

**瑪姬說的是**：太可惜了。是誰當上主管呢？

**事後想想，瑪姬希望自己當時問的是**：請問你覺得我缺少哪些能力，所以不適合這份工作？其他人對我有什麼疑慮呢？我想補強經驗或能力的缺失，能否請你給我一些建議？這次的決策會不會影響到我執行的企畫？請問我今年和明年的薪資會變動嗎？

**評量回饋**：時光荏苒，交往三年的同居女友仍不願和你結婚。

**你說的是**：（你什麼都沒說。）

**事後想想，你希望自己當時（現在也還有機會）問的是**：妳對未來有什麼設想？讓妳卻步的是婚姻，還是我？我們的感情有什麼該討論的地方嗎？妳覺得自己明天會願意接受求婚嗎？明年呢？還是永遠不會？妳需要什麼才願意結婚？那分手呢？妳認為分手好嗎？

你已有提出展望未來問題的能力了，重點是使用的時機。就好像跳傘時拉開傘索一樣，動作本身不難，關鍵在於拉開的時機。為此，在和人進行評量回饋的對話前，你可以先在紙上列出一些好問題，以備不時之需。

和跳傘不同的是，就算你當下忘記把重要問題問出口，通常也能晚點再找對方詢問。

## 從「找碴」轉變為「找差異」

到目前為止我們討論的，都是給予者的標籤底下究竟在說什麼，以及接受者該如何提出好問題，問出該回饋的來龍去脈。我們前面談的是如何抓到給予者的想法，然後放入我們腦中。

但這樣會遺漏一些事。你想把給予者的想法放進自己的腦中，可是你並非腦袋空空，而是充滿個人想法。對於對方的回饋，你有自己的看法與意見、自己的數據資料與詮釋，以及自己的人生經驗、假設與價值觀。最初引發給予者回饋的那些事，也存在你腦中。

### 評量

| 回顧過去 | 標籤 | 展望未來 |
| --- | --- | --- |
| 你評量的標準是什麼？哪一個在你心中最重要？你對我有沒有什麼疑慮？我是不是缺少什麼技能或經驗？ | | 後果是什麼？這項決策來年會怎麼影響我？我該思考什麼，或在哪方面下工夫？之後有機會重新評量嗎？請問會是何時？ |

這就是我們會在對方回饋內容裡找碴的一大主因：我們的經驗與觀點和對方不同，想法也不同，而我們卻藉此去判斷回饋的是非對錯。如果雙方想法不同，一定是對方錯了；若非如此，就只剩另一個選項了：對方的想法正確，我們錯了——但這似乎不太可能。

除了上述思維模式外，我們還可以用另一種方式看事情。身為接受者，我們不該憑自己的想法去否定給予者的想法，但也不應摒棄自己的想法。一開始努力去**理解**對方的觀點，不表示要假裝自己沒有人生經驗或意見；即使我們明白自己的想法，也需要去理解對方的想法。問題在於，理解對方的想法實在難如登天，我們得先做出關鍵的心態改變，遠離**你錯了**，朝**願聞其詳**的方向前進，和對方一起找尋彼此觀點迥異的原因。

雙方對同一個回饋的看法如此不同，如果不是因為其中一方有錯，原因**究竟**是什麼呢？有兩個可能：彼此掌握了不同的數據資料，或是以不同的方式詮釋。我們前面已探索給予者的數據資料與詮釋，試圖理解他們提出的回饋；接下來是比較雙方的觀點，探索彼此的數據資料與詮釋，試圖釐清觀點為何分歧。

## 數據資料的差異

每個人都不一樣，觀察到的數據資料也不盡相同。我們有不同的職位、生活在不同的地方、擁有不同的模樣。我們受過不同的教育與訓練，感受性不同，在乎與關心的事物也不同。

有時候，數據資料的差異是因為權限所致：上司知道你同儕的薪資，但你不知道；開羅辦公室的員工了解當地文化，倫敦總部的員工不懂；情侶對視時，總能看見彼此最獨特的一面。

在組織中的身分地位，也會影響你看見的事物。執行長與接待員運用時間的方式、待的地方、交談的對象、負責的工作各不相同，因此會掌握到的數據資訊也有差異。執行長知道哪些因素會令董事會產生矛盾、令關鍵客戶惱怒，以及令市場分析師憂心；接待員則能觀察所有進出辦公室的人——董事、銷售員、新進員工、清潔員與記者，能聽到這些人在等候區的對話。接待員聽得到各種八卦與怨言，以及人們評論執行長處理董事會、關鍵客戶、市場分析師問題的方式。

即使掌握了相同的數據資料，我們也會注意到不同的部分。走在相同的人行道上，也許歷史學者注意的是地上鋪的磚塊，慢跑者注意的是跑步時膝蓋受到的衝擊，輪椅族注意的是輪椅不便進出的地方。

我們被多到受不了的資訊吞沒，所以只能專注在一些小樣本上，忽視掉其他部分。在閱讀本書的此時此刻，請你暫停一下，試著注意自己剛才沒察覺的事物：附近是否有什麼背景雜音？有沒有微風拂過？或是周圍有人穿搭風格很奇妙？片刻前，你將這些資訊都過濾掉了，而且很可能沒意識到自己的篩選行為。我們不會注意到自己沒注意的事物，所以也不會發現自己的「沒注意」。

梅維絲遇到的問題，就跟掌握數據資料的權限及篩選不同有關。梅維絲是某多功能產品團隊的律師，團隊裡有銷售、製造與法律方面的專家，還有位客戶經理。他們為客戶提供從推銷到執行的一條龍式服務。

在年度績效評量時，客戶經理戴維斯對梅維絲直言不諱地回饋道：「妳不懂我們工作的『商業部分』。妳費力做法律評估，只會拖慢銷售流程，害我們輸給動作快的競爭對手。」

梅維絲聽了很是氣餒。這些銷售員（還有經理戴維斯）都錯了，她身為律師，明白其他團隊成員不懂的事。她了解團隊會面對哪些法律問題，更重要的是，她知道許多交易後來都會鬧上法庭，到時公司為了擺平糾紛可能得賠上金錢與名聲。此外，她也謹記法律總顧問的叮囑：「監管機構最近愈來愈嚴格了，我們辦事時必須嚴守法規。公司的銷售員都是頂尖人才，但法律部門的工作，就是提醒他們遵守規定。」梅維絲不自覺假設，戴維斯與其他人能夠看見她看到的資訊。但他們沒有——有時是掌握了相同的資訊，但並不感興趣；而大多數時候，他們沒權限去取得這些資訊。其他人並不像梅維絲，他們沒有參加法律部門的會議，沒聽過法律總顧問的指令，更沒看過訴訟報告。

反觀戴維斯所掌握的數據資料：他經常和顧客討論他們的需求，以及為何有這些需求。他掌握每週的銷售報告，包括推銷與成交的比例，也知道其他公司對顧客的承諾；他發現很多時候，梅維絲以法規為由否決的條件，卻是其他公司向顧客提出的條件。戴維斯也看到銷售環境不斷變動，這年頭所有人都注重價格與效率，如果你不用價格擊敗競爭對手，就等著成交失敗。長此以往，公司就經營不下去；一旦公司倒閉，戴維斯和梅維絲就都沒了飯碗，這可不是在開玩笑。

梅維絲必須提問才能抽絲剝繭，理解戴維斯的回饋，「我們為什麼會有如此不同的看法？你手上有什麼我沒有的數據資料嗎？」戴維斯與梅維絲都握有對方缺少的拼圖，在每塊拼圖都清楚擺上桌之前，他們無法拼湊出事情的全貌。

如果我們能不時提出數據資料差異的問題，生活想必會輕鬆許多，但我們很少去問。為什麼呢？因為比起**挑差異**，**挑錯誤**更吸引人。對方看到哪些我們沒看到的事物，這實在不怎麼有趣，還是從他話語中找碴好玩許多。一旦發現錯誤，我們會忍不住想糾正對方，但是必須抗拒這衝動，選擇有意識、有耐性地發問，與對方分享彼此手上的數據資料。

偏見驅使人收集數據資料

「挑差異」之所以如此困難，還有另一個原因：我們注意某些事物，都是有原因的，絕非隨機選取。假如給予回饋的人喜歡你，認為你非常能幹，就會注意到你的各種成就，想辦法尋找你的優點。此外，你的優秀也會影響他們對數據資料的詮釋——你犯的錯只是個例外，這證明了你平時的能幹獲得肯定，或許對方還會認為那根本不是錯誤。

然而，關係若出現摩擦——蜜月期的熱戀逐漸消退、賭注愈來愈高，或者氣氛惡化——

偏見就會轉變。這時，給予者開始注意到你搞砸的事情，無視你做對的部分。你原本「願意冒險」的特質變成了「莽撞」，「事必躬親」則成了「不願授權」。其他人會自動找尋符合成見的數據，以此證明他們對我們或好或壞的看法，這就是人性。

與此同時，我們本身也有偏見。在萬物平等的前提下，我們會以令人同情的故事來解釋自己的行為，將這些行為合理化；我們會記得自己做對的部分，在下一章你將看到，人們通常會認為自己的作為是出於好意。美國有九三％的汽車駕駛人相信，自己的駕駛技術優於平均水準。二〇〇七年美國《商業週刊》的一份調查顯示，有九〇％的經理人相信，自己的工作表現可以排進前一〇％。

這些偏見會讓「挑差異」變得更困難，因為每個人都認為是對方有偏見。實際上，雙方都有偏見，需要彼此幫助才能看清全局。

## 詮釋不同

給予者認為很合理的回饋，卻讓你覺得莫名其妙的第二個原因是：雖然雙方看到相同的數據資料，但進行的**詮釋**方式可能有所不同。

賈妮對瑞普利抱怨，說他都沒幫忙打掃家裡。仔細傾聽後，瑞普利保證自己會改變，而他也自認確實改變了。然而，賈妮仍覺得家中亂七八糟，並為此感覺壓力很大。她怎麼也想不明白，瑞普利明明就沒在幫忙，怎麼還硬說自己有做家事。瑞普利也不懂，明明問題都已經解決了，賈妮還在抱怨什麼？

瑞普利與賈妮接收了同樣的數據資料，但兩人的詮釋不一樣。賈妮環顧屋子，只見雜亂無章，因而絕望地認為她的人生失控了。賈妮感覺難以兼顧工作和家事，一想到母親看見她家會有何感想，心裡就羞愧難當。同樣的雜亂看在瑞普利眼裡，卻是豐富多姿、充滿孩子元氣與活力的家庭生活。在瑞普利看來，雜亂的屋子令人心安。

賈妮與瑞普利認定雙方能互相理解，因為他們都看見同一間混亂（或令人心安）的屋子；不過在這情況下，重點並不在於數據資料，而在於雙方的詮釋。瑞普利若沒從賈妮的視角出發，看見混亂與其附加的意義，就無法理解賈妮的回饋。

詮釋差異是我們理解回饋的重要基礎，所以需要更仔細探討兩個常包含在詮釋中的關鍵因素。

### ◆潛規則

我們的詮釋不同，其中一個主因是我們有自己的一套規則，認為這是事情**應有**的樣子。但我們不會覺得這是**我們的**規則，而是**通用**規則。

上一份工作的每個同事都喜歡你，新工作的同事卻都討厭你，嫌你太難搞。但你明明就沒變，同事看起來也都很正常，到底是哪裡不同呢？其實是人際互動的潛規則變了。前公司的同事喜歡直來直往，把事情講開。到了新公司，同事認為你該當個「好人」，但你不喜歡這樣，因為經驗告訴你，當好人等於拐彎抹角，而這等於被動攻擊，又等於令人心煩與效率低落……說到底，這就是你「難搞」的原因。如今你了解潛規則，至少知道自己為何被討厭了。

組織文化、地方文化，甚至是家庭文化，都是許多潛規則的集合，這些不成文的規定，定義了「我們這邊的行事方式」。此外，每個人都有自己的潛規則，也許是關於特定事情——例如「準時」的定義，到底是就定位並準備開始，還是剛好在那個時間晃進來就好？潛規則也可以是較廣泛的規範——例如人生就是這樣，以及朋友的意義。這些規則經常成雙成對，相互對比：

- 「這是個弱肉強食的世界」與「只要微笑，世界也會對你微笑」。
- 「衝突很糟糕」與「衝突很正常」。
- 「受人喜愛非常重要」與「受人尊敬非常重要」。

一些我們感覺莫名其妙的回饋，可能會在理解詮釋背後的潛規則時豁然開朗。我本以為在公司會議上提問，是展現積極主動，後來才知道，在別人眼中這種行為很沒禮貌，他們嫌我硬要唱反調。

## ◆英雄與反派

我們整理經驗的原則如下：我們（通常）是故事中討人喜愛的英雄。作家大衛．福斯特．華萊士（David Foster Wallace）在凱尼恩學院的畢業典禮上致詞，指出「你們所有的經歷都是以自己為中心」，每個人「在自己頭顱大小的小小王國裡，都是君王」。在自己的故事中，我們向來是桃樂絲、公主或紅鼻子馴鹿魯道夫，而不是壞女巫、豌豆或其他不知名的馴鹿。

這又讓回饋更複雜了。

一個兒子去探望剛動完手術的父親，在現場他驚恐地發現父親受劇痛折磨，外科醫師卻拒絕開更多止痛藥。這個兒子在醫院走廊大步走著，準備將醫師冷血的決定回報給該科主任。醫師跟著兒子過去，向主任翻了個白眼，表達**她自己**的判斷：**又一個在這浪費時間的難纏家屬，還不如把這些時間用來治療病人**。

他們面對的挑戰跟數據資料有關：醫師與兒子都看到父親的疼痛，並且都掌握了對方沒有的資訊。兒子**懂**他父親，父親是戰爭英雄、美式足球明星，平時沉默寡言，現在竟然痛得在病床上翻滾，那絕對是難以忍受的劇痛。外科醫師**懂**這次手術的影響，以及術後康復所需時間——劇烈的痛楚很快就會消失。而她曾經看過病人對止痛藥物成癮，深知藥癮對病人與家屬造成的負擔。

讓情況更加複雜的是，雙方都視自己為故事的英雄與主角，相信自己在保護那位父親，盡量不讓他受苦。他們都認為對方理解有誤，甚至一時情緒上來，還把對方當成反派。這下，兩位英雄開始爭奪主角之位，他們給對方的回饋不只是為用藥而爭，而是道德之爭。

## 提問：正確的部分在哪裡？

挑差異，就是盡量理解自己與對方看法相左的確切原因，這是接納回饋的關鍵環節。你開始稍微理解回饋的來龍去脈、對方提出了什麼建議、如何實行對方的建議，以及你為何與給予指教的人觀點不同。

走到這一步，你也可以寫一張清單，列出對方回饋中可能「正確」的部分。這時得小心一些，因為你在挑出正確的部分時，可能不知不覺也會挑錯誤；如果你找尋什麼是正確的，也許會落入之前的對錯框架，開始尋找錯誤。

因此這裡的「正確」，並非以客觀事實為準的判斷，而是一種心態：對方的回饋有哪些部分合理？哪些部分值得一試？你是否能轉換回饋的意思，看出對方說的話其實有幫助？這就像一個人走在森林裡，他沒有在看樹，而是在分辨鳥類的品種——他專心賞鳥，並不表示樹木「有問題」。

再回過頭看看梅維絲與戴維斯吧！梅維絲可以問問自己為何與戴維斯想法不同，並找出戴維斯回饋中正確的部分：速度的確很重要；負責銷售的團隊成員確實感到不耐煩；某些競爭對手（似乎）在法律方面有不同的結論；成交對於兩人與公司整體確實相當重要。找到回饋中正確的部分後，雙方能以此為起始點，一同探尋解決方案，梅維絲也不會隨便否定戴維

| 回饋 | 差異在哪裡？ | 正確部分在哪裡？ |
| --- | --- | --- |
| 戴維斯對梅維絲說：妳害我們交易談不成。 | 數據資料的差異，包括對簿公堂的風險、法律總顧問的指令、推銷與成交案件比例，以及其他公司的做法。 | 速度很重要。既然其他公司在法律上的判斷跟我們不同，那就該找出原因，看我們是否認同那樣的判斷。雙方都希望能成交。 |
| 瑪姬沒有當上新主管。 | 決策者知道當主管所需的能力，也知道其他人對瑪姬領導能力的評價。瑪姬知道自己花很多時間加班。此外，雙方的內含規則不同：瑪姬認為年資很重要，升遷是勤奮工作的獎勵，主管職的工作可以上任後再學；上司認為擁有新職位所需技能的即戰力，才有資格升上去。 | 正確部分是，比起其他候選人，我在編預算這方面經驗不足。了解升遷的標準後，無論我認不認同那些標準，都能在掌握資訊的情況下，決定自己的目標與下一步。 |
| 她還是不肯和我結婚。 | 她可能是對我們的關係、對婚姻有不同的假設與感受。她決定終身大事的內含規則可能和我不同，或有過什麼令她焦慮的經歷。她可能把心思放在最大的恐懼上，我卻把心思放在最大的希望上。 | 正確部分是，她還沒準備好。理解了她還沒做好準備的原因後，我也許比較有辦法知道，雙方的目標和感覺是否相同。即使不可能完美掌握所有資訊，我還是得對自己負責，做出好選擇。 |

斯的回饋。

## 你仍不同意的時候

有時，儘管完全理解給予者的回饋從何而來，也明白對方的建議，你還是無法採納。事實上，確實理解對方的回饋後，你甚至更覺得那個回饋荒謬、不公平。

對雙方來說，這可能是非常尷尬、不自在的處境，但從溝通的角度看來是成功了。你的目標是理解給予者，並讓對方理解你，最後如果你認為回饋對自己有幫助，就會採納對方的意見；如果你認為回饋沒用，至少也明白了對方的想法、建議，以及你選擇不採納的理由。評量也是同樣的道理，你愈理解評量回饋的起因與後果，就愈能說出自己不同意的理由。

順帶一提，你可以在誠實、透明做出反應的同時，抱持開放與好奇的心態。可以說出心中的想法：

- 哇，這讓我聽了好難過。
- 我作夢都想不到會有這種事。
- 這和我對自己的認知，又或者是我期望別人對我的看法差好多，我都不知道該怎麼回應了。我想解釋自己的想法，但也想先好好理解你說的話。

這樣做並不是要中止對話，而是在試圖理解回饋的同時，表達出自己的反應。話雖如此，我們還是要承認這裡有個假設：你愈是理解回饋，就愈可能從中找到一些有用的部分，或者至少理解對方是如何誤會你，以及你被誤會的原因。

## 「回饋為什麼不能客觀就好？」

這時，一個合情合理的疑問浮上心頭：既然主觀的見解與詮釋，讓我們很難理解回饋，何不保持客觀，只把事實說出來就好？現在許多組織都以此為目的，開發出能力模型與行為指南，試圖以公式與數值去量化個人表現。這些數值雖能用來協調雙方期望、釐清評量標準，卻無法拿掉回饋的主觀面向——任何方法都做不到。

無論你想出怎樣的度量方法，數值的**背後**必然存在著主觀判斷：「X」為何最重要？為何不考慮「Y」？主觀判斷會影響度量系統的運用，因此一個人是否「符合預期」，取決於我的預期。這些預設標準公不公平？我們怎麼知道？說到底，我們終究得靠人為判斷來制定標準。

那實際收益數值呢？這就夠客觀了吧？某方面來說，它確實很客觀。收益數值是獨立於主觀期望或信念的數字，但它**代表**什麼？超出市場平均〇．五％是好事或壞事？收益是預期數值的兩倍，這是好事嗎？還是一開始的預測就太偏頗了？執行長的表現和收益數值有什麼關係？這些就夠我們爭論不休了，是吧？

不管你把評量項目與數值定義得多清楚，總要有人用這套準則去評判別人的表現，如此就與人為判斷脫不了關係。如果說建議帶有自傳色彩，那評量也是如此——我們給別人的評量回饋，反映了自己（或組織）的偏好、假設、價值觀與目標。無論是大眾都認同或是獨一無二的標準，這些都是屬於我們的主觀認知。

當然應該如此。老練的指導者或評量者之所以有價值，就是因為他們的判斷能力很強。我們想知道自己每個音唱得準不準，可以用 iPhone 的 App 來判斷；但聘請歌唱教練的目的不同，因為教練有判斷能力與豐富的經驗，能幫助我們唱出動人心弦的歌。我們想知道自己是否領導有方，是否讓團隊團結、堅持或有活力，App 就幫不上忙，而我們帶領的下屬卻能回答這些問題。

我們不該追求徹底除去詮釋或判斷，應該追求的是，三思而後行，並在做出判斷後，透明、開放地討論自己的想法。

## 附帶評語的對話

我們接下來會看到一場對話，是接受者受到真相觸發機制影響，卻仍努力試圖理解對方的回饋。前情提要：執行長保羅請人資主管莫妮莎設計並執行員工問卷調查，找出高層管理團隊有待加強的地方。莫妮莎的團隊花了好幾個月，收集全球各地的員工數據，調查結果卻令人沮喪。

莫妮莎將結果呈交給高層管理團隊時，與財務長約翰進行了一段劍拔弩張的對話：

約翰：莫妮莎，我們的員工認為領導團隊能力不足這件事，妳打算用多少種方式說給我們聽？我們是聽懂了，但老實說，我不覺得有什麼參考價值。

莫妮莎：約翰，我知道這很難接受，不過我們應該……

約翰：輸入的數據有問題，輸出結果當然會是錯的。妳應該知道這句話是什麼意思吧？

莫妮莎：你對這報告有具體的疑問嗎？我可以把調查方法都解釋給你聽。

約翰：我相信妳可以為妳自己的調查方法說很多好話，但我們還得經營公司，沒空聽這些。

約翰說完就離開了。

這種處理問題的方式令保羅直皺眉頭，不過老實說，他自己也有類似的失望與懷疑。會議結束後，保羅有風度地告訴莫妮莎，他知道她的團隊為這份報告下了不少工夫。雖然結果差強人意，他還是想深入了解調查結果，於是請莫妮莎隔天到他辦公室談談。

### 保羅的準備：心態與目標

聽到回饋的當下，保羅認為這與他對組織的感覺不符。但在這場對話中，他的目的並不是接受或否定回饋，而是先去理解。他會盡量保持好奇、找出標籤，並請莫妮莎說明她的數據資料與詮釋。此外，保羅還會分享自己的想法與觀點。

### 對話

保羅：莫妮莎，這裡有很多值得深入討論的部分。我剛聽到調查結果時，心裡有兩種反應，一種是：「哇，如果大家都是這麼想，那問題真的很嚴重。我得想辦法了解情況。」但同時我必須說，某些部分的調查結果，並不符合我對組織風氣的認知，所以讓我有點困惑。妳能來和我討論這件事，真是太好了。

很好。保羅透過這段發言，展現出自己開放與願意學習的心態，同時也誠實說出自己現在的想法與感受。

莫妮莎：保羅，你的確可以無視這份回饋，我也完全能理解這種傾向，不過我認為，逃避現實對事情沒什麼幫助。

這不是保羅想聽到的回應，但他不該接受挑釁，也不該抗議說：「我沒有逃避現實！」他應該繼續談論這場對話的主題：調查結果有什麼意義，以及如何用這份調查報告來改進組織。

保羅：回饋和我心中想的狀況不太一樣，不過也可能是我的看法不準確，這是我想探討與理解的部分。

莫妮莎：在我看來，調查結果主要顯示，我們的中階主管自認沒什麼實權，感覺像圈外人。

保羅：妳可以說得具體一些嗎？他們「自認沒什麼實權」與「像圈外人」是什麼意思？

非常好。保羅沒有用言語反擊，沒有說：「我們總不能每次做決策都問他們的意見吧？」他反而追問下去，試著挖出標籤之下的回饋內容。

莫妮莎：我們調查了所有資深員工到副理層級，大多數人都覺得，高層管理團隊的溝通有問題，認為高層沒有問他們的意見，也不重視他們的貢獻。

保羅接著問起確切數據資料（有多少員工如此認為、調查方法等），莫妮莎呈現了相關資訊。

保羅：那能請妳舉個實例嗎？

莫妮莎：有不少人提到倫理計畫，他們必須在一年內參加一系列的職業倫理工作坊，高層管理團隊卻只要參加一次短短兩小時的工作坊。很多人對此不滿。

保羅：這個啊，雖然沒有正式的「倫理工作坊」或「倫理會議」，不過我們每天的工作都離不開倫理。我天天和律師、執法部門的人，以及風險管理部門的人見面，我做的每件事情，都以倫理與價值為核心。

保羅會這麼想是很合理的，也很自然會分享自己的想法，但在這種情況下，他應該以邀請對方繼續討論的方式分享資訊，例如：

保羅：如果把這項計畫當作表面功夫，或是覺得高層管理團隊只是敷衍了事，換作是我也會失望和不高興。在我看來，我的工作有很大一部分和倫理道德相關，也經常和律師、執法部門，以及風險管理部門的人見面談話。但中階主管的看法似乎和我不同，這確實讓人憂心。

莫妮莎：是，他們的看法和你不同，有一部分是觀感和印象的問題，但似乎還有更深層的問題——態度。

保羅：我不太懂妳的意思。妳說的「觀感」和「態度」問題是什麼？

很好。如果不完全理解對方的話，就放慢對話的步調，提出疑問。

莫妮莎：觀感問題和態度問題的差別是，高層管理團隊只進行兩個小時的倫理研習，這背後的主要動機是什麼？

保羅：我們想讓所有人知道，這是非常重要的議題。

莫妮莎：我覺得大家聽到的是「高層團隊不需要研習」。這不是你想傳達給員工的訊息，卻**相當準確**反映了高層管理團隊的態度。

保羅：唔，這就有趣了。所以妳的意思是，我們無意間傳達的訊息，其實就是實情？

莫妮莎：我認為是這樣。

保羅：我再問個問題，妳覺得這是一些人對我個人的觀感嗎？莫非在他們心目中，是我認為高層管理團隊不需要倫理訓練？

這是值得深究的問題。保羅若不和莫妮莎討論這問題，對話結束後，很可能會以為莫妮莎是指其他高層主管，而不是他。

莫妮莎：我沒有這方面的具體情報，不知道大家怎麼看你，但我想問一個問題：你對高層管理團隊與倫理訓練的態度是什麼？

保羅：如妳所說，我確實認為自己花很多時間和人討論倫理，所以不必再參加工作坊了。問題是，這給人的觀感相當糟糕。

莫妮莎：所以，你有兩個選擇：一是清楚說明你認為其他人必須受訓、高層主管不必接受訓練的理由；二是改變心態，真心相信自己需要受訓，並全心投入倫理工作坊。我相信當你聽到我的建議時，心裡想的是：「我實在太忙了，沒辦法。」

保羅：我是這麼想沒錯。理想情況下，我應該和其他人一樣參加工作坊，但我真的太忙了。

莫妮莎：如此一來，基層員工就會覺得，既然高層主管都忙到沒時間參加工作坊，這件事真的很重要嗎？或者反過來說，他們也相信倫理訓練非常重要，這表示高層主管也該重視這方面的訓練。

保羅：嗯，經妳一說，我能理解下屬的不滿，也知道他們為何覺得我們虛偽。我有點吃驚呢！我們連員工調查的其他部分都還沒談到，我就有這麼多事情得思考——但我們討論到的部分確實有幫助到我，現在我更了解其他人對組織高層的看法，以及他們那麼想的原因。

保羅與莫妮莎的這場對話不輕鬆，卻是十分重要。這裡的關鍵是目標與心態：保羅的目標不是同意或否定、反駁或接受，而是努力理解回饋。兩人對話的目標不是解決問題，而是理解問題。倘若保羅在對話中遵循自己的直覺發言，可能一開始就會對莫妮莎提出異議，對話也許就此結束了。然而，他沒有直接反駁，而是仔細在對話中尋找標籤，努力一窺標籤下的回饋內容，而且在不確定對方話中的意思時，他並非敷衍了事，而是大方提問。

☺☹☹

放棄挑錯誤並不容易——其實也不必完全放棄。你可以週末和朋友小酌時，把挑錯誤當娛樂，互相爭辯、指控、發洩情緒與否定，好好切磋一番，享受挑錯誤的趣味。

不過，在重要時刻，當你收到對給予者而言很重要的回饋，或有可能幫助你這個接受者的回饋時，暫且將挑錯誤的念頭放到一邊。你必須磨練辨識差異的能力，並偶爾露一手挑出正確回饋的技藝。從事這種較困難，報酬也較豐厚的活動，你才有機會學習。

## 重點整理——

**回饋會以含糊的標籤形式傳遞給我們，我們往往會從中挑錯誤。**

**為了理解回饋，請討論它的來龍去脈：**

- 來龍（從何而來）：對方的數據資料與詮釋
- 去脈（去往何方）：建議、後果、預期

**提問：以下兩部分有哪些「差異」？**

- 我們看到的數據資料
- 我們的詮釋與潛規則

**提問：回饋有哪些「正確」的部分？找出合理的部分，以及彼此共同的憂慮。**

**合力拼湊出較完整的畫面，大幅提升雙方從中學習的機會。**

# Chapter 4 看清自己的盲點——發現別人眼中的你

才華洋溢的安娜貝，不僅思慮敏捷、極富創意、勤奮不懈、小心謹慎，還能記住其他人的生日。她之所以如此無可替代，是因為她身上很不可思議地揉合了分析天賦與奇特魅力。她團隊中的人都不喜歡她。

這並不算危機，安娜貝不會霸凌或陷害人，反而真誠地關懷組員，認為開心能帶出最佳工作效率。

然而，組員並不開心。安娜貝之所以知悉此事，是因為她在三年內，收到了第二份慘不忍睹的三六〇度全方位績效回饋報告。同仁認為她「難搞」「沒耐性」「不尊重我們」，對此她實在無法接受。從上次的回饋報告至今，安娜貝一直努力表現出對組員的尊重，沒想到過了三年，同樣的怨言再度出現。她付出的努力沒受到認可。

安娜貝心想，報告背後是否另有隱情？也許是下屬在勾心鬥角，或是趁匿名機會批評上司。這也可能是種心理投射——因為與公事無關的個人發展問題，而把親子關係的糾結投射到與權威人物的相處上。

安娜貝猜對了一部分：報告背後**確實**另有隱情，但組員並不是要勾心鬥角或陷害她，也不是與假想的父母為敵。

安娜貝爾有**試著**尊重組員，不過努力歸努力，仍會無意識傳達出相反的訊息。東尼解釋：「安娜貝壓力大時，特別難搞，她會說『請幫忙』和『謝謝你』，但態度很輕蔑又沒耐性。假如我去她辦公室問問題，她會翻白眼，回答的語氣也很不客氣。她話一說完就會請我出去，同時還樂呵呵地歡迎我隨時找她。」

安娜貝知道自己**希望**給人怎樣的印象，卻沒看到自己實際給人的印象。她並不是唯一遇到這問題的人，還有幾個例子：

- 柔伊認為自己很支持新提議，但每當有人提出創見，她總是第一個駁回。
- 穆罕默德習慣把中性問題（「你週末過得愉快嗎？」）當作批評（「你是覺得我過得很不愉快嗎？」），其他人因此覺得他脾氣暴躁，他卻百思不得其解。
- 你說你該走了，朱爾斯仍滔滔不絕，有時甚至你離開了，他依舊繼續說個不停。

這些人怎麼如此毫無自覺？會不會我們也和他們一樣，對本身的缺點渾然不覺？

答案是：有可能。

事實上，我們認為自己展現出來的一面，與其他人眼中的我們往往存在差距。即使大家一致表示我們就是某種人，就是某種樣子，我們也可能認不出那些回饋說法裡的自己。

我們的自我認知與別人對我們的理解，怎麼會存在差距呢？好消息是，別人理解與誤解我們的方式，其實有一套系統，也十分容易預測。

## 差距地圖

差距地圖提出一些關鍵元素，來拆解我們希望的形象與實際形象之間的差距。請由左到右閱讀，辨識出導致盲點的原因。

從最左邊說起，這是自身的想法與感受，我們會以這些為根本，形成意圖與目的——我們想做什麼、希望讓什麼事發生。為了達到目的與意圖，我們會做些事與說些話，以行為與表現來影響他人，而他人會根據這些影響，得出對於我們意圖與性格的理解；最後，他們會將這些印象轉成回饋，告訴我們某種版本的故事。當你從別人口中聽到關於自己的描述時，也許會覺得對方形容的人物，和你認識的「自己」只有一點相似，實則相差十萬八千里。我們會退縮、皺眉、搖頭，根本認不出對方故事中的自己。

在這場傳話遊戲中，訊息會漸漸扭曲。我們仔細檢視訊息如何在差距地圖上移動，就能找出其扭曲的位置與原因。

讓我們用差距地圖來解釋安娜貝的處境吧！

先回顧一下：三年前，安娜貝收到第一份三六〇度全方位績效回饋報告，得知下屬認為她不尊重他們。她對此感到相當氣餒，並且真心希望組員能開心工作，所以此後一直努力表現出對他們的「尊重」。

我們來看地圖上的情況。安娜貝憑意念改變了行為（箭頭三），想法與感受（箭頭一）卻沒有變。這就是問題所在。

安娜貝**究竟**是怎麼看待團隊的呢？這些想法與感受，深埋在積累多年的期望與假設中。安娜貝嚴以律己，也嚴以待人，這源於她的性格與早期家庭環境，求學與工作經歷也影響了她的態度，她曾因默默且機伶地完成工作，得到正面回饋。就好像村鎮會在河流轉彎處逐漸成形一般，這些經歷漸漸累積成村莊，堆砌出對於「好」與「能幹」的價值觀、假設及期望。

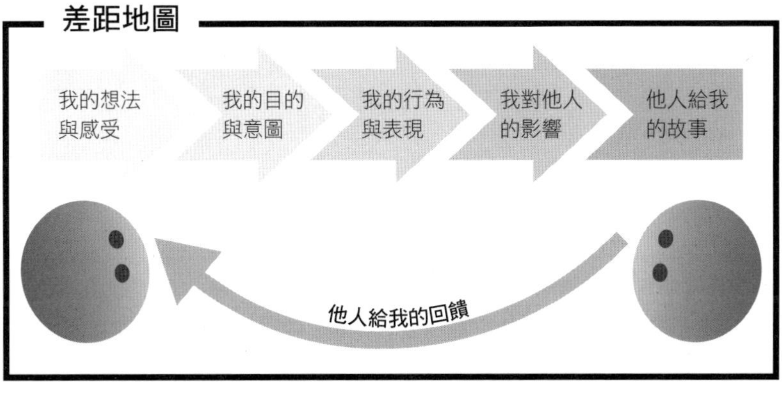

於是我們發現，她正處於亂流之中：安娜貝常感到氣餒，因為組員會來找她，問一些要是她碰上，便會積極想辦法自行解決的問題，所以當下屬提出這些問題，她會認為下屬沒有努力，或者根本不夠在乎工作。因此，她經常會不耐煩、焦躁，或是對團隊失望。

上述情形導致安娜貝爾內在想法與感受不協調（差距地圖箭頭一），意圖也不協調（箭頭二）。她以為自己將不協調的心思藏得很好，但那些想法與感受會悄悄隨行為透露出來（箭頭三）：臉部表情、語調與肢體語言都展現出不耐煩。

同事們「讀取」到這些想法與感受後，就懷疑起安娜貝的意圖。她自以為意圖良善：「我希望同仁覺得自己被尊重，而且也很努力表現出尊重他們的樣子。」結果組員完全不那樣認為。在他們眼中，安娜貝是個虛偽——甚至喜歡擺布他人——的主管：「妳要我們**以為**妳尊重我們，但其實妳根本不把我們放在眼裡。妳不僅不尊重人，還虛偽得要命。」

這下安娜貝的團隊更不高興、更反感了，他們把這些感受清楚寫在第二份三六〇度全方位績效回饋報告中。收到評量回饋的安娜貝相當震驚，只是覺得自己不受歡迎、被誤會。她和同事陷入難以掙脫的惡性循環。

我們接下來會探討一些別人看得到，自己卻無法察覺的問題——也就是我們的盲點，然後介紹三種「放大器」（amplifier），來放大地圖上的差距，看見「他人敘說我們的故事」與「我們敘說自己的故事」之間的系統性差異。

## 行為盲點

盲點是我們自己看不見，**別人**卻能看見的事。每個人都有自己特殊的盲點，但也有大家共同的盲點。

一旦我們在差距地圖上圈出各自注意的部分，就會發現：我的行為是在**你**會注意到的圈圈裡，而我卻多半**不會**注意到。我們都明白人與人互動的模式，但是發現我們幾乎看不見自己的行為，還是很令人驚訝。

### 是你的臉走漏風聲

誰看得到你的臉？所有人。

誰看不到你的臉？你自己。

我們透過臉部表情傳達大量訊息，但自己的臉卻成為盲點，而導致如此的罪魁禍首就是人體構造：我們全都困在自己的身體內，只能往外看；我們知道自己在鏡子裡是什麼模樣，卻不知道自己在外頭活動、與人互動、對生命中的真實事件做出反應時，臉上是什麼表情。

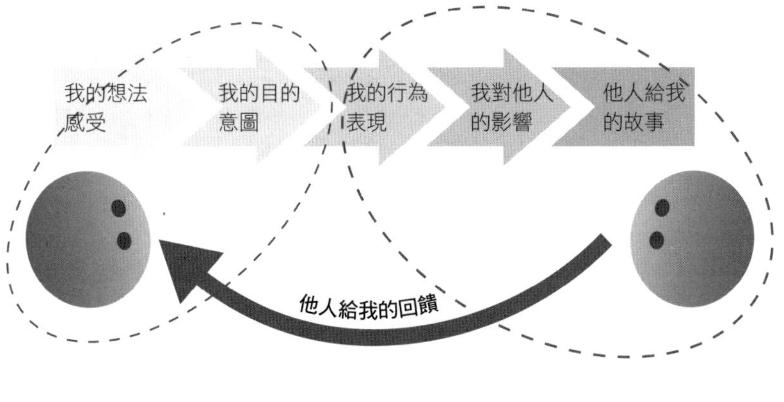

如果我們頭上有像蝸牛那樣的眼柄，事情就好辦了——最好是一九五〇年代B級片裡那種外星人的眼睛。有了眼柄，我們就能了解別人為何會那樣回應我們：「哦，**這下**我知道你為什麼說我不服氣了，我**真的**就是一臉不服氣的樣子。」

我們為何會透過臉部表情傳達大量訊息呢？原因不是臉部表情豐富或夠清楚（畢竟我們額頭上沒有輪播各樣感受的跑馬燈），而是因為大部分的人很擅長讀懂**別人**的臉部表情，這是演化了數十萬年的能力。人類能在演化中成功，並不是因為最強壯或最聰明，而是因為能互相配合與合作，共同完成單靠一個人做不到的事，例如狩獵大型獵物。

然而，我們**不只**會合作，還會競爭。當一些人想幫助你，而一些人想傷害你時，你的社交生活會變得非常複雜。這種合作與競爭之舞，有利於能區分敵友的人生存下來。因此，我們必須聰明揣測別人的感受與動機。

那麼，該如何揣測別人的心思呢？我們當然會聽別人分享感受與動機，但那還不夠，要是對方想欺騙我們怎麼辦？我們需要一種方法，不單仰賴有意圖的溝通，也能夠分析他人的感受與動機，因而發展出解讀臉部表情與語氣變化的能力，並由此針對互動對象形成「心智理論」（theory of mind）。

想看出人類解讀心思的能力有多靈敏，可以和缺少這能力的情況做對照。自閉症患者經常為此困擾，他們通常不直視別人的眼睛，也無法解讀以表情或語氣傳達的社交訊息。大多數人似乎天生就懂這種「語言」，他們卻得耗費大量心力去學習。

一般人無時不在解讀別人非語言的訊息，而且大多是在無意識中就完成了。科普作家史蒂文・強森（Steven Johnson）表示，我們「僅是目光掃過別人的眼睛或嘴角，就能測量對方的情緒」，這是一種「輸入我們前台處理的背景過程，我們會意識到它提供的資訊，卻甚少意識到自己獲得資訊的方式，以及我們汲取資訊的能力」。

## 是你的語氣走漏了風聲

除了臉部表情外，語氣也會傳達大量關於自身感受的資訊。其他人不僅透過我們說話的內容獲取資訊，還從**我們說話的方式**得到訊息——要估算確切比例很難（一份研究認為語氣提供三八％的訊息）。總之，重點是語氣能傳遞極多的訊息。

演員能用一百種不同的方式說「我愛你」，以傳達出一百種不同的意思。可以是熱情示愛，也可以傳達無奈、信心或懷疑；可以是宣示，也可以是疑問（你**知道**我愛你嗎？我**真的**愛你嗎？那你愛**我**嗎？）語氣、音調與抑揚頓挫——語言學者稱為「語調輪廓」（intonation countours）的種種特質——能強化或翻轉文字意義，傳達與發言者情緒相關的豐富資訊。

嬰兒會用位在耳朵上方的顳葉上端溝來處理自己聽見的資訊。在四個月大的時候，無論是母親的聲音、汽車喇叭聲或其他聲音資訊，都由顳葉上端溝分析。但到了七個月大時，嬰兒漸漸區分出人類語音，這時**只有**語音能引起顳葉上端溝的注意；而在聽見帶有情緒的語音時，顳葉上端溝會更活躍。我們腦中這個小區塊負責的工作，就是分析語言的語氣與意思。

神奇的是，我們自己說話時，顳葉上端溝**沒有反應**。我們不會聽見自己的聲音——至少不像聽人說話那樣仔細分析語氣，因此聽別人針對我們說話**方式**所做的回饋時，經常感到錯愕不已。（「語氣？我哪有用什麼語氣說話！」）而這也是為什麼我們在聽自己的錄音時，總覺得自己的聲音如此陌生。我們的聲音透過擴音傳出來時，也會輸入顳葉上端溝，我們突然能從別人的角度聽自己說話了。（「我怎麼會**那樣**說話？」）我們從出生起就天天聽到自己的聲音，卻也都沒有真正聽見自己的聲音。

說來有趣，頂尖的歌劇演唱者也必須請歌唱教練，一部分原因就是他們聽不見自己的聲音。「我們都把教練當作『外在的耳朵』。」女高音芮妮．弗萊明（Renée Fleming）表示，「我們唱歌時聽到的聲音，和聽眾聽到的歌聲不一樣。」

根據倫敦大學學院研究員蘇菲．史考特（Sophie Scott）的推測，我們「聆聽用」的顳葉上端溝之所以不分析自己的聲音，部分原因是我們太專注於自己的心思了。人的注意力有限，一次只能專注於一件事，所以我們只專注於自己的意圖，努力說出自己想說的話。安娜貝將注意力放在自己的想法與意圖上，所以沒注意到自己的行為與語調。

因此，語音和臉部表情一樣，經常在不經意間透露我們的想法與感受。我們努力用輕鬆自在的語氣說話，別人卻一聽就知道我們很不自在；我們想自信滿滿地說話，聽上去卻顯得浮誇又沒自信；我們滿心想傳達愛意，卻在對方心中種下懷疑的種子。

## 是你的習慣走漏了風聲

我們的細部行為可能會落入盲點，像是緊皺的眉頭、不安的語氣，都可能傳達心念，這十分好懂。不過驚人的是，我們甚至可能沒注意到更大、看起來更明顯的行為與習慣。

貝內特也發現了這件事。有天晚上，他和家人在玩比手畫腳，五歲兒子模仿了某人來回踱步、對著手機罵人的動作，女兒立刻猜到答案：「是爸爸！」貝內特忍不住皺眉說：「**我**哪有這樣？」女兒說：「有啊，你每天都一**直**講手機！」

有嗎？貝內特在孩子身邊時，已經盡量減少使用手機了，但孩子卻不這樣想。在小孩眼裡，貝內特動不動就打斷家庭活動時間，跑去和別人講電話。導致雙方看法不同的一個原因是，對於時間的感受。講電話時，我們會沉浸在對話中，時間流逝得很快；但身邊的人只聽見惱人的半邊對話，沒有脈絡，就只有莫名其妙的半邊對話，聽者只覺得時間愈走愈慢。

即使是我們生命中顯而易見、在別人眼中明顯到近乎好笑的習慣，對個人來說也可能是盲點。過去四年來，你和六個不同的人交往過，每當開始一段新的戀情，你就對所有朋友宣稱：「這人就是我**命中注定**的另一半。」你和伴侶的感情經過一次次冒險與奢華旅行的熱戀期，之後幾個月進入穩定期，結果你卻突然結束關係。唯一值得注意的是，打從你開始交往的那一刻，朋友就能預測這場戀情的起承轉合，而你卻對自己一段段戀情的發展慣性渾然不覺。直到最親近的朋友畫圖解釋，你才漸漸看清情況。

## 電子郵件中的肢體語言

神奇的是，即使是在電子郵件中，人們也會試圖解讀情緒與語氣。更確切地說，儘管看不見寄件人的臉、聽不見對方聲音，我們仍無法放棄分析對方心情與意圖的欲望，所以會盡可能找尋線索。

電子郵件能提供一些明顯的線索，例如**全都是粗體字或大寫字**，還有大量的驚嘆號與問號，以及突然（策略性？）被加入副本的收件人。此外，用字遣詞或時機是比較隱晦的資訊，例如一個人是立刻回信，或是過很久才回覆？對方只用三個字回信，是因為不高興，還是因為只講重點？對方突然在信裡長篇大論，是為了講得詳細一些，還是已經忍無可忍了？我們知道對方**說了什麼**，但還想知道他們是**什麼意思**。

## 對方可能會清楚看見我們試圖隱藏的東西

其他人總是在解讀我們的臉部表情、語音與行為，但並不表示他們的解讀正確。他們通常能察覺到我們言不由衷，卻未必知道我們真正的想法。

有時，別人就是會誤解。你參加聚會時感到害羞，希望別人能主動來找你搭話，其他人看見你站在門邊，卻認為你「冷淡」或「高高在上」。他們注意到你的言行舉止，但是詮釋有誤。

還有些時候，人們能讀懂我們試圖隱藏的資訊。安娜貝的同事猜對了，她翻白眼、嘆氣和咬牙切齒地微笑，就是在隱藏真正的感受，但是她的言行舉止已洩漏風聲。她不必說「我討厭你們」，因為她的臉已經清楚表達這件事了。

## 三個盲點放大器

別人在觀察我們時，能注意到我們自己看不到的地方，我們的盲點就是他們的熱點。然而，觀察的差異是讓盲點變斷點的一個因素。我們對自己的看法與他人對我們的看法有差距，有三種關係動力會擴大兩者之間的差距，它們雖相互關聯，但值得我們逐一檢視。

### 放大器1：估量情緒

「情緒」在自我形象與外在形象的差距中，扮演了舉足輕重的角色。我們會扣除特定情緒，認為：「這情緒並不代表真正的我。」但別人則會加倍計入那種情緒：「這情緒**完全**能說明你是什麼樣的人。」

莎莎的女兒不久前離家去讀大學，這讓她感到格外孤獨，只有好友歐嘉在各方面提供支持，成為她的心靈支柱。沒想到，莎莎從兩人的共同朋友那裡得知，歐嘉認為她「自我中心、自以為是受害者」。

莎莎簡直不認識歐嘉所描述的自己。當然，她時常提起孤獨的感覺，但獨生女讀大學去了，母親感到孤單不是很正常嗎？但莎莎並未意識到，她向歐嘉抱怨時總是沒完沒了，經常大談自己的痛苦好幾個小時（甚至是好幾天），完全沒發現這些話對歐嘉造成的影響，也從沒問過歐嘉的生活狀況（歐嘉本身也正經歷人生中的難關）。

莎莎與歐嘉都值得同情。莎莎心裡很苦，歐嘉對成天支持莎莎感到無力。我們明白莎莎對歐嘉抱怨，以及歐嘉向朋友訴苦的原因。我們的重點不在於批判誰對誰錯，而是要看見莎莎述說自己故事時，沒把自己的情緒估量進去。這種估量情緒放大器能夠解釋為何莎莎聽到歐嘉的回饋，會是如此震驚——她不單單因為歐嘉向共同朋友提及此事，而感到很受傷，同時也對回饋內容大感困惑：「**這不是真的，歐嘉怎麼會這樣講我呢**？」

在事件當下，當事人往往看不見自己的憤怒。你和同事必須趕在今天完成明天董事會的報告，兩人都倍感壓力。到了深夜，你同事突然靈光一閃，興奮地將顛覆一切的新點子告訴你，而你直接打斷他：「你想從頭來過？都什麼時候了？你 #@%&（消音）開什麼玩笑！」你快步離開會議室，以免自己失控大罵。

隔天，同事提到你暴怒後「猛衝」出會議室的事，你只覺不可思議，「我哪有對你大小聲？」你堅稱，「而且我也沒有『猛衝』出去。」在你心中，自己確實沒這麼做。我們發怒時，注意力總是集中在引發怒火的威脅上，事後也只會記得對方的威脅。對同事來說，你的憤怒**就是**威脅，那不僅是故事的一部分，更是其核心。你的憤怒深深影響同事對你的看法，以及兩人之間的互動。

從這例子可以看出，我們有時會將強烈的情緒當成環境的一部分，而不是自己的一部分。「**我沒有生氣**。」我們會這樣想，「**只是當時情勢緊張而已**。」但緊張的並不是情勢，而是我們的情緒。

## 放大器 2：情勢 vs 性格

估量情緒其實只是一個子集合，歸屬於一種更廣的互動關係。當一件事出錯，而我們本身也是錯誤的一部分時，一般會將自己的行為歸咎於情勢，而對方通常會將我們的行為歸咎於性格。

我在派對上拿走最後一塊蛋糕，你說是因為我太自私（性格），我說是因為其他人都不吃（情勢）；我參加視訊會議遲到五分鐘，你說我沒頭沒腦（性格），我說是因為自己同時在忙五件事（情勢）；我又請假了，你嫌我不可靠（性格），我說那是不得已，我得幫身體不好的姑姑安排交通（情勢）。

這裡的差距不僅僅是我們寬以待己，而是兩人對詮釋故事的方式大相逕庭。在極端的案例中，一個犯了商業欺詐罪、導致數十位投資者破產的人，仍會視自己為誠實正直的好公民：「我向來關心社會，也很大方慷慨。我真的沒有傷害別人的意思，只是被捲入失控的情勢而已。」錯不在我，是情勢所逼。

## 放大器3：影響vs意圖

在差距地圖上，可以找到第三個放大器的蹤跡：我們透過意圖評判自己（箭頭二），其他人則透過我們的影響來評判我們（箭頭四）。即使是立意良善的意圖，也能造成負面影響，因此你所講述關於我的故事，和我心中的「真實」故事有出入，這一點也不令人意外。

我們也能在安娜貝身上看到這現象。她經常對同事感到不耐煩，也有點瞧不起他們。但是，她也希望他們能感覺被認可與開心，於是她抱持的意圖是：表現出尊重同事的樣子。她想做好事，有哪裡錯了嗎？

錯就錯在對同事造成了負面影響。同事想的不是：「**嗯，我雖受到負面影響，但重要的是妳立意良善。**」他們只會注意自己所受的負面影響，然後做出結論認定安娜貝難搞又虛偽。安娜貝以意圖評判自己，同事則以她的影響評判她。

這是十分常見的事。我會依照自己的意圖，敘述自己與他人互動的故事；我有好的意圖——想幫助、引導，甚至是指導他人，並認定自己良好的意圖會產生正面影響，讓對方感覺獲得幫助、引導，並且認可我助人成長的心意。這樣，大家一定都知道我是好人。

然而，對身邊的人來說，重點是我們的影響。我雖然心懷好意，卻對你造成負面影響，以致你覺得我頤指氣使，什麼小事都要管，這感受讓你假定我是有意這麼做，或是明知自己頤指氣使，卻沒有改進的意思。你認為我若是有負面意圖，或是根本不在乎，那想必是個壞人。接著，你在回饋中說我是凡事都想插手的控制狂，讓我驚愕不已，怎麼也想不明白。我認為你的回饋根本有誤，並不符合我的真正樣貌，於是將這回饋棄之不顧。如此一來，你的結論是，我要不是自欺欺人，就是不願接受眾所周知的真相。

這問題的「解決辦法」，就是在討論回饋時把意圖與影響

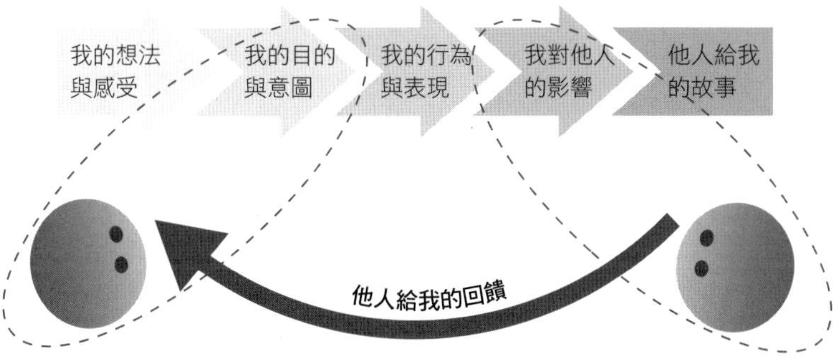

區分開來。安娜貝得到「她很難相處」這類回饋時，堅稱自己很好相處，基本上意思是：「我抱持正面意圖，當然應該造成正面影響。」問題是她沒意識到自己造成什麼影響。她應該將意圖與影響分開來討論：「我很努力耐心對待別人（箭頭二，我的目的與意圖），可是照你們的說法，我造成的影響卻和預期不同（箭頭四），我聽了很難過。讓我們來找出背後的原因吧！」

其實，給予回饋的人也會混淆影響與意圖，以致回饋充斥他們假定的意圖。他們不該說：「你打算把別人提出的想法據為己有，自己居功。」（這是揣測了他人的意圖），而該說出對方行為帶給自己的影響：「你說那是你想的提案，我聽了心裡很難受，也很困惑。我覺得那是我想出來的點子，應該是我的功勞。」然而，很少有人可以如此謹慎、有技巧地給予回饋（因為他們顯然是很可怕的人）。

## 結果：我們（整體而言很正面）的自我

這些放大器的效果加總起來，出現的是：我們會從自我描述中扣除特定情緒，將失誤視為情勢而非性格問題，並且著重於自己良好的意圖，不在意自己對別人的影響。於是我們得出這樣的數據：三七％的美國人自認是職場霸凌的受害者，覺得自己是職場霸凌加害者的人卻不到一％。當然，這可能是因為一位加害者霸凌許多受害者，但實在不太可能平均一人霸凌三十七個人。

更有說服力的解釋是，至少有一部分霸凌者並不清楚自己造成的影響。那些虧待別人的人，以本身的意圖評判自己（「我只是想好好完成工作而已！」），認定其他人的反應是過度敏感（性格問題）或當時的情境所致（「那時氣氛很緊張，不管是誰都會那樣反應。」）就算叫這些人別再霸凌同事，也沒辦法解決問題，因為他們根本沒意識到自己在霸凌。但是我們可以和他們討論特定行為造成的影響（並在合適的時候禁止這些行為），幫助加害者看見當下的自己，漸漸照亮他們的盲點。我們還可以教人怎麼尋求與理解回饋——即使是令人難受或錯誤的回饋，幫助雙方更成功地處理問題。

## 我們都串通好彼此隱瞞

這時我們忍不住想問，其他人怎麼不**告訴我們**就好？莎莎為什麼非得因為共同朋友大嘴巴，才發現歐嘉厭煩她？安娜貝為何整整三年都沒察覺異狀，直到再次收到慘不忍睹的三六〇度全方位績效回饋報告，才發現自己輕蔑的態度全都被同仁看在眼裡？

身為給予者，我們時常保留批判性的回饋，以免傷害對方或引起紛爭。我們認為對方應該已經知道了，或者有其他人會告知，反正他們若真心想聽到這種回饋，就會直接發問。

回饋時有所保留的後果是，接受者會誤以為自己可以安心，因為並沒收到能印證你說詞的回饋：如果你的話屬實，應該也有其他人會告訴我才對，既然沒人提起這件事，應該就不是真的。這也是另一個很難看清自己模樣的原因。

## 有什麼能幫助我們看見自己的盲點？

先從**沒有**幫助的事物說起吧！若只是更努力觀看自己，你是不會看得更清楚的。為什麼呢？因為你會看見毫無盲點的自己，然後認定對方的回饋有誤。你百思不得其解，這錯誤的回饋是從何而來？接著你會自行編出解釋，認為對方心懷不軌或人格有問題。回想前面介紹過的差距地圖，給予者會對我們的行為產生反應，我們也同樣會對他們有反應。錯誤的回饋會讓我們心裡難受，並認定對方是故意這樣說。這意謂他們一定有某種陰險意圖，或是有嚴重的問題。

### 將自己的反應當作盲點警報

每個人都會產生上述想法，這時我們反而可以善加利用。別否定回饋或給予者，而是將這些想法當作盲點警報——當你發現自己冒出「他們是不是心懷不軌」「他們有什麼毛病」之類的想法，接著就該想：「這個回饋是不是擊中了我的盲點？」

## 提問：我是怎麼阻礙了自己？

為了回答這問題，我們必須問得更具體一些。我們尋求回饋的問法通常都太過空泛，或者其他人以為我們只是想得到欣賞回饋（有時，他們的想法沒錯）。我們含糊地問一句：「我最近表現得怎樣？」或是問：「你有沒有什麼回饋要給我？」給予者只能自行揣測我們的意思：你是說**哪方面**的表現？這份報告？我們的關係？你的領導能力？你的人生？對方還得判斷應該要多誠實。這就好像問九歲小孩：「你今天過得怎麼樣？」若對方只回答一句無趣的「還可以」，這實在沒什麼好意外的。

因此，我們應該這樣問（是問給予回饋的人，而不是九歲小孩）：「你覺得我是否因為做了什麼，或少做什麼，而阻礙了自己？」這問題具體許多，也會讓對方知道你希望得到多誠實的回答，同時表達出你想知道自己對別人造成什麼影響。此外，這個問題的範圍較窄，對方會比較容易回答。他們一開始也許會怯怯地說話（「這個嗎？你有時好像會……。」）但只要你由衷地表現出好奇與肯定，對方就能為你描繪一幅清晰、詳細又有用的圖畫。

### 找出模式

我們平時收到令人難受的回饋，往往會先努力保護自己，以其他的回饋來反駁。說我自我中心？那你倒是說說，去年我拿到社會服務獎是怎麼回事？嫌我愛插嘴？容我先說一句，你上週的報告實在無聊透頂，我還一直憋著不說話，你知道那有多痛苦嗎？

與其急著反擊給你的回饋，不如先深呼吸，尋找一致的回饋——這裡的「一致」有兩層意思。首先，想想雙方描述的是同一件事嗎？會不會只是詮釋方式不同（如左方表格所示）？其他人也許是誤會你（害羞 vs 冷淡），又或者是你沒注意到自己對他人的影響（外向 vs 專橫）。一開始你可能沒料到對方會提出這種回饋，但重新詮釋後，至少可以知道你們討論的是哪些行為了。

你還可以從另一個角度尋求一致性，問自己：「**我是不是從其他人口中聽過同樣的回饋？**」這是你第一次收到這種回饋嗎？還是多年以來，其他人（或同一個人）不停給你類似的回饋？在尋找盲點時，模式與習慣對我們很有幫助——假如你的小學老師和第一任太太都抱怨過你不衛生，這意見也該是時候聽一聽了。

## 尋求第三方意見

若你無法對這個重要的回饋有共鳴，可以將整組問題拿去問朋友。別說：「他說的怎麼可能是真的？」你必須清楚闡述問題：「這

| 我眼中的自己 | 你眼中的我 |
|---|---|
| 害羞 | 冷淡 |
| 活潑 | 虛假 |
| 自然 | 古怪 |
| 誠實 | 惱人 |
| 熱情 | 情緒化 |
| 聰明 | 自大 |
| 高標準 | 愛批評 |
| 外向 | 專橫 |
| 奇特 | 煩人 |

是我收到的回饋。我覺得對方錯了，當下的反應是否定。但是我也在想，這會不會是我的盲點？你覺得我有時會不會做出這些行為？如果有，是什麼時候？你覺得這些行為會造成什麼影響？」你必須讓朋友知道，你想聽到誠實的回答。為什麼？因為……

## 誠實之鏡VS支持之鏡

別人給予的回饋，就如俗話所謂的：「以人為鏡，可以明得失。」雖然能幫助我們看清自己，但每面鏡子反映的畫面都不相同。就回饋來說，分成兩種鏡子：支持之鏡與誠實之鏡。

支持之鏡會將最好的一面呈現在我們眼前：鏡中的自己睡眠充足、容光煥發。我們會向支持之鏡尋求安慰——是啊，那時確實表現不好，但那不是我們**真正**的模樣；沒關係，那只是拍得很差的照片而已，把它丟掉就好，你其實很棒。

至於誠實之鏡，則會照出我們此時此刻的樣貌：外表沒有打理、頭髮一團亂。鏡中真實反映出此刻別人所看見的我們。我們倍感壓力、毛躁混亂、一整個挫敗又沮喪的樣子，全被誠實之鏡照了出來。「是啊，你給人的印象確實如此，得改一改了。」

無論是有意或無意，我們經常請身邊的人當支持之鏡。我們和朋友分享來自採購部門的回饋，並暗示他們站在我們這一邊，「他反應過度了對吧？他怎麼就不明白呢，我要煩惱的事情可多了，哪有空處理他那些小問題？」我們就像《白雪公主》裡的壞王后，不希望魔鏡誠實地分析問題，只想得到安慰與支持。

安慰與支持十分重要，朋友和家人能提供我們心靈支持，但他們可能會為自己扮演的角色感到困擾。支持我們的人、被我們倚賴的人，通常不願意分享負面、誠實的回饋，不過那往往也是很有幫助的回饋，「老實說，我不認為採購部門說得全對，也覺得他表達得不太好，但多少能理解他的意思。你的確還有一些進步空間。」

親友遲遲不敢提出回饋，並不是膽小怯弱，而是因為困惑與憂心。他們想做出對我們最有幫助的選擇，不確定**只是**提供支持，到底是不是最佳做法？此外，他們也不確定是否應該及如何打破既有模式。他們的擔心是有道理的，如果我們一向將某人當成支持之鏡，結果他突然變為誠實之鏡，這種猝不及防可能讓我們感覺遭到背叛。

你可以用誠實之鏡與支持之鏡的概念，說明你想請朋友提供什麼類型的意見。當你交出剛完成的劇本，或是帶他們參觀剛整修過的房屋時，可以稍微引導，讓對方知道你是想得到誠實的回饋，還是需要支持。你說得愈清楚，就愈能避免紛爭。

## 錄下自己的模樣

多數人不太喜歡看自己的影片或聽自己的錄音，但聲音與影像能提供大量資訊，使我們聽見自己的語氣、看見自己的行為，將平時沒見過的自己收入眼底。

柔伊錄下自己每週腦力激盪的對話，因而發現自己的盲點。她認為自己善於培育創意人才，並引以為傲，結果她輾轉得知，同事們幫自己取的綽號是神槍手，意思是：「不管有什麼新點子，都會被她一槍擊斃。」因此，柔伊請一名組員幫忙在開會時錄音。她請人負責這項任務，不僅是將部分控制權交給團隊，也消除了她是想收集**其他人**資料的疑慮，讓大家明白她是想錄自己的聲音。

聽到錄音時，柔伊相當震驚，「我說出口的第一句話，**總是**在批評。只要有人提出想法，我都會先提出挑戰：『我擔心這個』『我覺得這不可行』。聽了錄音後，我發現這情況非常明顯，我卻一直渾然不覺。」

柔伊立刻了解了狀況。她真心相信創新的點子能讓公司飛黃騰達，卻也怕大家浪費時間，結果這種擔憂侵蝕了她和組員的對話。她邀大家提出新想法，結果別人才剛提議，她立刻就擔心公司走冤枉路。意識到這點後，柔伊和團隊開始想辦法合力舒緩張力。

收集盲點資訊的科技迅速發展，麻省理工學院人類動力學研究室的艾力克斯・山迪・潘特蘭（Alex "Sandy" Pentland）等人，開發了電子徽章與智慧型手機 App，能記錄人們一整天的互動數據。這些裝置會記錄語氣、音調、語速、肢體動作與無聲的信號，幫助研究者探討「社交信號對生產力與決策的影響力」。他們研究的初步結果相當驚人：在工作團隊、快速約會與政治民調等差異極大的各面向，結果的變異有約四〇%歸因於社交信號，並且主要發生在我們的盲點行為上。換言之，對話的內容（無論是談生意、五分鐘約會或民調問題）沒什麼差別，但從結果可以發現，成功的推銷員、聯誼對象與民調專家，經常與對方的社交信號一致。發言者與聆聽者都面露微笑、言行舉止較活潑、語調上揚，雙方的肢體語言也比較合拍。

研究員只要觀察這些社交信號，就能預測對話成功與否。他們用這些科技幫助自閉症患者，能夠看見並理解社交信號，也許不久的將來，這方法能幫助所有人認知到，自己身為領袖、同事、家人，是怎麼影響周遭人們，影響我們所得到的結果。

## 從內到外改變

安娜貝收到回饋，發現同僚覺得她瞧不起人時，並將問題癥結點定位在行為舉止上：「他們討厭我不尊重他們的表現，所以我要努力表現出尊重。」

問題是，同事不要她**表現出**尊重的樣子，而是希望她打從內心**尊重他們**。安娜貝應該假設別人最終會看明白她真正的態度與感受，因此有兩條路可選：第一，和同事討論自己真正的感受，說明自己不耐煩的原因、解釋對其他人的期待從何而來，以及尋找改善方法；第二，努力改變自己的感受——不是改變形象，而是改變心中真實的想法。

如果選擇第一條路，很出人意料的是，會消除掉不少壓力。安娜貝可以說明自己的期望，然後和團隊合力解決問題。她的期望合理嗎？如果合理，該怎麼讓組員達到期望呢？安娜貝有沒有阻礙別人投注更多努力？如果同事們努力了，她還放馬後炮，那別人當然不願努力。

如果安娜貝想走第二條路，就必須協調自己的感受與態度，這無關假裝或隱藏，而必須從心底對同事產生同理心與認同感。她也許得從不同角度去看待同僚的努力，更深入認識每個人，或是更努力發現他們的優點與長處。

在與自己協調的同時，她也能請求團隊支援：「我壓力大的時候容易沒耐性，而現在才知道自己會無意間表現出來。我想改變自己壓力大時的反應，也想請你們幫幫忙，在第一時間指出我的反應。」

好好承認自己看見大家都發現的習慣與模式，並明確表達自己努力改變的覺悟。

## 找到目標

本章的副標題是「發現別人眼中的你」。我們要先澄清，這是針對先有人提出回饋的情況。我們無意要催促你不顧自己與他人的意願，去逼大家說出對你的所有看法。別人對我們有各式各樣複雜的想法，有些負面想法會讓我們嚇一大跳，而某些正面想法可能更令我們震驚。

大部分情況下，我們只要知道某人大致上喜歡我們，這樣就夠了。這故事雖然不完整，但總是實話，而知道別人對我們持正面看法，也有一些好處——如此，我們會感到自在、自信與快樂。

然而，當對方試圖給我們回饋時，這道理就不適用了。這時，我們必須深入了解，對方到底是怎麼看我們的，這樣可能會對雙方都有幫助。而這種情況之下，你的盲點有沒有被點明就很重要了。

## 重點整理——

**每個人都有盲點，因為我們：**

- 看不見自己的臉部表情
- 聽不見自己的語氣
- 沒意識到顯而易見的行為模式與習慣

**盲點會被以下三者放大：**

- 估量情緒：我們會扣除自己的情緒，別人則將它們加倍計入算式。
- 歸因：我們將自己的失敗歸咎於情勢，其他人則將問題歸咎於我們的性格。
- 意圖與影響的差距：我們會以本身的意圖評判自己，其他人則以我們對他們的影響來評判我們。

**想看清自己與本身的盲點，我們需要他人的幫助。**

**請別人成為誠實之鏡，幫助你看見當下的自己。**

**提問：我是怎麼阻礙了自己？**

# 人際觸發機制

## 「我們」的挑戰

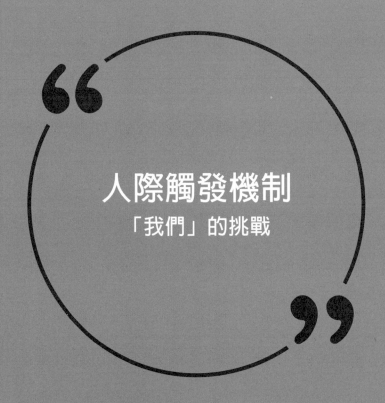

## 人際觸發機制（「我們」的挑戰）

本書第一部分談了眞相觸發機制，以及我們爲了**看清**回饋所面臨的挑戰。在第二部分，我們將探討人際觸發機制——我們的反應不是基於回饋本身，而是根據我們和給予者的關係。這是「我們」的挑戰。回饋是誰給的，這問題乍看不重要，畢竟無論來源爲何，對方的建議若非明智就是愚蠢，對方的想法若非值得參考，就是不值一提。其實，回饋的來源**相當重要**。很多時候，比起回饋本身，給予者本身更容易觸發我們的情緒。事實上，人際觸發機制可能是最常阻撓回饋對話的因素。

我們在第二、三、四章談了眞相觸發機制，探討了因回饋內容的刺激而無法看清回饋。在第五、六章，我們要把探索焦點從回饋**本身**，轉到相關的人、事、時、地與方法，而以上這些因素其實就是「人」的問題。「你**現在**才跟我說這件事？挑在我好友的婚禮上來談？搞什麼啊？」我們否定某些指教建言，是因爲提出的事、時、地與方法，顯露了對方的缺點。**所以，我用不著聽他的**。

在第五章，要來談談一種現象：我們會因爲給予者**對待我們的方式**，在心裡選擇無視回饋——好比，對方以不公平或不尊重的方式對待我們。此外，我們也可能基於自己對給予者的**想法**，所以無視他們的回饋——好比，認爲對方不可信或心懷不軌。然後，我們還要指出的是，即使對方提供回饋的方式很糟糕，或者是給予批評指教的人你不喜歡、不信任，依然可能有所學習並獲益，以及我們要來看看，爲何你想要這麼做。

我們在第五章討論的回饋包羅萬象，可能是教你如何吃得更健康，或是你今年的收益數值。而在第六章，我們會討論從雙方關係衍生出的回饋。回饋通常是因雙方差異、不合或摩擦而生，給予者暗示你，如果能有所改變（「不要遲到」「別一直這樣管我」），問題就能迎刃而解。但我們的回應方式，通常是堅稱問題不是出在**我們**身上，**他們**才是問題來源。問題不是我們遲到五分鐘，而是對方太嚴格；或者，要不是對方消極懶散，我們也不必事事掌控！

因此，在他們眼中，我們是問題來源，而在我們眼中，他們才是問題的本源。實際上，人際關係中的回饋鮮少是你**或**我的問題，通常是你**和**我，以及關係系統的問題。理解關係系統之後，即使對方認爲這場「回饋派對」的主角是你，你也比較不會和對方互相指責，而是進入共同負責的境界，有效地討論這些棘手議題。

在閱讀接下來兩個章節時，請想想自己生活中那兩、三位提供批評指教的人。爲何聽他們的回饋如此困難？如果很難聽進他們的話，是否還能從他們身上學到什麼？

# Chapter 5

# 別切換對話軌道——區分個人與事情

HBO情境喜劇《路易不容易》某一集的劇情是，路易在修車店辛苦工作一天後回到家，準備和太太金姆共度期待已久的浪漫週末。他為太太準備了禮物，以華麗的動作拿出一束紅玫瑰。沒想到金姆露出失望的神情，過了片刻，她提供路易一些建議。

金姆：那個，先別誤會我的意思，但我想告訴你一件事。如果我們接下來要當三十年夫妻，這話我得跟你說清楚，我不喜歡紅玫瑰。真的很不喜歡紅玫瑰。

路易：好，那我可以針對妳剛才說的話，也提出一些建議嗎？其實這也沒什麼大不了，我只是覺得，妳應該先謝謝我送花，「再」跟我說妳不喜歡玫瑰。

金姆：我以前就說過自己不喜歡紅玫瑰，你忘了嗎？

路易：就算是這樣，我也是因為想到妳，才決定買花的啊！

金姆：你既然想到我，就不該送紅玫瑰。

路易：唉，金姆，妳也真是的。我買花送妳，這不是好事嗎？妳要說謝謝，不然多沒禮貌！

金姆：你好意思叫我有禮貌？我說過的話你都沒聽進去，這叫有禮貌嗎？

路易：等等，我只是希望妳說聲謝謝而已，就算妳不太喜歡紅玫瑰……

金姆：我沒說「我不太喜歡紅玫瑰」，而是說「不要送我紅玫瑰」。

路易：妳到底是怎樣？說聲謝謝是會要了妳的命嗎？

金姆：我都清楚講過，叫你不要送這種東西了，你偏要送，還要人感謝你？

路易：我倒是想知道，哪有人收到紅玫瑰，會像妳這樣無理取鬧的？

接下來就是吵架，共度浪漫週末的計畫泡湯。

他們到底發生了什麼事？表面上故事很簡單：路易送金姆玫瑰花，金姆給路易回饋，然後兩人就吵了起來。當然，從雙方反應來看，這番對話有更深層的問題，問題不在於玫瑰，而是他們的關係。

## 人際觸發機制會導向換道對話

金姆的回饋讓路易陷入人際觸發機制。

她的回饋很簡單：我不喜歡，也不想收到紅玫瑰。更重要的是，路易本就該**知道**她不喜歡紅玫瑰——金姆當然不奢望路易讀懂自己的心思，但同樣的話她已說過好多遍，路易怎麼就是沒聽進去？那束紅玫瑰印證了她長久以來的感受：路易都沒在聽她說話。兩人吵架後，節目的同一集，金姆解釋道：

> 我告訴你一些事情，如果你不聽，就是對我的一大侮辱。你這樣對我，讓我覺得自己不受重視。

對於金姆的回饋，路易又是怎麼回應呢？他完全改變了話題。但等一下——金姆說的是紅玫瑰，路易說的也是紅玫瑰，這不是同一個話題嗎？

事實不然。金姆提出自己沒被看見與聽見的感受。路易則直接略過金姆的感受，說出自己的想法：**他**覺得金姆都不說謝謝。路易的反應與議題都沒有錯，卻和金姆的話題毫無交集，雙方都在給予回饋，卻沒有人真正接受對方的回饋。

路易與金姆的互動模式實在太常見了，甚至有專屬的名稱：「換道對話」。兩人聊著聊著，對話彷彿切換了軌道，不著痕跡地一分為二，沒多久就分道揚鑣，漸行漸遠了。

路易與金姆的互動有個關鍵，就是最初收到回餽的人，沒發現自己轉移了話題。路易轉換話題不是想迴避金姆的回饋，而是因為受到刺激。金姆說她不喜歡紅玫瑰，讓路易感到受傷與無奈；在他看來，金姆毫不感激的態度**就是**對話主題。他的情緒將對話推離原始的軌道，並且繼續順著自己的軌道行駛，和金姆愈來愈遠。

## 切換對話軌道擊敗了回饋

切換對話軌道可能造成一好一壞的影響。好的影響是，把第二個話題談出來可能也很重要——甚至比啟動觸發機制的第一個回饋更重要。我們先前也許不好意思提及此事，但事情就這樣說了出來。既然問題被提出，就能想辦法解決。

壞的影響是，對話主題變成兩個，不同主題相互交錯。同時處理兩個議題本身並不是什麼問題——我們甚至可以一口氣處理兩個、十二個、二十個議題，但是在換道對話中，我們**沒發現**正在討論兩個不同的議題，就只是用

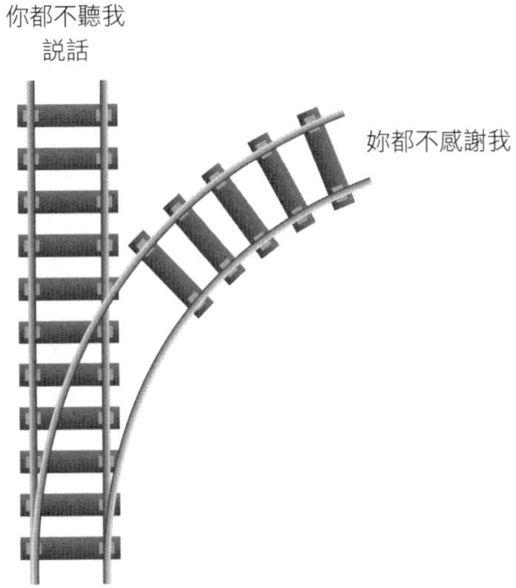

自己關切的主題去解讀對方說的話，結果是兩人都愈聽愈迷糊。

金姆說：「我都清楚講過了，叫你不要送這種東西，你偏要送，還要人感謝你？」這時她的議題是「路易都不聽我說話」，並且清楚表達出來。但路易以「金姆不知感激」的這個主題去解讀這句話，只覺得金姆的發言完全顯現出她「不知感激」。那麼，在這次的回饋對話中，金姆與路易究竟能學到什麼？他們「學到」的其實是自己早已知道的事：就算當面指責路易不認真聽人說話，他還是不會聽進去；金姆自私又無禮，不管怎麼做都會惹她不高興。

## 以沉默切換對話軌道更糟糕

有時，切換對話的第二條軌道並未明確顯現，而是藏在地底。我們將反應鎖在自己腦中，一面在心裡無聲抗議，一面不甘願地忍受繼女或主管的批評。在這種情況下，我們的心思早就轉換到自己的話題了：**「哇，妳好意思叫我冷靜一點？妳可是我這輩子見過最神經緊繃的人——怎麼不去照照鏡子，看看妳自己的嘴臉？」**對話結束後，我們默默離開，去向別人發洩自己的煩躁。（「珍娜應該是全世界最神經質的人吧？就算不是，也絕對是北半球最神經質的人。」）我們對紛爭做了三角測量，並且亂接亂湊，最後使學習機會短路。

## 兩種人際觸發機制

切換對話軌道的互動有四個步驟：接收回饋；受到人際觸發機制刺激；將話題轉換到**我們自己**的感受；最後與對方雞同鴨講。我們若想學會控制自己切換軌道的衝動，得先理解引發衝動的人際觸發機制。接下來我們會介紹兩種主要的人際觸發機制：一，我們對於給予者的看法；二，我們認為給予者如何對待我們。

### 我們「對於」他們的想法

有時我們打從心底尊敬一些人，以致他們的行為與建議也產生光環效應。我們會直接認定，他們的建言明智、有理且有深度，正是我們所需的回饋；我們會認真傾聽他們說的每句話，並竭力模仿。只要是這些人給的回饋，都會自動過關。

> **我們「對於」他們的想法**
>
> **技巧或判斷力**：他們提出回饋的方法、時間或地點。
>
> **可信度**：他們根本就在胡說八道。
>
> **信賴**：他們的動機很可疑。

除了這群特殊的人外，其他人在我們心中的地位則不一樣。他們的回饋也許不會被自動否決，但我們會保持警覺。判定給予者出局可能會基於各種理由，最常見的有：能否信賴對方、對方言行的可信度如何，以及他們給予回饋時（缺少）的技巧或判斷力。一旦我們判定對方出局，自然不假思索地否定回饋內容，以人廢言。

## 技巧或判斷力：他們提出回饋的方法、時間或地點

最先看見，同時也最好掌握的目標是：對方提出回饋的**方法**、**時間**、**地點**（這些都直接反映在**對方**身上）。給予回饋的人沒有謹慎地提出建言，或是給予指教的方式很笨拙，抑或是在糟糕的時機及場合提出來，好比：

- 「你幹麼在我未婚夫面前說那種話？」
- 「你為何要等到現在才提這件事？」
- 「妳應該先謝謝我送花，再跟我說妳不喜歡玫瑰。」

我們被對方選擇的時間、地點與方法氣壞了（這通常情有可原），接著就上演一場經典的換道秀。我們激動不已，與對方為了「在客戶面前提起情緒管理問題是否恰當」而大吵，結果

再也回不去原本的議題。我行駛在自己的軌道上，你也順著自己的軌道前行，沒過多久雙方都不知去向。

## 可信度：他們根本在胡說八道

除了給予回饋的方式外，給予者若缺乏相關專業資歷、背景與經驗，也可能引發我們的負面反應：他沒有創業的經驗；她又沒當過正規足球隊的教練；他一直以來都住在堪薩斯州道奇市，憑什麼提出移民方面的「見解」；他們能說出這麼多教養小孩的建議，就是因為沒當過父母。我們為什麼要聽這些人的話？

這些反應都很合理。不過事實上，親人或外人由於不受限於領域成見，他們的見解往往對我們很有幫助，也許是提出令人耳目一新的「笨」問題，或者分享獨到的見解。想當初，改革音樂產業的MP3科技、改變電信業的智慧型手機科技，都是源於業界之外的人。新點子常常來自傳統上不具可信度的人，而他們之所以能自由跳脫框架思考，正是因為不知道框架的存在。歷史上就有許多場戰役的勝利，是歸功於低階士官出人意料的提議。

即使在個人關係中，局外人的新觀點能看穿複雜的過往，以及我們多年來建立的各種理論與說詞。新朋友能看見老朋友對我們不公平的地方，或是提出一些建議，緩解你與同父異母兄弟過往緊繃的關係。當有人問：「你為什麼都讓生意夥伴欺負你？」你聽了也許會想講幾句緩頻的話，並解釋這是夥伴的個性，認識的人才懂。但在如此回應前，不妨先停下來，思考對方提出的建言是否有助於改變情勢、改善你和生意夥伴的關係。

另一種會啟動人際觸發機制的可信度問題，是和價值觀及自我有關。如果我們根本不想成為那樣的領袖或人物，為何還要接受他們的指導？

這相當有道理。如果他們教你如何欺騙配偶、盜用退休金，那你當然應該小心處理。不過很多時候，其他人給你指導回饋，是想幫助你面對與某人共處的複雜環境，或是教你怎麼處理他們曾經接觸過、你還未曾經歷過的障礙。他們的指導通常包含有用（甚至是睿智）的部分，你可以用更符合自己價值觀的方式，實踐他們的建議。

這並不是說，可信度與背景知識無關，我們當然能從對方的經歷來判斷其回饋是否有用，但也別因為對方缺乏可信度，就直接拒絕他們的提議。

## 信賴：他們的動機很可疑

這裡所謂的「信賴」是與給予者的動機有關，也就是我們會以信賴為基礎，決定是否考慮對方的建議、接受對方的評量，或者相信他們的欣賞是發自內心。

**意圖的無底洞**

你想傷害我。
你把自己的問題投射到我身上了。
你想給我下馬威。
你偏袒別人。
你覺得我威脅到你。
你口無遮攔，動不動就說蠢話。
你只是嫉妒我而已。
你在收集對我不利的證據。
你說得很客氣，卻口是心非。
你想控制我。
你腦子進水了。

引發不信任的源頭有以下幾種：有時我們擔心給予者居心叵測，似乎想貶低或控制我們，因此不相信他們的回饋；我們也可能懷疑給予者是否真心為我們著想；或是懷疑他們根本不在乎我們，提出回饋不過是虛應故事。

無所謂，我們也可以敷衍地表示「收到回饋」，然後繼續過自己的生活。

有時你會懷疑對方在說謊。他們誇獎你的工作表現，究竟是因為真的認為你做得好，還是因為太優柔寡斷，不敢說出真實的想法？這些人在你背後是怎麼說的？

很少有人會直接說出自己的意圖，就算說了，我們也可能選擇不信。你說你「只是想幫忙而已」，我卻覺得你「只是想害我被炒魷魚」。我們看到的挑戰是，沒有人能看見別人的意圖。意圖與目的都鎖在給予者的腦中，就連本人可能也沒法完全意識到，意圖這東西因此變得十分麻煩。我們很在乎別人的意圖，但就是無法得到答案，因此我們縱身跳下無底洞，妄想在黑暗中猜到對方的心思。等到從洞裡爬出來時，我們還是摸不著頭腦，甚至自以為了解對方的意圖——實際上卻一無所知。這不是說我們就要假設對方立意良善，而是該意識到自己並**不知道**對方有何意圖，若要為此爭執，無異於走上死路。

更何況，意圖與回饋的精確程度跟有用程度，完全是兩碼事。給予者即使嫉妒你、心存惡意或根本瘋了，還是能給出正確無誤的回饋，甚至可能是你這幾個月以來收到最有用的回饋。反過來說，即使對方打從心底為你著想，卻建議你穿黃色緊身皮褲去上班，也最好還是別乖乖聽話。

因此，我們該將信賴與回饋內容視為兩個不同的主題，因為它們**就是**不同。並且好好探索回饋本身有道理的部分。還有，你可以跟給予者分享這份回饋對你的影響，但別堅稱自己明白對方的意圖。不要因為人際觸發機制的信賴問題，而自動將對方的回饋拒於門外。

## 回饋遊戲裡出其不意的角色

人際觸發機制是根據我們對給予者的想法而定，這能解釋為何我們會將好朋友的一些批評指教聽進去，換作是其他人提出相同建言，我們很可能就充耳不聞。如果我們信任朋友，認為他們有某方面的專業（擅長提供職涯建議而非戀愛建議，或者相反），我們會更願意接受他們的回饋。

反過來說，有時人際觸發機制會讓我們**聽不進**身邊人們給予的回饋——儘管再用心、再準確，都當成耳邊風。

### ◆陌生人

弗雷德拄拐杖站著研究咖啡廳的菜單時，一個女人拍拍他肩膀，「抱歉，打擾你了。」她說，「我看到你用拐杖的方式和我去年一樣，不過這方式是錯誤的，使我的髖部受傷。我花了六個月讓原本的傷復原，結果又花六個月讓髖部的傷復原。」

女人教弗雷德怎麼調整握法與步伐，他回家後興高采烈地將這個新資訊告訴女友艾娃。艾娃聽了很生氣，「同樣的話我也對你說了好幾個星期，你怎麼不聽**我**的，但是陌生人一說你就馬上相信？」

艾娃與陌生人的建議確實相同，但因為給予者身分不同，所以挪去了人際觸發機制的阻礙。因為在弗雷德看來，艾娃很愛對他呼來喚去，而他不太喜歡這種互動方式；而且艾娃又沒用過拐杖，她懂什麼？至於咖啡廳裡遇到的陌生人，則是另一回事。陌生人對他說這些，除了是想幫助他外，還能有什麼別的意圖？而且她一開始就說自己也有相同經歷——可信度大大提升，又沒有可疑的動機，弗雷德自然容易接受她的回饋。

## ◆你最不喜歡，也和你最不像的人

回饋遊戲中還有其他意外有價值的玩家，那就是你心中**最不好相處**的人。採購部門那個一直催你跑文書流程的女人、那些把你當笨蛋的海外客戶、自顧自掌控所有家族聚會（包括喪事）主導權的親戚……沒錯，就是這些人。

你不信任也不喜歡他們。他們每次都會在錯誤的時間說出錯誤的話語，幹麼要聽**他們**的回饋？

這是因為：他們對你有獨特的見解。一般我們會喜歡的人，不外乎是喜歡我們，以及**像**我們的人。所以，如果你很少和朋友有摩擦，或是和同事合作得很順利，很可能是因為你們的風格、假設與習慣相似。你們的喜好與期望可能不完全一致，但仍能輕鬆互補，因此和他們相處時，你往往能表現得最好，做事也最有效率。

這些和你相似的人，不能協助處理你最銳利的稜角——因為他們看不見。採購部門的女員工看得見，她認為你傲慢、無禮、不負責，不友善、怠慢又冷淡。你知道問題出在她身上，因為她引出你最糟糕的一面；但無論如何，這仍是**你**最糟糕的一面，是你在壓力與矛盾下所展現的樣貌。

通常這也是我們最需要成長的地方。壓力與矛盾會讓人失去平時得心應手的技能，以自己沒意識到的方式影響他人，並且怎樣也想不到正面的策略。這時，我們**需要**誠實之鏡，而通常最適合扮演這個要角的人，就是和我們最合不來的人。

如果海外的客戶把你當笨蛋，那你一定是「不懂」什麼事情，而如果沒有對方的幫助，你就不可能弄懂那件事。在進軍海外市場前，你必須了解和當地文化的差異，也許是你無意間的語氣和用字遣詞冒犯了客戶。這些都是值得深究的問題，你會需要對方幫助來找出問題。

想加速成長嗎？建議你直接去找和自己最合不來的人，詢問你是不是做了什麼，以致彼此的關係惡化。他們絕對會告訴你。

**我們覺得對方是怎麼「對待」我們的**

**認可**：他們有看見我們的努力與成就嗎？
**自主**：他們是否給我們恰當的空間與控制權？
**接受**：他們尊重或接受（現在的）我們嗎？

第一種人際觸發機制，源於我們對給予者本身的看法；第二種則來自我們心中，跟他們**對待**我們的方式有關。

無論在工作或私人關係中、點頭之交或親密關係中，我們都對人際關係有許多期望，其中有三個主要期待：認可、自主與接納，卻經常被回饋延伸出來的枝節卡住，令人困擾不已。

### ◆認可

從姊姊三年前中風至今，妳一直是她的主要照顧者，肩負種種辛勞，隨著疲勞程度上升，耐性也逐漸下降。今早妳罵了姊姊，剛好被姪子聽見，他罵道：「**不許**這樣對我媽說話！」

好，姪子說得對，但妳辛苦照顧姊姊這麼多年，怎麼都沒人認可這些付出？每天要幫姊姊洗澡、換衣服、餵她吃飯、抱她下床、背她走動，怎麼都沒人來感謝妳？姪子的發怒確實情有可原，但如果將鏡頭拉遠來看，他的回饋非常不公平，甚至相當可惡與令人不平。至少，當下妳是這樣認為的。

即使和對方關係融洽，也不是討論什麼大事，我們仍可能會受到刺激。薩曼莎請了幾天假，要陪兒子去參觀大學，同事恩尼很樂意代班。結果薩曼莎回來後，劈頭就問恩尼，為什麼沒回某位客戶的電話。兩人之間沒什麼恩怨糾葛，但恩尼還是大受刺激，因此他不是回說：「妳的指教非常有用，它能幫助我學習，提醒我注意和妳客戶聯繫的時間。」而是說：「妳有什麼毛病啊？」薩曼莎的回饋並沒有錯，但恩尼聽了，覺得非常不平衡——他本以為薩曼莎會友善地道謝，結果徹底相反，收到的竟是質問。

本章開頭那齣電視劇裡的路易，也有些是因為這種對話中的急轉彎，所以受到刺激：我為你做了好事，你不在乎就算了，竟然還有負面反應。路易瞬間從愉快變為受傷，這時無論金姆的回饋是否合理，他都聽不進去，仍對意外的挫折耿耿於懷。

## ◆自主

自主的重點是控制，給予回饋的人若告訴我們該做什麼、該怎麼做，可能會瞬間觸發我們的反彈。很多時候，別人（甚至是我們自己）都看不見我們心中的界線，直到對方越線，界線的輪廓才突然變得鮮明。

小時候，我們時刻都在和父母協調自己的界線。「我坐在嬰兒餐椅上時，盤子上的麥片就歸**我**管，我想把它們掃到地上就掃，誰也管不了我。」長大後，我們仍在和別人協調各自的界線。在你將電子郵件寄給團隊前，上司沒資格針對信件內容提出意見；那是**你**寫給**你的**團隊的信，信中講的是**你的**麥片行銷計畫。至少，你心裡是這麼想的。

當別人試圖控制我們的自我，總會引發特別激烈的反應。「你滾開。」我們想告訴對方，「我的態度、我的行為、我的個性，我的穿著打扮、言行舉止，都由我自己控制。你給出這種回饋，不但侵犯我的界線，也逾越你應有的分際。」

我的自主地圖和你的自主地圖偶爾會有矛盾，雙方會為了誰握有決定權而起爭執。這是一種協調與談判，也是我們該清楚且明確進行的重要對話。在某些情況下，我們會同情接受回饋的人（「要是每次寫信給自己的團隊，都得先讓總部的人過目，那我們永遠不可能完成工作。」）而在其他時刻，我們也許會同情給予回饋的人（「你是新人，我的責任就是確保你的電子郵件符合組織常規。」）無論怎麼選擇，光是意識到自己受刺激的原因不是來自回饋的內容，而是被對方指使該怎麼做，我們就更能和對方談論眼前的議題。因為，我們能清楚討論何謂合宜的自主界線，而不是為了你建議我信件改正文法，而產生毫無意義的爭論。

### ◆接受

接受，是許多回饋對話核心的悖論：當對方不接受現在的我們，我們也很難接受對方的回饋。

- 我爸很雞婆，老愛給人各式各樣的建議。如果他能對我說：「嗯，其實你做得很不錯嘛。」那我可能還有機會把話聽進去。
- 在我上司眼裡，我做的每件事都不合格，她光是看到我出現在團隊裡，就會感到煩躁。不過她也知道我的能力不可或缺。
- 說到底，我的前任就是希望我變成完全不同的人。

這是很複雜的領域。給予者希望我們能在某方面改變自己，我們則希望對方接受改變前的我們。你說就算我有缺點，你還是愛我，但我想要你**因為**這些缺點而愛我。

有個會讓問題惡化的因素，就是雙方對「接受」的定義不同。給予者認為自己不過是提個小小建議，希望對方稍微改變行為，接受者卻覺得給予者否定「我這個人」。

大衛與阿正就是這樣。大衛時常給阿正一些建議，想幫助他步步高升，「沒人比你更優秀，不過在這一行，形象就和才華同樣重要。你想鶴立雞群，就得看起來高尚。」

阿正認為大衛的指導回饋庸俗無比，還感覺被冒犯。他告訴大衛，自己不是那種人，只打算憑實力前進，即使沒成功，至少也照自己的意思活過一次了。他不想犧牲核心自我，放棄謙虛與真誠，變成虛假又愛自誇的空談者。

大衛無法理解阿正的反應。他不過是建議阿正稍微調整行為，這樣做對將來大有好處啊！這哪裡牽扯到阿正「真正的自我」呢？他只是建議阿正做些表面上的改變而已——重點就只是這樣。大衛不禁心想，也許阿正動不動將「我就是這樣的人」這句話掛在嘴邊，其實只是想阻絕批評。

說到這裡，就要談談接受與改變所涉及的第二個麻煩議題：我們要求他人「接受現在的我」，實際上也許只是想讓自己免受批評而已？你說我忘了在放學時間去接小孩？我就是這種人嘛！在新贊助人面前脾氣失控？我就是這樣啊！在派對上喝太多杯，結果把車子撞爛了？唉，這就是我嘛！

我們都需要別人接受現在的我們，但也需要他人的回饋——尤其在我們的行為影響到別人時。在第十章會詳細討論「被接受」並不是閃避責任或後果的逃生門。所以，我們是該尋求認同，**同時**也該努力修補自己和小孩、贊助人（還有車子）的關係。

## 人際觸發機制：該怎麼改善？

我們的目標並非不管啟動人際觸發機制的關係問題，畢竟，有時接受者提起的第二個話題，和第一個話題同樣重要，甚至更加要緊。我們的目標是提升辨識力，察覺到對話中其實有兩個主題，並分別討論它們，而不是讓兩者互相糾纏或抵銷。

想要處理人際觸發機制、避免切換對話軌道，可採取以下三步驟：首先，是找出對話中的兩個主題（原始的回饋，以及後來提起的人際問題）；接下來，必須將個別話題放上個別軌道（而且兩人必須都轉到同一條軌道）；最後，我們必須幫助給予者闡明他最初的回饋，尤其是回饋本身和雙方關係有關的時候。

### 找出雙重主題

第一步是鍛鍊辨識能力。如果我們根本沒發現對話出現兩個主題，怎麼可能分別討論？請練習一下，找出以下案例的換道對話：

女兒：媽，妳都不讓我出門玩，到現在還把我當成小孩子。妳不信任我嗎？

媽媽：妳應該覺得感恩，能有這麼個關心妳的母親。

主題一是女兒的看法，她認為母親把她當成不值得信任的小孩子。母親在回應時切換到主題二：她覺得女兒不知感恩（人際觸發機制的認可問題）。媽媽應該繼續討論主題一才對，她可以問女兒的想法：「妳希望我怎麼對待妳？我們來討論一下。」或是可以說明自己對信任的想法：「我想信任妳，但妳必須先獲得我的信任……」等主題一討論完之後，媽媽可以再繞回原本的分歧點，提出女兒不知感恩的議題，討論這對彼此分別是什麼意義。

上司：你沒有達到業績標準。

銷售員：為什麼你偏要在我出門旅遊前說這件事？

主題一是銷售業績，主題二則是提出業績問題的時間點（給予者的技巧與判斷力）。

太太：這地方亂得跟豬窩一樣！你不是應該在我回家前餵孩子吃完飯、幫他們洗完澡嗎？

丈夫：別用那種語氣對我說話，我又不是妳養的狗！

這下我們趕不上音樂會了！

太太：你想吵這個？你答應要做的事一件都沒完成，還想把問題怪到我頭上？

丈夫：就是這種語氣！我就是聽不慣妳這種說話方式。

主題一是太太的感受，她覺得丈夫都沒完成事先約定的工作。主題二是太太的語氣，以及丈夫對此的反應（技巧／方法、人際觸發機制的自主問題）。

我們坐在車內等紅燈，突然有行人敲我們的車大喊：「你擋到斑馬線了！」我們氣得按喇叭回罵：「有種再敲我的車試試看！」

主題一是行人對我們的回饋，認為我們等紅燈時不該擋住行人穿越道。主題二是我們對行人的回饋，認為他不該敲車子（人際觸發機制的自主問題、回饋技巧）。雖然我們著重在對方敲車的動作，而不是原始回饋，但對方的話可能有幾分道理。如果我們停紅燈時常壓到斑馬線，很可能是不知道這樣會妨礙輪椅族或孩童過馬路。

## 將個別話題放上個別的軌道

好，你找到對話中的兩個主題了，現在該怎麼辦？

方。

## ◆設置路標

發現對話同時出現兩個主題時，說出你觀察到的狀況，並提出繼續前進的辦法。這樣做就像是在軌道切換處設置路標，提出指引方向的標記物，並記下兩條軌道（兩個主題）分歧的地方。

艾拉是專門協助身心障礙學童的教師助理，她除了在上課時間和孩子相處，晚上回家後，也花很多時間設計活動與準備美勞工具。艾拉協助的教師極少指導她或對她表達欣賞，艾拉也不想製造麻煩，所以一直沒向老師尋求指導與欣賞回饋。

學年開始八個月過後，老師突然表示：「妳在霍華德身上花太多時間了，班上還有另外九個學生呢！」艾拉驚訝地想：「都過八個月了，我得到的第一份回饋，竟然是**太**關心某個孩子？你都沒發現這些孩子有多需要我嗎？你都沒注意到我投注的心血嗎？」她在心中默默切換軌道，雖然沒說出自己的不滿，但她快步逃到走廊上的舉動，則將難受的心情表露無遺。

艾拉漸漸冷靜下來後體悟到：「哦，我們在討論的議題有兩個，一個是我在霍華德身上花太多時間，一個是現在刺激到我的議題——我一整年都沒得到感謝或指導，所以現在有種不被認可的感覺。」

下一步是設置路標。艾拉回到教室裡，對老師說：「我們來討論霍華德的事，還有我的時間分配，這很重要。另外，這是我第一次收到回饋，所以在談完霍華德的事之後，我想回來談談自己收到的回饋，還有我照顧孩子時，你注意到的正面部分。」

設置路標的基本格式如下：「我看到兩個相關但不同的主題，兩者都很重要，都值得我們深入討論。我們要分別詳細地談論每個主題，讓它們在各自的軌道上行駛。第一個主題討論完之後，再來談第二個主題。」

一般人當然不會這麼說話，設置路標這動作也很不自然，我們必須要遠離對話一步，從外往內去檢視它。其實，設置路標會如此有用，正是因為對話變得不流暢了。在設立目標時，我們會斷開平時的回應式對話模式，一清二楚地說明狀況。你可以用自己的話來表達這現象，但要記得說清楚。

那麼，應該先討論哪個主題呢？在此得考慮兩個因素。首先，原始回饋應該優先，因為那是對方想討論的議題，而在其他方面都平等的情況下，從對方的主題說起會比較好。但還要考慮到第二個因素，也就是情緒。假如你對人際觸發機制的反應太過強烈，以致無法接受對方的言語，那就該說出這問題，提議先討論你的主題。這樣會幫助你之後認真傾聽對方的主題，而那正是對方最關心的議題。

### ◆注意埋藏在「建議」之下的關係問題

即使我們有所警覺，抗拒了換道的誘惑，仍可能落入另一個常見的陷阱：停留在給予者原始的主題（他們的軌道），卻誤解對方的主題。之所以會有這種現象，部分原因在於給予者的回饋，經常是以笨拙的方式提出憂慮，他們說是給予「善意的建言」，想幫助我們改進，實際上卻是挑起彼此之間更深層的關係問題。我們聽到對方字面上的意思，就以為自己理解了他的回饋，其實不然。

還記得電視劇的路易與金姆嗎？請注意，金姆最初對路易提出指導回饋時，她說的基本上就是：「如果你想送禮物給我，我先說一聲，我不喜歡玫瑰花。」這很容易讓人誤會她的主題是「送禮」。隨著對話展開，我們才發現金姆的主題其實是「她覺得路易沒有聽她說話」。

這是十分常見的現象。我們常在感到受傷、氣餒、被忽視、受冒犯或焦慮的時候，盡量不提自己的感受，而是假借善意的建言，提出一些「建議」。但我們其實不是為對方著想、提出有益於對方的建議，而是希望他們為了**我們**改變。

所以，在你收到指導回饋時，可以問自己一個問題：對方是想幫助我成長與進步，還是以指導的形式提出令他們不滿的重大關係問題？

・「我建議你別那麼少回電話。」

意思也許是：「你都不回我電話，讓我心情煩躁。」

・「你不要日日夜夜想著工作，可能會開心一些。」
意思也許是：「你整天只想著工作，我感到很寂寞。」
・「你把一些工作分給我，就會有更多時間做比較重要的事了。」
意思也許是：「我希望你相信我，讓我多分擔一些責任。」
・「你喝太多了，對身體不好。」
意思也許是：「你喝這麼多讓我很擔心，也傷到我們的感情。」

有沒有誤解對方的主題，真的很重要嗎？有時確實不重要。好比少喝幾杯，既對身體好，又能讓對方比較放心。但如果把指導回饋當成對我們的建議，也許就會以論理的方式來提出異議，好比我們可能會說自己在工作時比較開心，甚至回覆：「老實說，不工作我就坐立難安。」就這樣，討論結束。不過，萬一對方的重點是他們感到寂寞，那我們就完全忽略了對話的真正主題。

當然，並非每個人給予指導回饋，都是為了包裝自己的受傷。別擅自認定別人話中有話，而要核對：我們在同一條軌道上嗎？我們真正在討論的是哪個主題？

有時，甚至連給予者也沒意識到，自己的指導回饋其實是抒發內心的焦慮或不滿。例如母親問你：「怎麼還不結婚？你看起來好像沒有很認真在找對象！」你母親的確在給你（不請自來的）指導回饋，這時你也許會想：

A：否定她的判斷（「哪有？我**有**認真在找對象。」）

B：感覺自己不被認同，因此切換軌道（「我單身生活過得很愉快，妳為什麼一直想改變我？」）

C：為了守護自主權而切換軌道（「媽，我都三十八歲了，可以安排好自己的人生！」而她聽了會回你：「你顯然做不到。」）。

雖然應該聽一聽是什麼觸發了自己的自主與認可需求，但也記得傾聽母親建言中隱藏的恐懼與擔憂，對她而言，那可能才是問題的核心。別為了找對象的事和母親起爭執，該問的是：「妳在擔心什麼？」你可能會得到以下情報：

- 我怕你不知道，年紀愈大就愈難找對象。
- 我怕你最後只能和不喜歡的人在一起（和我一樣）。

- 我怕你會和我不喜歡的人在一起。
- 我怕你沒辦法養活自己。
- 我想知道你到底願不願意接受我的建議（你好像都不接受）。
- 我想知道自己是不是「做錯」了什麼，你才排斥我的建議。
- 在你結婚之前，我都沒辦法安心。

請注意，母親最初的「指導回饋」乍看是在提供找對象的建議，但她的憂慮其實都與找對象的策略無關。理解憂慮之後，你也能稍微緩解自己受到的人際刺激——母親提出回饋的重點並不是「你是誰」，而是她對「我是誰」的擔憂，以及她對你的擔憂。明白這點之後，再想一想，自己最初因自主與認可受到挑戰，進而產生的反應，現在還值得討論嗎？

## 有效對話

了解了人際刺激與切換對話軌道之後，你會發覺這些現象俯拾皆是，好像在迷宮中的老鼠一樣，發現回饋對話動不動就一分為二，有時甚至一次分出三條岔路。

我們來想一想，如果路易收到金姆的回饋後沒有切換軌道，而是以更有效的方式回應，他們的對話會如何發展？他也許會說：「我本來期望妳收到花束會很高興，但妳看起來很不開心。可以幫助我了解背後的原因嗎？」在這個情境中，路易為了先理解金姆的回饋，所以留在她的軌道上（也就是金姆給路易的回饋）。他也可以設置路標，對金姆說：「好，我忘記妳不喜歡玫瑰了，可以再提醒我一次，說明妳討厭玫瑰的理由嗎？另外不得不說，我感覺自己的努力沒被看見。我覺得這兩個都是該討論的問題。」在第二個情境中，路易明確指出對話中有兩個主題，也表明應該各有一條軌道，分開來討論。

當然，若路易（或金姆）更有技巧地和對方談話，就不會有叫罵或痛哭的戲劇效果，那這齣情境喜劇的收視率就會下滑……你該慶幸自己活在現實世界，處理的是真實的人際關係問題。

## 重點整理——

**我們可能受到給予者本人的刺激：**

・我們對給予者的**想法**：他們的可信度如何？我們信任他們嗎？他們提出回饋時，是否展現出良好的判斷力與技巧？

・我們覺得給予者是如何**對待**我們：有被接受的感覺嗎？有被認同的感覺嗎？有感覺到對方尊重我們的自主權嗎？

**人際刺激會引發換道對話，雙方同時談論兩個主題，結果雞同鴨講。**

**找出對話中的兩個主題，並分別放上各自的軌道。**

**回饋遊戲裡出其不意的玩家：**

・陌生人

・和我們合不來的人

**和我們合不來的人能看見我們最糟糕的一面，也許非常適合當誠實之鏡，指出我們的缺陷，告訴我們如何在那些方面成長。**

**接受指導回饋時，注意回饋之中是否埋藏了關係問題。**

Chapter 6

# 確認關係系統——退三步

你和太太一起吃早餐，只見她睡眠不足、脾氣暴躁，對你提出回饋：**想辦法處理打呼的問題**。別想把責任推給狗，這也不是電視或鄰居的問題，「事情很簡單。」她說，「你打呼會害我睡不著，既然你有這問題，就想辦法解決。」

你當然不可能把責任推給狗，那太荒唐了，真正有問題的不是狗，而是你太太。故事從她口中說出來是這樣：「**你會打呼**。**就這樣**。」但你知道事情並不如她所說。你雖然會打呼，但非常小聲——這麼安靜的打呼聲，根本就不該叫打呼。正常人聽到你的鼾聲都不會有睡眠問題，你前妻就完全沒注意到你會打呼。問題是現任太太對聲音太敏感了，特別當她壓力大、心情焦慮時，更是受不了噪音。你們家小孩正值青春期，父母能不覺得壓力大、心情焦慮嗎？然而，太太不願你教她如何放鬆，也不肯用你買給的白噪音機。

真正的問題是，你太太實在太敏感又太固執了。**就這樣**。

## 問題出在誰身上？誰必須改變？

人們會提出回饋，通常是因為有問題存在：哪件事情行不通、哪件事情不對勁。你太太晚上睡不好；你上司嫌你是團隊的拖油瓶；你和客人關係緊繃；新來的同事比你預計的更煩人……這時，其中一方會提出回饋也不奇怪。

這沒什麼問題。事情出錯時，我們必須討論，想辦法去理解並解決。但說到這裡，事情就有點奇怪。我們**給予**回饋時，認為自己是提出「建設性意見」與實用的指導回饋；我們確信自己正確辨識了問題根源，於是站出來提供回饋。

然而，當我們成為這種回饋的**接受**者時，怎麼聽都不覺得那些批評有「有建設性」。那些回饋在我們聽來就是責怪：**都是你的錯**。**問題出在你身上**。**你必須改變**。這感覺很不公平，因為問題才不是出在我身上，這也**不是**我的錯——至少**不只是**我的錯：**別這麼固執，妳把我買的白噪音機拿去用，就不會有這些問題了**。

即使是思慮最周密的人，也很難指出為何身為給予者與接受者觀感會如此截然不同。問題應該不只是「我們站在哪一方」那麼簡單吧？

是沒那麼簡單，我們若想了解這問題的奧妙，就得先認識關係系統。

## 看清關係系統

「系統」是由一組交互作用或互相依賴的要素，所構成的複雜整體；系統中每個部件都會影響其他部件，只要改變其中一處，其他地方就會受影響。人與人之間的感情是一種系統，團隊是一種系統，組織也是一種系統。食物鏈是生態系統的一部分；你和女兒幾乎完全以簡訊溝通，也是目前父母與青少年子女系統的一部分。

系統出錯時，我們分別會看見對方沒看見的狀況，而這些觀察並不是在我們之間偶然冒出來的。當系統出錯時，我通常會看見**你**做的錯事，認為是你讓系統出錯的，而你通常會看見**我**犯的錯。你知道我會打呼，我知道你太敏感；你知道我錯過了截止日期，我知道你老是給錯截止日期（只有這次例外）。

因此，你有憑有據地責怪我，我聽了忿忿不平，於是反過來有憑有據地責怪你。我們都認真找出對方所「貢獻」的錯誤，相信自己不該為問題負**全**責。

上述是二號系統觀，也就是每個人都只看見部分問題（而且是對方造成的那一部分）。至於一號系統觀，則是認為每個人都是問題的一部分。也許大家造成問題的程度不一，但我們都牽涉其中，也會影響到對方。要不是你打呼（隨便你怎麼稱呼這個行為），太太也許能一夜好眠；要不是你太太壓力這麼大（或這麼固執），她或許也能一夜好眠。你們兩人**現在的模樣**共同打造出問題，這就是系統的運作方式。

系統觀能讓我們了解產生惱怒、困難或錯誤的根源（並因此激起回饋），它能幫助我們辨認出根本的原因，以及每個人在系統中的負面貢獻。此外，它也能說明我們身為給予者與接受者相互矛盾的反應：接受者會對回饋反彈，是因為他們清楚看見給予者的負面貢獻；給予者對接受者的反彈行為十分驚訝，因為他們也清楚看見接受者的問題。而且很多時候無論是哪一方，都會認為只要**另一方**改變，問題就能輕易解決。

想用更好的方式進行回饋對話，我們就必須深入討論，盡可能了解給予者與回饋者（還有其他人）的負面貢獻。這能幫助我們停止怪罪對方、不再反彈，並邁向相互理解的境地，同時討論出更好的解決方案。很多時候，我們觀察人與人的關係系統，會發現每個人只要能改變一些小地方，整個系統就會受到巨大影響。如此，也許大家都能睡得更安穩。

## 退三步

我們從三個不同視角——近距離、中距離與遠距離——來觀察系統，看見的會是不同的模式與動態。

退一步：你＋我的交叉點。站在這個距離，我們能看見你和我兩人的交叉點。你＋我這個組合為什麼會產生問題？我們各自做了哪些負面貢獻？

退兩步：角色衝突。從這視角望去，我們的視野會變得開闊一些，能看見每個人在團隊、組織或家庭中扮演的角色。人與人起糾紛有個隱微而關鍵的原因，那就是角色衝突。

退三步：全局。從這視角望去，我們能看見事情全貌——包括其他參與者、結構和流程是如何引導與限制每個人的選擇與結果。

### 退一步：你＋我的交叉點

回饋經常是以「你就是這樣，問題就出在你身上」的形式說出口，不過在人際關係中，「你就是這樣」真正的意思是「在**你和我的關係中**，你就是這樣」。很多時候，是我們差異交叉點的組合造成了問題。

你需要在週末放鬆休息，這本來不是問題，但是我需要你的關注，想要和你互動；你想在喪禮結束後立刻清空媽媽的房子，這本來不是問題，但是我想多花一些時間去悼念她；你只會說瑞典語不是問題，我只會說英語也不是問題，但是兩個人湊在一起就一個頭兩個大了。

人與人之間的差異，經常會發展為動態系統，造就作用與反作用的惡性循環。好比對珊迪與吉爾來說，金錢是一大問題。珊迪認為吉爾是鐵公雞，吉爾覺得珊迪揮霍無度。結婚初期，兩人的差異只有一些小紛爭，但在吉爾失業後，情況變嚴重了。他們發現彼此處理金錢與壓力的方式截然相反。當珊迪憂慮時，小確幸與熟悉的事物能為她帶來安慰，如今她已經很少犒賞自己了，但一杯三美元的卡布奇諾，感覺就像是暫時遠離擔憂的小假期。而吉爾舒緩焦慮的方法，就是精算家中的財務，連象徵性的省錢方法也照做，才會覺得能控制自己的人生。

想當然耳，夫妻倆互相給予批評指教。吉爾罵珊迪：「我怎麼也想不明白，我們現在正是該節儉的時候，妳怎麼可以亂花錢？」珊迪也回罵：「你真的有必要一路走回超市，把我買的葡萄堅果麥片換成超商品牌麥片嗎？**你**有病吧！才三十五美分而已，真的有必要這麼激動嗎？」

兩人互相責怪，並且都沒看見自己造成的問題。觀察這對夫妻，會發現他們的回饋如下：

但隨著時間過去，情況也逐漸惡化。在壓力不斷增加的情況下，吉爾管控金錢的欲望越發旺盛，導致珊迪也愈來愈渴望小確幸。於是，珊迪將她的葡萄堅果麥片藏在櫃子角落，發現麥片盒的吉爾則找她爭論，不敢相信妻子竟背著他亂花錢。在吉爾看來，情況更失控了，他只好更努力控制金錢。「妳亂花錢」轉為「妳自私、沒信用又完全不受控」；「你是小氣鬼」轉為「你是不理性又反應過度的控制狂」，而兩位接受者都否定了對方的回饋，在他們看來，那樣的回饋不過是證明**對方**瘋了。

無論是珊迪或吉爾，都沒有看見系統整體。當我們站在系統內部時，只會看見**對方**的行為與影響，自己只是在回應對方製造出來的問題。

在個人與工作的人際關係中，很大部分的摩擦與回饋都是交叉點（喜好、習慣與個性上令人起衝突的差異）所致。約翰．高特曼的研究顯示，已婚配偶正在爭吵的問題中，有六九％都和五年前吵的問題相同。如此看來，他們五年後仍可能會繼續為同樣的事爭執不休。

有時候，我們不會意識到自己的喜好、習慣與個性：好比，我們是怎麼管理「不確定」的情緒呢？我們是如何體驗新事物？什麼事物能給我們安全感？哪些事情會讓我們精神百倍，哪些又會耗盡我們的精力？我們如何處理衝突？我們關心細節還是大局？是井然有序還是隨心所欲？是時喜時悲還是情緒平穩？是樂觀還是悲觀？其實，我們在跟與自己不同的人相處之前，甚至可能沒意識到自己**有**某些傾向。這就像一個美國人聽到英

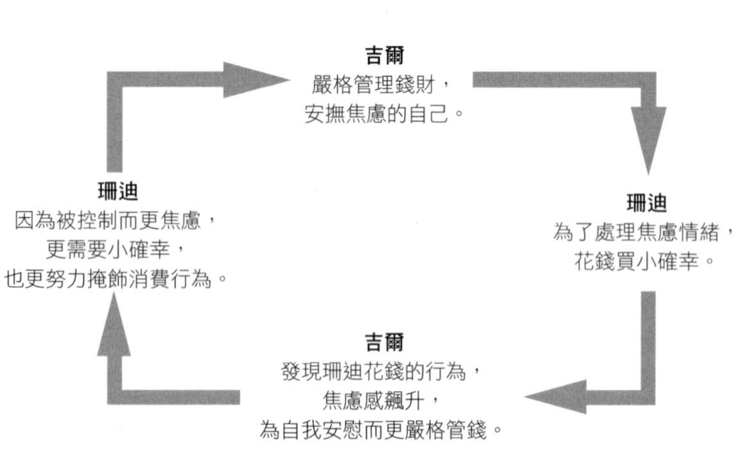
吉爾
嚴格管理錢財，
安撫焦慮的自己。
珊迪
為了處理焦慮情緒，
花錢買小確幸。
吉爾
發現珊迪花錢的行為，
焦慮感飆升，
為自我安慰而更嚴格管錢。
珊迪
因為被控制而更焦慮，
更需要小確幸，
也更努力掩飾消費行為。

國人說他有「美國腔」，忍不住笑了——說什麼傻話？說話怪腔怪調的當然是那個英國人啊！

我們也不會看見自己在系統中的常態，儘管局外人總能輕易看出其輪廓。你對小孩用盡了耐性，「都跟你們說七百遍了，叫你們把鞋子從廚房拿出去都不聽，你們到底是想怎樣？」而公公來訪時，就這問題對妳提出一些（不請自來的）指導回饋：「妳得貫徹一致，堅持到底。」

妳心頭立刻燃起無名火，心想自己明明就**有**堅持，不然之前六百九十九次是說假的嗎？妳在叫小孩把鞋子移開前就已經放棄，直接幫他們把鞋子拿出去。

然而，公公能看見妳在和孩子的關係系統中，本身看不見的部分。他看見妳一開始好聲好氣請孩子做事、溫和提醒，後來開始威脅孩子，最後情緒失控。他也看出孩子學到的教訓是，媽媽只有在開始叫罵時才是「認真的」，所以他們決定無視妳，繼續看電視，等妳認真起來再行動。

退一步的意思是「退出自己的視角」，像公公一樣觀察你們的系統。別把視野局限在對方的過錯，並且要注意**彼此**對另一方做出的回應，然後漸漸辨識出系統中的大規則。妳先前以為持續對小孩嘮叨就是「堅持到底」，沒想到這反而使問題惡化。

## 退兩步：角色衝突與意外的對手

退第一步，你可以看見自己與對方，以及雙方的傾向如何互動與交叉。退第二步，能看到的景象又多了一層：這不只是你我兩人的問題，還包括我們各自扮演的角色。

角色的定義，是以和其他角色的關係為基礎。在有弟弟、妹妹之前，你不是哥哥、姊姊；在有可以輔導的對象之前，你不是導師。角色雖包含個性層面（我是搞笑的丑角，你是負責任的穩重角色），但是在對人行為的影響方面，卻與個性無關。「角色」就像製冰盒，你將自己的人格與個性倒進去，倒入的東西雖然重要，但製冰盒的形狀也同樣重要。無論我是音樂天才還是音痴，無論我是謙虛還是狂妄，只要我是警察，你是超速行駛的駕駛，那我們的互動模式就不難預測。

在角色模式中有一種重要模式，稱為「意外的對手」。兩個人若時常有摩擦，互相不滿，就會漸漸將彼此當成「對手」，雙方都將問題歸咎於對方的性格與可疑的意圖。然而很多時候，真正的罪魁禍首是兩人所在的角色框架，是框架（意外地）製造了長期衝突。假如我們分別抓著繩索兩端，而工作就是拉扯繩索，雙方只要各盡其責，就會發生拔河的狀況。

警察與超速駕駛人可能有許多共同點，甚至可以是同卵雙胞胎，但他們在路邊互動時，雙方的角色會產生衝突。不滿的客人與客服員、倍感壓力的教師與焦慮的家長、前夫與新的丈夫……也是同樣的道理。

「意外的對手」存在的原因有兩個：角色混淆與角色明晰。

隨著組織異動、責任改變，角色可能會變得混淆不清，我們不曉得自己應該做到哪裡，別人應該從哪裡接手。泰德請我提供新的定價資訊，我還沒有回應，你就跳出來把資訊寄給他。泰德向**我**詢問此事，是因為我是定價專家；泰德沒問你，是因為你**不是**定價專家。結果故事從你嘴裡說出來，變成你才是定價專家，我只是泰德不小心問錯的人。我們真的會有這麼誇張的角色混淆嗎？確實有可能。

即使營運得最成功的組織裡，也經常出現角色混淆的情形。我們三個人認為自己負責工作A，卻沒人覺得自己是工作B、C與D的負責人。企業組織全球化、員工透過網路建立虛擬人際關係，也會讓問題變得麻煩，而組織重整、併購、矩陣式管理與各種員工調動，都會使情況惡化。我們昨天還是同儕，今天你卻成了我上司的上司。昨天我們共用一間辦公室，今天你卻在里斯本的辦公室，透過Skype和我聯繫。

不同部門、功能與業務單位彈性的界線，也會導致角色混淆。我負責紙本媒體的資料探勘，行銷部門為何一直提醒我說，包括紙本媒體在內，所有媒體平台的資料探勘工作都交由巴利負責，其他人都「未經授權」？

有時，角色衝突不是由於混亂，而是因為關係明確，衝突來源就藏在組織架構中。銀行的法規遵循人員與交易員經常發生衝突，問題不只出在不守規定的交易員或過分謹慎的法規遵循人員身上，而是角色本身讓他們互相作對。其他常見的例子包括：銷售部門與法律部門、外科醫師與麻醉醫師、建築師與工程師、人資部門與其他所有人。一位人資主管曾開玩笑道：「只有在你不開心的時候，我們人資部門才會開心。」

當然，大家都知道人資部門的功能十分關鍵，但在業務纏身時，不免會覺得人資實在太擾人。我們常把性格當成問題來源，認為都是人資部門的人太緊張、太著重規定，甚至到了強迫症的地步。反過來說，人資也看不慣大家遲交工作時間紀錄、敷衍亂填績效評量表、不參加訓練，心想組織裡的人怎麼都這麼奇怪，好像一群叛逆的青少年？

在組織層面，角色間的張力有十分重要的用途；不過在人與人互動的層面，角色張力卻會帶來破壞性的效果，如果人們誤判了衝突的來源，那角色問題更有可能破壞人際關係。我們必須區分個人與角色，退兩步提問：**我們的角色是不是影響了自己對彼此的看法，也影響了給對方的回饋？雙方角色對這系統造成了什麼影響**？角色占多大的比例？性格或行為又占了多大的比例？即使你答不出來，光是對自己提出這問題，或是和對方討論角色造成的問題，就足以改變雙方的認知。

## 退三步：全局（其他參與者、流程、政策與架構）

退第三步，我們就能看清全局，不僅看見其他參與者，還包含實際環境、時機與決策過程、政策與流程、暫時解決問題的應對策略。這些因素都會影響行為與決策，以及雙方提出的回饋——這些因素和我們同屬於這個關係系統。

假設你是煉油廠職安部門主管，今天有位工人因工受重傷，你必須想辦法預防類似的意外。在尋找問題來源時，我們經常只注意受傷員工的行為：他有沒有按作業流程工作？待在我們公司多久了？他是不是很疲勞，或是有喝酒？他做錯了什麼？

這些問題都很重要，但你知道問題不只出在這位工人身上，於是你退三步考慮事情全局，檢視整個環境是否符合職業安全標準。如果那工人身心疲勞，是不是因為連上兩輪班的緣故？他是不是經常在過勞狀態下操作器械？這組器械上次是誰維修的？維修時有沒有任何註記？工人的上司知不知道器械的一些部件不符合標準？公司減少職安訓練，造成了哪些影響？績效評量系統是如何鼓勵（或未能鼓勵）安全行為的？工作與休息時間的規定更改後，工人換班時的疲勞程度或交班流程，是否有受到影響？

這當中會有個平衡點。我們不會想浪費時間找原因，而在找到能接受的解釋後，會想要放棄繼續思考，但不能只著眼於受傷事件發生當下，忽視掉那些重要遠因或根本問題。

你可以參考以下表格，全局中的各種因素值得細察。

## 退三步：全局

### 其他參與者

| | |
|---|---|
| 兩位資深主管起衝突，他們手下的團隊成員受到相互矛盾的指令夾擊，結果難以創新與冒險，還產生對立派系，得浪費大把時間處理與協調事情，才能夠完成工作。 | 這兩人的矛盾可能會嚴重影響旁邊其他人的工作模式與關係。想了解狀況，我們得經常觀察團隊、部門或部門間的互動關係。 |

### 實際環境

| | |
|---|---|
| 大樓裝設全新電梯系統，但只有某些樓層經常使用，所以你平時只會遇到常跟你合作的同事。你已經好幾個月沒看到樓下同事了，和他們都是透過電子郵件往來。 | 環境會影響我們的合作模式，舉例來說，開放式辦公空間可能會鼓勵大家合作，或是鼓勵人們坦誠對話。但有時我們必須密切合作的部門，卻是位於不同的建築，甚至遠在地球另一邊。 |

### 時機與決策過程

| | |
|---|---|
| 法蘭西必須提前六個月請假，才有機會休到假，而她弟弟芬恩一次只會收到兩週後的工作時程表。法蘭西不懂，小時候也就算了，弟弟怎麼連長大成人了，都無法安排好時間來參加家庭旅遊？ | 做決策的時機與方法，可能會造成個人或團體間的衝突。一些人也許得問問各方意見，才有辦法做決定，但也有些人能獨自做決定。 |

### 政策與流程

| | |
|---|---|
| 將行銷業務集中在倫敦之後，商品行銷流程會統一許多，然而，柬埔寨分部認為新制度在當地行不通。 | 由中央集中管理與制定流程確實能提高效率，但也較難回應各地的需求。 |

### 應對策略

| | |
|---|---|
| 研究部門給會計部門的數值報告總是遲交，於是會計部門開始虛報截止日期。研究部門很快就發現截止日期是假的，現在更加不重視會計部門設定的期限了。 | 在與合不來的人共事時，每個參與者會發展各自的應對策略，這些策略的效果會在第二輪、第三輪時浮出水面——這就是所謂的「遞延效應」（lag effect）。 |

## 透過系統看回饋

我們以小學二年級的教室為例，透過系統來理解人與人之間的回饋與溝通。

二年級老師謹慎地向家長表示：「你們家肯希個性很強勢，她有時會說些讓其他孩子不高興的話。」老師認為肯希是個好孩子，只是有欺負同學的傾向，因此希望肯希的媽媽能接受回饋。沒想到肯希就在教室外偷聽，她立刻衝進去大聲抗議，「媽媽，是那些同學太討厭了！都是他們先惹我的！而且他們那麼愛哭，我也沒辦法啊！」在肯希看來，問題不在自己身上，她可是事件中的受害者。

回饋對話戛然而止，肯希覺得自己遭受不公平的指控，老師見她不願為自己的行為負責，心中十分無奈，而肯希的媽媽實在不曉得該相信誰。讓我們從前述的三個視角來看事情，試著理解老師有關肯希的回饋。

我們先退第一步，看看人與人之間的交叉點，就會發現：肯希與一些同學的一大差異是她天生戲劇化。在她看來，事情不是「超級棒」就是「糟糕爆了」。由於她個性外放又戲劇化，所以在八歲同儕中特別引人注目。

接著退第二步，看一下角色的問題。肯希是去年才轉來的轉學生，因此更急於找尋自己的容身之處，而轉學生身分也為她增添了神祕色彩。肯希融入群體的方式就是娛樂大家，孩子們深受吸引，迫不及待想看她模仿老師在數學課上的「出糗」時刻，以及重演她早上坐校車時的

「丟臉」經驗。備受矚目的肯希受到了鼓舞，故事愈說愈誇張，大家也很快就發現，她在班上已完全變成娛樂者的角色。我們看見了系統的運作模式：肯希的行為會影響同學的行為，同學的行為又會進一步影響她。

有些同學並不像肯希那樣喜歡受注目。在美術課堂上，一個內向的孩子不小心將顏料灑在肯希的海報上。肯希大叫：「你是全世界**最**討厭的人！」肯希並不明白自己誇張的反應使害羞而敏感的同學有多受傷，因為同樣的事若發生在自己身上，她根本不會介意。其他同學同情不小心灑了顏料的孩子，開始暗地裡說肯希「很壞」，也漸漸疏遠她。

目前為止，我們檢視了肯希與同學的交叉點及角色，現在再退第三步，觀察接下來發生的事情全貌。和肯希關係較好的朋友，將其他同學的怨言告訴她，某某說了什麼、某某說再也不跟肯希玩了……這些話全都進了肯希耳裡。朋友其實也沒有激怒肯希的意思，但她的反應實在太快、太戲劇化了，讓朋友們覺得很興奮：**我們是小圈圈裡的人，這裡每個人都很酷，其他同學都是愛哭鬼和廢物**。而同情內向孩子的同學們，心裡想的是：**我們有自己的小圈圈，小圈圈裡的都是好人，其他都是壞孩子和惡霸**。我們最初聚焦在肯希身上，然後漸漸將鏡頭拉遠，看見小圈圈成形，也看見這些小圈圈互動，並且在系統中運作。

大系統中的另一個因素，是遊樂場的物理環境結構，無意中強化了小圈圈之間的敵對意識。由於學校有部分正在施工，所以遊樂場只剩兩塊四個方格大的場地，女孩們通常會分兩個陣營使用遊樂場。而學校政策也使問題惡化：製造問題的學生會被送去校長室，但校方沒有制定學生間事後對話的規則，沒幫助他們和好、彼此理解與修復關係。這所學校維持秩序的方法，就是辨識出單一惡源並且移除，而不是處理大環境的問題。

從老師的角度看，肯希就是種種騷亂的核心，因此請肯希的父母來學校，給他們回饋，請他們導正女兒的言行。如果肯希的爸媽只理解回饋的表面意義，告訴肯希必須「對人好一點，別那麼凶」，肯希無疑會激烈抗議。她並不是想逃避責任，而是因為覺得真正造成問題的不只是她。同學都是愛哭鬼，而且看起來還是一群愛打小報告的傢伙（敬請期待肯希明早生動的轉播，聽她詳述親師座談會上發生的不公不義）。

## 看見系統中的回饋

**退一步**：回饋在哪些方面反映了我們喜好、假設、風格或潛規則的差異？

**退兩步**：我們的角色是不是提高了彼此發生矛盾的機率？

**退三步**：是不是有其他參與者，影響了我們的行為與選擇？有沒有什麼環境、流程或框架，導致問題惡化？

**繞回我自己**：我是不是做了什麼（或是沒做什麼），導致我們之間這種互動模式？

肯希確實該理解自己對其他孩子造成什麼影響，她也**確實**有必須改變的地方，但她的想法沒錯，其他人、事、物也使問題惡化了。如果老師與肯希的媽媽（甚至是肯希本人）能討論系統上的問題，肯希會覺得自己受到比較公平的對待，可能會更願意聽從指導回饋。同樣重要的是，他們會有機發現處理人際問題的新策略。舉例來說，讓不同圈子的學生坐下來討論班級情況，對他們可能有幫助。將不同小圈圈的學生分入同一組做報告，也許能打破派系間的矛盾。此外，也能試試改變角色這個策略，像是讓肯希擔任確保內向孩子也能參加團體活動的角色。而肯希爸媽或許會注意到，女兒掛在嘴邊的口頭禪多半是在家裡聽過的話，爸媽應該也經常誇張地開玩笑說：「你最討厭了啦！」「你最棒了！」嗯，這的確值得深思。

## 系統觀的優點

透過系統觀來理解回饋，有幾項優點。

### 準確

第一項優點非常簡單：它是事實。系統觀能矯正其他單一視角的偏差——如果我通常都只看見你造成的問題，你通常也只看見我造成的問題，那在合併雙方視角後，就比較能理解事情全貌。我們漸漸看見各方對其他人的影響，並能發現原本互相針對的因果，其實是一個個輪迴與循環。

### 遠離無謂的批判

第二項優點是，當我們看見別人造成的問題時，系統觀能削減我們**自動**認為那真「糟糕」「錯誤」「應受譴責」的念頭。在我們心目中，自己的神經質、注重細節或願意冒險的程度都恰到好處；其他人不是太過神經質、太過粗心，就是太過保守。一個不小心，「企業關係部門那些人做的事」就會變成「企業關係部門那群自私的＃＄％（消音）」；前者是描述對方的行為，後者則是一竿子打翻一船人。如果將衝突視為再簡單不過的人際交叉點，我們能看見大系統中的角色衝突，就比較不會從描述變為謾罵，好比是因為我們比對方更願意接受風險，所以很難協調出雙方都滿意的投資策略。當我們清清楚楚看見自己在問題中扮演的角色，以及雙方交互作用的行為與喜好所形成的輪迴，就比較不會妖魔化「他人」了。你和太太的關係當中，一方打呼、一方敏感，並沒有誰是「壞人」，只不過雙方湊在一起會令彼此困擾罷了。

### 提升當責

「好嘛，」你說，「那假如對方的行為真的該受譴責呢？」你叔叔不該把祖母的銀器拿去典當；鄰居的兒子不該把你的信箱炸壞；隔壁辦公室的女員工，不該亂填工時紀錄。難道所謂的「系統觀」，就只是將焦點從個人轉移到系統整體，以此稀釋或規避責任嗎？

我們的看法恰恰相反：在充分理解製造問題的因素組合前，你不可能有意義地為問題負責。系統觀能幫助你清楚辨識自己的選擇與行動，以及導向結果的過程。理解了事情來龍去脈之後，你說的「我負責」才有意義。

當然，系統觀並不會自動增強當責。主管說：「我新來的屬下偽造了工時紀錄，我們應該加強訓練與監督。」這是關於「系統」的論述，但這麼說只是開頭，我們還看不出主管是否要為問題負責，也不知道他是否認為自己（或其他人）該負起責任。

有意義的當責，是指主管必須仔細檢視屬下做那些決定的理由，檢視自己是否影響了屬下做決定，同時檢視其他參與者、監督系統與職訓，是否或多或少導致紀錄造假的問題。舉例來說，計算各項計畫工時，以及休息或交通時間的方法，是誰告訴新進員工的？主管是不是做了什麼事，造成新人的壓力，以致她工時多記錄了幾個小時？主管會不會在無意間鼓勵「爆肝至上」的文化，以致人人都虛報工時？

理解了問題有多種成因，並不會限制我們朝解決問題的方向前進。當某些行為違法、不道德、不適當或違反規定時，懲戒與處罰也許是恰當的解決方法。當主管有時說：「我自己也造成問題的一部分，那我怎麼能懲戒屬下？」這就好像在講：「搶匪雖然搶了銀行，但是銀行的保全系統不夠好，所以有一部分問題是銀行自己造成的，我們怎麼能懲罰搶匪？」裝設有疏漏的保全系統當然不好，如果你的保全系統真的不理想了，那能發現這問題也很不錯。然而，你的保全系統故障和搶匪是否該坐牢，根本是兩回事。

但話說回來，理解了系統之後，你或許會對問題改觀，心中的最佳解也可能因此改變。假如員工不懂公司規則，是因為你們根本沒對他們提起這些規則，那麼你可能該把相關規則告訴他們，然後記一次警告。他們是因無知而犯錯，這和知法犯法又不一樣了。系統觀能幫助你找到**合宜**的解決方法，持續進步。

## 矯正我們轉移與吸收責任的傾向

在回饋討論中談到責任歸屬時，有兩種特別麻煩的人格：轉移者與吸收者。系統觀能幫助我們改掉自己的這類傾向，並在和別人討論回饋時，理解對方身上的這類傾向。

### ◆責任吸收者：都是我的錯

談及責任歸屬，第一種常見的人格是責任吸收者。事情不如意時，他們會一直指責自己，像是：你劈腿？那一定是我不夠吸引你。產品銷量沒有達標？都怪我沒成功推廣新品。外頭下雨了？一定是我剛剛說錯話。

除了相信一切都是自己的錯，讓自己深陷在情緒泥沼中，責任吸收者也有學習障礙。將修復人際關係、挽救計畫的責任全攬在自己身上，感覺確實很高尚，但這阻礙了學習，跟完全不負責任沒兩樣。責任吸收者往往只看見自己造成的問題，不會看其他人的負面貢獻。這些人迅速接受回饋，對話就此結束，結果雙方沒機會探索導致問題的交叉點、角色、選擇與反應。

你說你沒成功推廣新品？你認為能憑一己之力就毀了新品行銷計畫，是不是太自大了？產品表現不佳的原因應該不只一個，從構思到時機拿捏，從生產、行銷到銷售，每個環節都可能出問題。如果希望下次推出的新品能表現得更好，你就別想著要一個人扛所有問題。自己吸收所有的責任，其他人就不必負責，你霸占學習與修補問題的責任，找到最佳解的機會也將大幅降低。

責任吸收者還有另一個挑戰，那就是會隨時間積累的怨憤。其實他們內心深處還是明白，問題不可能**完全**出在自己身上，但其他人似乎沒有公平地分擔責任。此外，責任吸收者還會遇到瓶頸，畢竟他們能自己改變的事情並不多——當其他人不願正視自己造成的問題，一個人能對系統做出的影響還是相當有限。

在此順帶一提，責任吸收者可能會留在對自己造成傷害的情境中。在情緒或肢體虐待的關係中，那些叫罵、詆毀或打擊人的加害者，可能會說這些都是受害者自己造成的，並以此轉移焦點，不面對自己傷人的行為。當給予回饋的人說：「你不該惹我的。」也許是準確描述了受害者在系統中的角色，而他們漏掉沒說的是，自己傷人、有害又不公平的行徑。這也是為何虐待關係中的受害者感覺如此孤單，難以脫離虐待關係系統。因為給予者宣稱你所看見、感受到的事物根本不存在。

## 責任轉移者：不是我的錯

另一種人格則是長期不承認自己在問題中扮演任何角色。這些人對於回饋或失敗，往往會迅速指責所有阻撓自己的人，或是指控別人對他們懷有偏見，他們會說：是財務部的錯、是新資訊系統的錯、是鄰居的錯、是旁邊那隻松鼠的錯。

你可能以為這種人是處在放鬆的狀態，畢竟對他們而言，回饋根本不重要，而他們也完全沒有錯。然而，這種體驗最終會令人疲憊不堪——責任轉移者必須時時面對其他人的無能或背叛，他們是無力保護自己的受害者，只能被動接受發生在自己身上（甚至是「針對」自己而發生）的命運。

我的創業計畫沒募到經費，一定是因為：創業投資人都是笨蛋、現在的市場寸步難行，再不然就是世人無法接受我的驚人才華，以上因素我都無法控制，所以感覺被針對、氣憤、無助或憂鬱。在這樣的心態下，我做什麼都不可能改變結果，因為使事情失敗的全都是外在原因……至少在我看來是如此。

一個人站在受害者的位置，就無法聽進回饋，好比我就是沒法學到任何能幫自己下次成功募資的技能。至於，我的市場分析是否做得不完整？是不是沒做好準備，所以遇到競品的問題才答不上來？是不是忽視了焦點團體的早期回饋，所以才會失敗……看見自己對現況造成的負面貢獻，並不會讓人變得軟弱，反而會更強大；既然是自己造就出自己的問題，就表示這些是我們能改變的事情。

## 避免「失敗的改正」

當我們不了解提供回饋的系統，經常會試圖調整系統中的單一部分，以為這樣就能解決整體問題。然而，光是開除執行長，並不能改變企業文化，問題也不會消失。更糟的是，這樣的改正方法還會製造難以預料的新問題。

愛麗絲的下屬班尼在實行計畫時，往往進度落後且預算超支，導致他們和上司文斯發生摩擦。對此相當不悅的愛麗絲，給了班尼一些回饋：「你得想辦法在預算內準時完成計畫。」愛麗絲說得一清二楚：班尼必須改變。班尼聽懂了。

但他們沒探討班尼進度落後的**原因**，以及愛麗絲、文斯與董事會對此的負面貢獻。她的回饋假定了這是「班尼的問題」，言下之意是班尼有能力自行解決問題。可是班尼無法自行改正問題，因為他之所以遲交與超出預算，部分原因在於董事會的三心二意，而文斯也沒能及時將董事會的新想法告訴他；而愛麗絲也甚少明確或完整描述新的變數。此外，當班尼告訴愛麗絲，這些改變將導致計畫遲交、要花更多錢，愛麗絲也不見得會轉達給文斯與董事會。

沒人提出關於系統的問題，所以班尼只能在受限的情況下盡己所能：他開始向董事會提出兩倍的經費申請，以及過去兩倍長的時程。這下，他的經費符合（新）預算，也能在（新）時程裡完成了。

這能改正問題嗎？其實，如果班尼提出的新預算與新時程更符合現實，如果大家關心的不是花費與時間，而是可預測性，那至少短期而言，班尼的改正方法成功了。

不過，故事並未就此結束，因為較長的時程與較高的預算，漸漸對系統裡的參與者造成遞延效應。這下，董事會有兩倍長的時間可以改變心意、要求他在計畫中加入新功能，以及不時檢查班尼到目前為止的成果。另外，較高的預算會提升各方對成果的期望，沒多久班尼就必須付出雙倍努力、接受更複雜的要求，愛麗絲和文斯給他的壓力也更大了。

回饋只針對大系統中的一個部分，而不檢視其他因素，就會得到「班尼的下場」。我們怎麼會採取失敗的改正方式呢？那是因為只將焦點放在系統中一個參與者身上，以本質有問題的解法去處理真正的問題。班尼的解法乍看之下很好，我們也經常會想解決眼前的短期問題，而不考慮長期的代價。

## 討論系統

想要有技巧地探索系統，第一步就是意識到自己面對的可能是系統問題。

### 注意

注意你對回饋的反應，看自己是否默默切換軌道了：**問題才不是出在我身上！**或是：**要不是你等到最後一刻才提出要求，我可以達成更好的結果！**或是：**我脾氣暴躁，還不是因為你慣性遲到**。這些「不是我的錯」的直覺反應都是線索，此時退幾步去理解回饋背後的互動，對我們應該頗有幫助。

### 為自己的部分負責

下一步是負責任，就是找出自己對問題的負面貢獻，為自己的部分負責，否則給予回饋的人聽到你提議檢視「我們的關係系統」，只會覺得你是在找藉口，認定你想閃避回饋、反咬他們一口，並且對你說的「系統觀」完全失去興趣。建議還是盡量避免「關係系統」這類的字眼。

在這些對話中，想傳達給對方的訊息主要有兩個：第一，我願意為自己的部分負責；第二，我們雙方都造成了一部分的問題。有時候，我們很難在同一次對話中傳達上面兩個訊息，就算它們符合邏輯且不相斥，但在給予者聽來，可能是互相矛盾的兩件事。你可以想一想，給予者是否能在一次對話中接受你的兩個訊息呢？如果不行，你可以先為自己的部分負責，等對方接受了，再繞回來討論你對系統的觀察，以及你想跟對方提出的請求。

## 「這是幫助我改變的方法」

給予者也許尚未做好準備，或者還無法承認自己造成了一部分的問題。他們可能滿心認為，你才是這場回饋大會的主角。

在這種情況下，你還是有辦法和給予者對話。不要強迫他們承認自己的問題並負責，而是應該告訴他們，怎麼做才能引出你比較正面的反應。你是在請對方改變，卻（合理地）將事情說成幫助**你**改變的建議，例如：

吉爾可以告訴珊迪：「我面對出乎意料的事，反應之所以很激烈，是因為怕妳在其他地方花錢都沒告訴我，這讓我很慌張。我知道自己有時候反應過度，也在努力改進。如果妳願意直接把葡萄堅果麥片和喝摩卡奇諾的『小確幸』告訴我，對我會很有幫助，而且這樣一來，我們就能一起存錢享受這些小確幸了。」

## 尋找主題：這是「我＋所有人」的交叉點嗎？

有時你收到的回饋，是由「你＋對方」的交叉點而產生：你也許稍微口齒不清，對方又**剛好**聽力不太好。

但有時你會注意到令人不安的常態，也就是無論你和什麼人建立關係，都會收到**同樣**的回饋：好比，你的脾氣令人厭煩；你極少回任何人電話；你沒條理、健忘、慌慌張張。理查的第一任女友抱怨他在情緒上疏遠她，他則認為是女友黏人的程度超乎尋常。然而，接下來兩任女友都給了同樣的回饋，於是理查開始（稍微）注意自己的行為表現。

當你發現「我＋你」的交叉點，其實是「我＋所有人」的交叉點，一開始或許會有些灰心，但其實這也隱含了好消息。改變「我＋所有人」的系統其實不難，只要其中一方（就是你）改變，整個系統都會改善；而且在你和其他所有人形成的大系統中，多個小系統也會跟著改善。這是人生少有的情況，你難得能掌握這麼完整的控制權。

## 用系統支持改變（而非阻撓改變）

有時回饋很簡單：長官來檢查前，把你的鞋子擦亮；別插嘴；多打幾通電話給你媽。上述這些都是你能輕易改變的行為，而改變後的效果應該也很不錯。

但有時改變沒那麼簡單。即使雙方意見一致，都覺得你別整天悶悶不樂會比較好，可是我再怎麼唸也不會有幫助。

有趣的是，一旦辨識出系統的輪廓，雙方通常都能做點有用的改變，而且都不必改變自己的性格。我們可以調整角色、改變所使用的流程，甚至是改變環境。如果讓珊迪負責管帳，她花錢時的情緒反應是否會改變？她會不會開始省小錢？如果讓我加入你和客戶的會議，一同討論我的分析結果，我是不是就能準時完成分析？如果交換你我負責的家事，讓你一早就完成家務，你在晚餐時會不會比較放鬆，不再像之前那樣悶悶不樂了？這都有可能。這就是系統觀的好處：它能創造出種種新的可能性。

## 重點整理——

**想理解你收到的回饋，就退三步：**

- 退一步：你＋我的交叉點。導致摩擦的，是不是彼此的差異。
- 退兩步：角色衝突。有一部分的問題，是不是源於我們在組織或家庭扮演的角色？
- 退三步：全局。是不是有什麼流程、政策、物理環境或其他參與者，強化了問題？

**系統觀：**

- 減少批判
- 提升當責
- 發掘根本原因

**在自己收到的回饋中找尋常態，這是不是「你＋所有人」的交叉點？**

**為自己造成的部分問題負責。**

# 自我觸發機制

## 「我」的挑戰

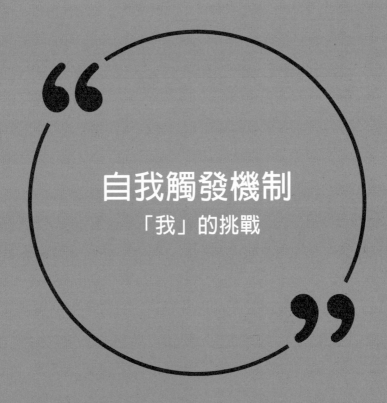

## 自我觸發機制（「我」的挑戰）

我們或多或少會時刻偵測危險的存在，而在接下來三章，我們將找到那份危險。

他人的指教建言之所以會造成威脅，是因爲它會使你心中浮現疑問，迫使你檢視最具挑戰性的一段關係：你和自己的關係。你是好人嗎？你尊重自己嗎？你能接受自己嗎？你能原諒自己嗎？

有趣的是，每個人對威脅到自我的回饋反應各異，不僅反應的方式與程度不同，事後恢復期的長短也不同。我們將在第七章一窺我們的大腦，探索背後的原因。你腦中的線路——你這人有多敏感或粗神經、恢復速度有多快——都會影響你接受正面與負面回饋的反應。理解腦內的線路後，你將更能理解自己在接受回饋時的情緒反應。

這十分關鍵，因爲我們的感受會影響想法，而在我們把回饋的意義編成一段故事並告訴自己時，也許會因此造成扭曲。第八章將檢視拆解扭曲想法的五種方法，讓你更清楚看見回饋的實際樣貌。

一旦清楚看見回饋，下一個任務是想辦法將回饋對應到你的自我，也就是你的自我故事——「我在世界上是什麼樣的人物」。第八章會檢視人們理解與扭曲回饋的方式，第九章則是檢視人們理解與扭曲自我形象的方式；我們的自我或許堅毅不拔，或許易受左右；

也許有助於學習，也許對學習沒幫助。第九章將提供三種方法，幫助你從脆弱的定型自我，轉變爲健全的成長型自我，讓你更輕鬆地從回饋與經驗中學習。

# Chapter 7
# 腦內線路與性格如何影響你的故事

克莉絲塔並不缺乏自信，她是笑著說出這段故事的：

剛結婚那六個月，我和先生開車在美國各處旅遊，而後車窗上用寫著「支持我們的婚姻就按喇叭」這句話，結果大家都瘋狂按喇叭與揮手。有許多友善的陌生人支持我們，感覺真是太棒了。回歸平常生活後，我先生就把後車窗清乾淨了，但我卻沒注意到，所以當我開車做傻事、亂迴轉時，有人憤怒地按喇叭，我還會笑嘻嘻地揮手說：「嗨，謝謝你們！謝謝！我也愛你們！」

「我常遇到這種事。」克莉絲塔補充，「有時候我會聽不進負面回饋，聽到別人不喜歡我做的某件事，我會立刻想：**真的嗎？你們不知道我有多棒嗎**？老實說，我好像過分自信。」

克莉絲塔的人生當然經歷過風風雨雨，也不是常保笑容，但即使在最艱苦的時刻，她也憑樂觀積極的天性撐過去了，「我和第一任先生離婚了，離婚就是一大團黏糊糊的負面回饋。那時我開始懷疑自己的一切——是不是沒人肯愛我了？我是不是無法真正愛一個人？我和其他離婚者一樣，經歷一段黑暗的時期。」

「但是，」她又說，「我沒在那些黑暗的地方待太久。我可以從『永遠不會有人愛我』，很快變成『怎麼可能，明明就有很多人愛我』。過不到一年，我和現在的先生開始了超棒的關係，我們在全美到處開車，收到很多人的喇叭聲、愛與支持。」

亞麗塔的情況和克莉絲塔截然相反。她是頗有名的婦產科醫師，最近收到去年病人問卷調查的結果，人們對她好評如潮，許多人還提到，她總是認真回答關於懷孕的問題。但也有些人表示，亞麗塔經常拖延問診時間，讓人等得不耐煩，這些評論對她打擊頗大。「我非常難過，」亞麗塔說，「我花這麼多時間照顧每位病人，結果他們卻嫌我不夠好。在閱讀這些回饋之前，我很愛這份工作，看完以後，我對這份工作的熱情被澆熄了。」最近一次的病人問卷調查結果裝在信封裡，就在亞麗塔的辦公桌上躺了兩個月，她一直沒打開。

對克莉絲塔而言，回饋就如耳邊風；對亞麗塔而言，回饋能深深刺入她的靈魂。每個人都有自己的方式消化回饋。

## 腦內線路帶來的自由

克莉絲塔與亞麗塔對回饋的反應差異這麼大，一部分是「線路」——她們內建的神經構造與連結——所造成。腦內線路會影響我們的人格，讓人傾向焦慮或樂觀、內向或外向、敏感或堅強，也會改變正面與負向回饋對我們造成的影響。它同時影響我們在經歷情緒的高點與低谷，以及難過或絕望之後，恢復得有多快。

本章將檢視：人在接受回饋時不同的情緒反應，以及腦內線路在其中扮演的角色。此外，還要檢視這些情緒對想法的影響，以及想法對情緒的影響。當你理解自己的線路與性情，就比較能增強自己的應對與復原能力，去面對負面回饋暴風雨，並在風雨後重新振作起來。

你的人格與自我一部分取決於腦內線路。得知這點之後，你也許會很沮喪，覺得自己又多了一個問題，而且還是看似不可能修復的問題。但是，這也能給你一種自由；一個人的腦內線路就和天生的鬈髮、高顴骨與扁平足一樣，也和腳趾型是希臘腳或羅馬腳一樣，沒什麼好批判的。如果以前就常有人說你「太敏感」或「完全無感」，你可以趁這機會退一步，告訴自己：「嗯，這就是我天生的樣子。我就是這麼出現在世上的。」你的反應並不是缺乏勇氣或過度自憐所致。

當然，這不代表你不必為自己的表現與行為負責，而是一個提供複雜卻又有用的真相：腦內線路很重要。

## 你與回饋的幕後花絮

我們對大腦的理解還不透澈——這裡的「我們」是指全體人類（還有作者對人腦的理解）。神經科學的發現日新月異，相關討論十分熱絡，人們的詮釋也時刻變動。撰寫神經科學相關文章，感覺有點像是從行駛中的列車跳下來，無論你跳躍的時間抓得多準，都很可能會受傷。儘管如此，我們仍認為這十分有用，稍微了解近期的社會科學與神經科學研究之後，我們多少能理解，自己和別人為何會對回饋產生不同的反應。

大腦的一個首要生存功能是趨吉避凶：我們往往會親近帶來快樂的事物，遠離令人痛苦的事物。這裡的「快樂」大致代表健康與安全，「痛苦」則大致代表不健康與危險。

然而，我們的趨避功能太過粗糙，無法俐落應付現代人複雜的職場與愛情。面對長期獲益必經的短期痛苦（例如你一再拖延的運動），大腦會變得一片混亂；反過來說，造成長期痛苦的短期快樂（例如吸毒或外遇），也會引起混亂的趨避信號（例如舊時代的「酒色歌舞」、嬰兒潮世代的「性愛、毒品與搖滾」都會）。這些大腦與生活的不協調，不僅是許多人研究的議題，也是令許多人苦不堪言的問題。

那麼，這和回饋有什麼關係呢？回饋就和性愛、毒品、食物與運動一樣，是令大腦混亂、擾亂趨避系統的事物。現在做快樂的事（想辦法讓負面回饋消失）也許會造成長期損失（被甩、被炒魷魚或停滯不前），而長期健康的選擇（理解並採納實用的回饋），現在也許會讓人感到痛苦。

接受到會改變心情的回饋時，大腦與身體會發生許多我們還不完全了解的變化，在這短短的章節裡，我們也不可能盡述所有的變化。簡而言之，可以用三個關鍵變數來推算你對回饋的「反應」：基線、擺幅，以及持續與復原。

「基線」是指人生發生好事或壞事後，你傾向回歸健康或滿足的預設狀態。「擺幅」是指你在接受回饋時，以基線為中心點的情緒起伏；有些人接受回饋時，反應十分劇烈，擺幅很大，但也有些人即使面對令人不安的消息，也能保持心情平穩。「持續與復原」是指費時長短，也就是你情緒高昂或低落的持續時間；理想情況下，我們會希望正面回饋的鼓舞效果持久一些，而負面情緒趕快過去。

## ◆一、基線：曲線的頭尾

我們高興或難過、滿意或不滿，並不是人生經歷中一個個瞬間決定的，我們不會因為發生一件好事就開心，遭遇一件壞事就傷心。經歷確實會影響我們的心情，不過我們不會隨之搖擺；當下的確會產生情緒，但此外還必須考慮相關背景。

身為人類，我們本就會適應新資訊與種種正面與負面事件，然後回歸各自預設的心理健康狀態。即使經歷高峰與低谷，隨著時間過去，我們還是會像逐漸平衡的水位，被拉回自己的基線——接收壞消息後，我們的情緒會**提升**回基線，接收好消息後，情緒則會**下降**回基線。初戀的飄飄然有一天會淡去，離婚的絕望終有一天會消失。我們能從小孩對待玩具的方式，觀察到這種現象：收到自己朝思暮想的玩具後，他們深信自己將一輩子幸福快樂，而在接下來的幾分鐘，他們確實過得非常快樂，但是，小孩和成人一樣會漸漸適應。

人與人之間的基線差異非常大，這就是為什麼莫瑞叔叔總是怨聲連連，而艾琳阿姨總是開心得有點莫名奇妙。研究者認為，快樂程度是各個人格面向中，最受遺傳影響的面向。根據兩篇研究，人們平均快樂程度的變異，約五〇％影響是來自於基因差異，而不是人生經歷。幾份知名的彩券研究也顯示，中獎者領取獎金一年後，會恢復和獲得意外之財前大致相同的快樂（或不快樂）程度。

在接受回饋這方面，你的基線有什麼重要性呢？

首先，在收到正面回饋的情況下，與自認心理健康狀況較差的人相比，快樂基線較高的人更可能產生正面反應；反過來說，整體滿意程度較低的人，收到負面消息時，也更可能產生激烈的反應。克莉絲塔的基線很高，所以她收到支持婚姻的喇叭聲會心花怒放，批評所造成的情緒反應也不會持續太久；亞麗塔應該是整體基線較低，所以病人給的正面評價較難鼓勵到她，卻比較容易受到批評打擊。

你也許會覺得這對亞麗塔很不公平，她明明最需要正面回饋及其激勵效應，結果卻最不容易得到鼓舞。別擔心，亞麗塔其實能採取一些行動來調高正面回饋的音量，並在接受負面回饋時將衝擊降低。我們別操之過急，先大致了解正面回饋對她效果有限，而負面回饋對她有加成效果就好。

## ◆二、擺幅：情緒高漲或下跌的幅度

無論我們天生的基線是高是低，有些人卻是收到微小的輸入，也會輸出起伏震盪很大的情緒；不過有些人則是情緒變化很小。這些似乎是從我們出生就存在的傾向。有些嬰兒就是比其他寶寶敏感，即使是相對輕微的刺激（稍大一點的噪音、新穎的情境或可怕的圖案），就能引起強烈的生理反彈。

新生兒當然不必接受績效評量，成人也很少收到帶有可怕圖案的回饋；不過心理學家傑羅姆．凱根（Jerome Kagan）所謂的「高反應」嬰兒，長大後也比較可能是高反應成人。嬰兒的高反應可轉譯為成人的大擺幅，我們也能合理假設，這些成人更可能對負面回饋敏感。大腦成像研究顯示，敏感度的差異也可能和解剖學差異有關：與低反應嬰兒性情相似的成人，其左眼窩額葉皮質比高反應組來得厚，至於分類為高反應嬰兒的成人，則是右腹內側前額葉皮質較厚。

無論腦皮質裡發生了什麼事，我們都能在會議室內輕易觀察到擺幅的差異。客戶用同樣的話語批評伊麗莎與傑隆，伊麗莎焦慮得如熱鍋上的螞蟻，傑隆則沒什麼反應，只說：「嗯，看來我們得更努力一點。」由於伊麗莎和傑隆是工作夥伴，兩人天壤之別的反應產生了不少張力：傑隆認為伊麗莎反應太誇張、刻意引人注目；伊麗莎則認為傑隆不願看清問題的深度。現在，他們要針對彼此（不當）處理回饋的方式提出回饋。

## ▲壞事總是勝過好事

不管我們是容易被回饋拖下水還是幾乎全面防水，所有人都因為腦內線路而有個相同的挑戰：壞事總是勝過好事。心理學者強納森．海特（Jonathan Haidt）解釋：「比起對機會與快樂的反應，人對威脅與不快的反應總是較快、較強且較難抑制。」這份觀察幫助我們理解有關回饋的千古之謎：四百句讚美中只藏了一句批評，為何我們偏偏對那句批評耿耿於懷？

我們的腦內線路內建了搜尋威脅的保全團隊，只要偵測到現實或想像的危險，就會立即反應，繞過其他需要思考、行動較遲緩的系統。保全團隊的關鍵成員是杏仁核（amygdala），這個杏仁形狀的小神經叢位於大腦邊緣系統（專責處理情緒的腦區）的中心。海特解釋道：

> 杏仁核和腦幹有直接連結，能啟動戰或逃的反應，若杏仁核找到某種跡象和過去的恐懼相關……會命令身體進入警戒狀態。

……大腦沒有相對應的「反警戒」狀態……危險信號能直達你的緊急呼救按鈕，正面消息卻無法透過同樣迅速的系統傳給身體。在情緒上，壞消息比好消息的聲量大，因此會造成更大的影響。

所以，這就是為什麼妳婆婆上次來家裡過節時，拐彎抹角說了句評語，導致妳至今仍耿耿於懷。因為她無意間啟動了妳的警戒系統。這系統早在一億年前就演化出來，用以偵測毒蛇、劍齒虎與其他危險生物。而到今天即使婆婆早就回自己家，妳的情緒腦仍隨時準備好應對她的攻擊。

## ◆三、持續與復原：情緒擺盪維持多久？

情緒擺幅可能大也可能小，但還有最後一個變數得要考慮：持續時間長短，也就是需要多久時間才能回到基線。面對令人難受的批評，你能迅速振作起來嗎？還是接下來數週、數月都鬱鬱寡歡？收到好消息之後，你的好心情會持續多久？收到顧客誇獎服務專業的感謝信時，會不會整天都心情愉快？還是只持續到點開下一封信？研究者理查．戴維森（Richard Davidson）發現，每個人維持正面情緒的時間，或是產生負面情緒之後的恢復時間，差異高達三〇〇〇%。

神奇的是，負面回饋與正面回饋是由不同的腦區處理——從目前的研究看來，兩者甚至是由不同的**腦半球**來處理，而不同腦半球的工作成效也不同。這其實是個十分複雜的主題，但學者在此領域的研究，也得出了一些淺顯易懂的結論。

### ▲從負面情緒中復原：你是右撇子還是左撇子？

我們當然該有處理危急情況的警戒系統，但日常生活太多事件會誤觸警報，所以也必須有關閉這系統的機制。

杏仁核是警戒系統中的關鍵角色，但絕非孤獨一匹狼。額葉皮質是系統主導者，負責結合情緒反應與實際回饋內容，可以控制或強化杏仁核引發的情緒起伏。

前額葉皮質就位於額頭裡，是進行高階思考、判斷與制定決策的管理中樞，和腦中其他區塊一樣分為左右兩邊。當你體驗恐懼、焦慮與噁心等負面感受時，右側會有較明顯的反應；當你產生笑意、希望與愛意等正面感受時，左側會比較活躍。研究者將這種說法稱為「效價假說」（valence hypothesis），他們認為大腦右側較活躍的「皮質右撇子」通常會比較憂鬱與焦慮，而「皮質左撇子」通常會開心一些。（我們不該把目前的科學研究成果說得太死，畢竟這種情緒的「位置」理論也有爭議。）

在功能性磁振造影等儀器的幫助下，神經科學家能夠看見大腦對不同刺激的反應，並漸漸了解負面情緒過後的恢復過程。出人意料的是，負責這一塊的似乎是左側大腦——**正面**的那一塊。杏仁核煽動恐懼與焦慮的火苗時，大腦左側的活動會令人靜下心來。左側的活躍程度，和人們從低落情緒中恢復的速度有關。

復原快的人不僅大腦左側較活躍，左側前額葉皮質與杏仁核之間的連結（連接不同腦區的「白質」路徑）也較多。如此一來，正面訊息有更多送往杏仁核的途徑。腦中有許多連結的人，就像是有一條傳送安慰訊息的高速公路，而情緒平復速度較慢的人，也許腦中只有鄉間小徑可走。

結論是：大腦線路與結構較偏向右側的皮質右撇子，在接受負面回饋後，恢復速度比皮質左撇子來得慢。無論回饋本身多微不足道（你忘了倒垃圾……）或多鄭重嚴肅（……所以我要跟你分手），皮質右撇子的恢復速度就是比較慢。

假如在亞麗塔讀病人批評她不守時的回饋時，以功能性磁振造影觀察其大腦活動，可能會看見杏仁核與右前額葉皮質活躍起來，「危險！」杏仁核高呼。「大難臨頭啊！」右前額葉皮質附和道。相較之下，亞麗塔較正面的左前額葉皮質沒那麼活躍。「冷靜點，妳看，不是有很多病人感謝妳花時間照顧他們嗎？」左側如此說，可惜聲音太微弱，被災厄與危險的叫喊聲掩蓋了。

亞麗塔可能是皮質右撇子。相較於不那麼敏感的同事，她的生理反應更劇烈，也更焦慮、更憂鬱。對她來說，要找到希望或幽默感比較困難（這多半由左側掌管），而且也較難冷靜下來。

在相同情況下，若用功能性磁振造影觀察克莉絲塔的大腦，我們可能會看見不同的現象。她一開始也許會感到焦慮、憤怒或受傷（杏仁核也會活躍起來），不過強大的左前額葉皮質會迅速啟動，平息最初的情緒反應：「放輕鬆，別反應過度。大部分的病人都**很愛**妳啊，更何況為人父母就是得有耐性，妳這是在幫他們預習。走吧！我們去吃墨西哥料理。」

恢復期短有不少好處。這些堅強的人身處逆境比較不會憂鬱，更可能開朗且堅定地處理問題。但如果太過極端，在接受回饋時也有一些壞處，好比：負面回饋對克莉絲塔造成的情緒反應較弱，可能會引不起她的注意，甚至很容易就忘了。如此，她也許會否定別人的意見，或是缺乏改進的動力，而身邊的人也許會認為，她是個不聽他人意見的人。這不是因為不在乎，而是因為她不一定意識到別人有多嚴肅，反正那些回饋聽聽就好，她的腦子已經開始想下一件事了。

### ▲維持正面情緒

前面介紹的「恢復期」，是指在收到令人難受的回饋後，你從情緒低谷爬出來所需的時間。接下來談的「持續期」，則是指正面回饋令你飄飄然的時效。

哪些大腦功能讓我們維持正面情緒呢？我們必須仔細檢視紋狀體腹側中名為「依核」的神經叢。依核位於太陽穴旁，是中腦邊緣系統路徑（又稱獎勵迴路或快樂中樞）的一部分，負責釋放多巴胺，讓你產生愉悅、欲望與動力。依核與令人情緒激昂的左前額葉皮質相連，形成迴圈：正面經歷會刺激多巴胺反應，讓你產生更多正面情緒，並且分泌更多的多巴胺。

聽到支持婚姻的喇叭聲、新生兒哭聲這類正面回饋，克莉絲塔與亞麗塔都會感到快樂一些，不過克莉絲塔的依核會**保持活躍**，即使喇叭聲早已消失，依核仍會持續釋放多巴胺，讓她維持愉快的心情。至於亞麗塔，收到正面回饋後沒幾分鐘，正面情緒就煙消雲散了。

我們可以透過回想負面回饋，再次刺激自己產生負面情緒，同理，我們也能回想正面回饋，讓正面情緒更持久。我們可以腦內重播客人感激的評論；我們可以提醒自己，無論在職場遇到什麼難關，家裡仍有九個深愛我們的孩子；或者，我們可以提醒自己，無論家中發生什麼問題，孩子都不可能跟著我們去上班。

每個人持續與復原的傾向，都可能產生良性與惡性循環。假如你覺得維持正面情緒比較容易，就能善用大事（**招到新客戶了！**）與小事（**這杯咖啡真好喝！**）帶來的愉悅感。需要提醒自己「做得好」時，你也許會不斷重讀孩子學校老師的正面回饋，或是委託人心懷感激的評論。正面回饋可以黏在你腦中，幫助你度過難關、恢復平衡。一旦你覺得能控制自己的情緒，就會更有自信能面對人生中的任何難題。你會變得更樂觀，相信未來會明亮、美好，也相信自己無論如何都會把事情處理得很好。這可說是內心祥和的境界。

然而，要是正面情緒維持不久，就很難記得自己哪些地方做得好，並覺得悲觀看世界比較實際。如果你曾經歷情緒低谷，並難以順利復原，很可能就會懷疑起自己重新振作的能力，自認要是再次碰到難關就會一蹶不振。這樣的組合會製造出很不容易跨越的悲觀與自我懷疑的泥淖。而基線、擺幅及持續時間會形成完整的迴圈，組成我們所謂的「性格」。

### ▲四種「持續／復原」的組合

克莉絲塔的恢復期短、持續期長，天生就能迅速走出情緒低谷，享受生活中的快樂。亞麗塔則相反，她必須花更多時間走出負面情緒，也比較無法維持好心情。

不過，持續與復原的組合並不只有這兩種，因為「負面情緒的持續期」和「正面情緒的持續期」，其實是個別獨立的變數。從最純粹的生理學角度來看，持續與復原傾向共有四種組合。下表是從不考慮給予者的說話技巧，也不考慮回饋是否有幫助或有助於學習，單純從大腦迴路的角度，討論人接受回饋的各種反應。表格雖然簡略，但對各類型的描述仍有助於理解回饋的影響。

## 腦內線路不過是故事的一部分

在討論大腦線路與性格時要小心，別擅自認定線路不可變、一切都是命。實際情況並非如此。

人的性格有部分取決於遺傳，理解了這點，我們也比較能夠了解自己，並明白其他人和我們不同的原因。雖然性格有部分來自遺傳，但也有不少證據顯示：它並非固定不變。我們能透過冥想、服務他人與運動等方法，漸漸提升自己的基線；而創傷或憂鬱的人生事件，也可能對性格造成重大衝擊。隨著神經可塑性的研究一步步推進，我們逐漸明白，面對不同的環境與經歷，就連腦內線路也會隨時間改變。

### 神奇四〇%

或許比神經可塑性更重要的是，我們的腦內線路無論是否固定，都不過是故事的一部分。研究顯示，快樂的組成比例是五〇：四〇：一〇，五〇%是內建的快樂，四〇%是我們對自己遭遇的詮釋與回應，剩下一〇%則是受情勢影響——我們的住處與同居者、工作場所與同事、健康狀態等因素，都算是情勢的一部分。這比例是否準確當

| | 正面情緒持久 | 正面情緒不持久 |
|---|---|---|
| 負面情緒不持久 | 低風險，高報酬<br>「我喜歡收到回饋。」 | 低風險，低報酬<br>「不管怎樣都沒差。」 |
| 負面情緒持久 | 高風險，高報酬<br>「我心懷希望，但也惴惴不安。」 | 高風險，低報酬<br>「我討厭收到回饋。」 |

然還有爭議，但可以確信中間那神奇的四〇%，有不少我們能控制的彈性空間：好比，我們可以決定要如何詮釋事件、如何找尋意義，以及該對自己說什麼故事。

賓州大學的研究者馬汀．賽利格曼（Marty Seligman）也表示，某些人對事件的詮釋與反應，能將創傷後壓力轉變為創傷後成長。我們對事件（與回饋）的詮釋及反應，能幫助我們將令人難過的回饋——甚至是失敗，轉變成學習機會。

但事情沒那麼簡單。

情緒對我們詮釋事件與說故事的方式影響深遠，因此在收到令人難過的回饋後，負面情緒會扭曲我們對回饋的詮釋。上司給我們的一些小建議，明明和小貓咪一樣人畜無害，但在焦慮之下，我們會認為那些建議和吃人老虎一樣危險。

## 情緒會扭曲我們對回饋本身的看法

若想加強處理負面回饋的能力，就必須理解情緒是如何影響並扭曲我們對回饋的詮釋。它真的是小貓咪嗎？會不會其實是老虎？或者根本是別種東西？

### 我們的故事，會自帶情緒配樂

就如第三章提過的，我們並非生活在數據資料中，而是活在形形色色的故事中——大故事包含我們是誰、關心什麼、為何在此，小故事則是像「上週末參加員工聚會，我們是不是表現得很丟臉」。

這些故事的組成不僅有想法，也包含感受，我們不會把想法與感受分開，不會區分：**這是想法**、**這是感受**。無論何時，我們對自己生活的意識都是連續的，像是電影中的背景音樂。當我們專心看一部好電影時，通常不會注意到音樂的音量起伏；音樂會為劇情增添懸疑、刺激與酸楚，但我們對音樂的注意卻不如畫面。

大部分時候這是好事。我們能沉浸在電影裡，才可以享受它，人生也是一樣。我們最投入、最有創意、最有精力之時，能達到名為「心流」的自然狀態。但是，當事情出了差錯，你還是可以放慢步調，觀察情緒對個人故事的影響。

## 想法＋感受＝故事

紅燈變綠燈，後面的車按了聲喇叭。這時你心裡想的不是：「**後面那個人按喇叭。**」而是會立刻將想法潤色成故事：「**喂！就是有你這種討人厭的傢伙，這座城市現在才這麼糟糕。**」

你當下的**感受**，對你敘述的故事有很大的影響。如果你原本心情很差，說的故事就會比較黑暗；如果你心情煩躁，說出來的故事也比較煩躁。假如你自認是人生輸家，正難過地坐在車上等紅燈，後面的傢伙按喇叭，就印證了你是輸家這件事：「連開車都不會，太悲慘了。」後面那傢伙似乎能看穿你悽慘、沒用的靈魂。「**謝啦，朋友，不用你講我也知道**。」假如你剛墜入愛河，也許會比較寬容、有耐心：「**唉呀，真抱歉，我剛才邊等紅燈邊作白日夢。但你不覺得人生很棒嗎？**」

在上述例子裡，你先有情緒才去為故事著色，並影響自己對故事中各人物的看法。不過，想法與心情之間還有第二種模式，和第一種模式截然相反：有時我們先產生想法，再產生情緒。

舉例來說，我剛上路時也許心情不錯，但看了看時鐘，突然發現可能會趕不上班機。腦袋便開始編故事，描述當天接下來的慘劇：我會錯過預定的班機，以致無法出席下午的會議；客戶會感到不爽，上司會大發雷霆。**因為**這種種想法，我內心開始忐忑不安。在這個例子中，就是先有想法才有情緒。

強納森．海特能帶我們一窺思想與情緒糾纏的生物原理：

〔杏仁核〕不僅會向下聯繫腦幹，引發對危險的反應，還會向上聯繫額葉皮質，改變你的思想。它會讓整個大腦轉變至退縮導向。情緒與有意識的思想之間，是一條雙向道：思想能造就情緒（像是回想自己說過的蠢話時），而情緒也能造就思想……

從這份觀察，我們能得到和回饋相關的結論是：既然我們的故事是由情緒和思想拼湊而成，那我們只要改變情緒**或**想法，就能改變自己的故事了。所以，我們就有了兩條路可選。

## 情緒誇大了回饋

我們先來看看情緒是以哪些可預測的方式來扭曲故事的。而一旦我們了解這些模式，就有辦法敘說較不扭曲的故事了。

處理回饋時，強烈的情緒會驅使我們以極端的方式詮釋回饋，一**件**事變成**所有**事、**現在**變成**總是**、**部分**變成**全部**、**有點**變成**非常**。情緒會歪斜我們對過去、現在與未來的感覺，把我們關於自我、他人眼中的自我，以及回饋導致怎樣後果的故事進行扭曲。以下是三種常見的扭曲模式。

### 我們的過去：Google 偏差

今天收到令人難過的回饋，會影響到我們腦中過去的故事。我們可能會突然想起過去一次次失敗、先前一次次糟糕的決策，以及早已成為過往的不良行為。

這就和我們用 Google 搜尋一樣。如果搜尋「獨裁者」，你會找到八百四十萬個和獨裁者相關的網頁，乍看下全世界滿滿的獨裁者，在路上隨便丟顆石頭都會砸中他們。但這並不代表大多數人是獨裁者，也不代表大多數國家都是獨裁國家。你讀一堆獨裁故事，並不會讓世上的獨裁者變多；你忽視這些故事，也不會讓世界上的獨裁者變少。

當你對自己感覺很差時，就好像用 Google 搜尋「我的毛病和缺點」，搜出來的八百四十萬個案例，突然讓你覺得自己一無是處。你會看見前任情人、父親與上司的「贊助廣告」，然後完全想不到自己曾經做對什麼事。

每個人都以自己的方式經歷這些扭曲。馬克如此描述自己經歷的「Google 偏差」：

批評指教也不用多強烈，只要當下我很脆弱，就會有種自己撞穿地板、摔進地下室的感覺，那裡堆滿了我所有的後悔懊惱。這時，我會感覺這些壞事像是同時發生，我為傷害人而愧疚、為自己做的事而羞恥。不在地下室的時候，我真的完全不會去想那些事，但只要到了那裡，那些就是我唯一的現實，我被自己過去的失敗重重包圍，不敢相信自己有過快樂的時刻。

當然，在你心情好的時候，Google 偏差又會朝反方向傾斜，搜出你過去所有的輝煌成就，你明智又慷慨、導向豐富人生的種種選擇。你超棒，而且一直都很棒。無論如何，當你述說自己的故事時，搜尋什麼關鍵字，你就會得到什麼樣的結果。

## 我們的現在：不是一，而是「全部」

當我們愉快又健康時，能夠將負面回饋局限在當下討論的那個單一主題或特質，以及那個仔細檢視問題的人，會聽清楚那個回饋表達的意思。例如，別人說你唱歌走音，你心想：**好吧，這人是說我唱這首歌會走音**。回饋只來自於那個人，也僅限於那首歌。

然而，在強烈的情緒影響之下，負面回饋會衝破界線、闖入其他領域，打擊你的自我形象：**我唱歌走音？對，我就是什麼都做不好**。我們會自動把「我無法經營某些特定種類的生意」變成「我不擅長這份工作」；把「我同事有點擔心」變成「團隊所有人都恨我入骨」。

負面回饋潰堤時，會淹沒所有能使故事恢復平衡的正面特質。你唱歌的音準如何，並不影響你在社區服務的長久付出，不影響你對女兒的愛與教誨，也不影響你烤小肋排的高明技術。然而，在排山倒海的負面情緒沖刷下，這一切都被摧毀殆盡。

## 我們的未來：「永遠」偏差與滾雪球

情緒不僅會影響我們回憶過去的方式，更會影響我們對未來的想像。心情低落時，我們會認定自己心情將「永遠」低落下去，好比你在聯合創業發表會上的演說不盡理想，心裡羞愧難當，便認定自己一輩子都會如此羞愧。

更糟的或許是，我們會進入災難性思考模式，自我故事像雪球一樣愈滾愈失控。一句明確、含義有限的回饋，會穩定膨脹成恐怖的災難，在未來等著我們，例如「我約會時臉上沾了美乃滋」，會膨脹成「這下我得孤獨終老了」。

這裡頭的驚人之處在於，對當下的我們來說，那些扭曲的故事是如此真實。常識告訴我們，想法與現實間差距愈大，愈有可能注意到兩者的不協調。但除非很有意識地去注意，否則我們是看不見當中差距，而差距大小也就無關宏旨了。

回饋激起的強烈情緒，會扭曲我們對過去、現在與未來的想法。想學會如何恢復平衡以便能正確理解回饋，第一要務就是讓自己的思想倒帶，將想法重頭梳理一遍。用符合現實的眼光看待回饋，我們就有機會從中學習。

第八章〈拆解扭曲之物〉要探索的是，梳理扭曲思想的種種策略，以便我們能夠更精確地評估回饋。

## 重點整理——

**腦內線路很重要。**

- 人與人之間，基線、擺幅、持續與復原的差異高達三〇〇〇%。
- 如果基線較低，正面情緒的聲量會較低，負面情緒聲量會較高。

**情緒會扭曲我們對於回饋本身的看法。**

- Google 偏差會放大負面回饋，讓過去與現在崩解。
- 「一件事」與「一個人」，會變成「每件事」與「所有人」。
- 永遠偏差會讓我們覺得未來一片黑暗。

# Chapter 8
# 拆解扭曲之物——看見回饋的「實際大小」

成功接受回饋的一大阻礙，在於我們對它的誇大。在情緒渲染下，與回饋相關的故事會愈長愈大、愈變愈嚴重，最後令我們暈頭轉向、喘不過氣。這時候光是存活就有問題了，誰還管什麼學習？

為了理解與評估回饋，我們必須先拆解扭曲之物。這不是叫你把負面回饋當成正面回饋，或是產生莫名其妙的樂觀態度，而是要你想辦法將腦中不祥的背景音樂調小聲，這樣才能清楚聽見對白。

## 一個假期引發的腦內風暴

賽斯是輔導老師，負責幫助遭遇創傷與喪親的孩子。他必須和下屬討論一些工作成效問題，於是請上司旁聽他們的對話。會議期間，賽斯一直在注意時間，因為他今晚要搭飛機去亞特蘭大，明天要幫剛喪偶的父親慶生。賽斯已花了好幾個小時籌備派對，父子倆從月初就很期待這週末的慶生會。

會議快結束時，賽斯的上司突然跳出來發言，笑著安慰他的下屬說：「我們**每個人**都會遇到整理和規畫的問題啊，你看看**賽斯**就知道了！」

賽斯聽了大受打擊。他一直以來無法將事情安排得井井有條，但沒想到上司會大聲直接說出這件事，而且還是在他下屬面前。他立刻感到噁心、無法思考，只能面紅耳赤地默默盯著下屬。賽斯不記得會議是怎麼結束的，他腦中充滿羞慚與絕望的想法：**我這人根本亂七八糟，再怎麼努力工作也不可能成功。唉，難怪我的私生活也一團亂**。

由於迫切想彌補問題，賽斯想要取消這次的週末度假，留下來打理自己的人生。他當初怎麼會安排這旅行呢？他腦子到底出了什麼問題，怎麼會想千里迢迢去亞特蘭大參加一場派對？但賽斯最後還是去了。為什麼？因為機票不能退（這又證明了他的愚蠢），浪費錢感覺比浪費時間還糟糕。於是他搭飛機前往，但一路上焦慮不安。

當晚賽斯疲憊不堪，卻是一夜好眠。隔天他忙著準備派對，無暇思索別的事情。結果，賽斯玩得很開心。他和父親一同緬懷去世不久的母親，兩人聊到深夜，這段時間父子精心時刻成了賽斯最珍貴的回憶之一——用再多錢都買不到。

事後回想，賽斯無法理解自己聽見上司評論當下的反應。上司顯然是想用開玩笑或善意揶揄的方式，和賽斯的下屬建立連結。賽斯不懂，上司的評論怎麼會在自己腦內引發情緒爆炸？

但我們明白事情背後的原因。賽斯和亞麗塔一樣，因腦內線路的關係，天生比較敏感、容易受刺激，而且受到刺激後的強烈情緒，會扭曲他心中關於回饋的故事，擅自為回饋的詮釋塑形，以致失去平衡。等到終於恢復平衡後，賽斯不曉得自己從這次事件學到什麼，甚至不知道自己是否有學習或成長。他不敢回去和上司討論此事，因為害怕再次受刺激。

## 拆解扭曲之物的五種方法

為了從令人難受的批評指教中有所學習，我們必須用一些策略，反制自身對回饋施加的扭曲力量，拆解對話期間、對話前（準備時）或對話後（回顧時）的扭曲。以下是五種幫助我們拆解扭曲思想的策略。

### 一、做好準備，小心注意

就像賽斯的故事那樣，批評指教出現時，我們不見得能有所準備。有時你會事先得到通知，也有些時候回饋是直接上門——回饋只遵守它自己的規矩。

不過若有機會，我們可以事先想像會有怎樣一番對話。想想看，如果聽到自己不同意或令人難過的回饋，我們會產生什麼感受？會如何回應？這能幫助我們預想自己的反應，在心理平衡的狀態下，思索自我與心理健康的議題。

## ◆認識自己的回饋足跡

每個人面對批評時，都有自己的一套回應行為，也就是所謂的「回饋足跡」。布萊恩習慣怪罪他人；克萊兒習慣切換對話軌道；安努習慣哭泣；阿飛習慣道歉；米克習慣閒聊；海絲特習慣沉默不語；費基習慣表面同意，卻暗自決定永不改變；雷諾茲習慣像律師一樣爭辯；茱蒂習慣擺出友善卻尷尬的態度。至於賽斯，有時會陷入驚慌。

我們都有個人的接受與否定階段，有些人當下會奮力掙扎，隨著時間過去，就漸漸接受改變的可能性；有些人則相反，剛開始會認為自己聽見的回饋都屬實，事後愈想愈不對勁，進而否定對方大部分的話；有些人當下不會提出接受或反對的意見，決定晚點再把事情想清楚——然後，他們卻努力讓自己再也不去想這件事；還有些人對回饋耿耿於懷，只有新回饋進駐他們腦中後，才不再為先前的事情煩惱。

無論你的反應是有建設性或意志消沉，若能意識到自己的反應模式，對你會很有幫助。找出自己對回饋的初步反應（逃跑、戰鬥、否定、誇大）尤其重要，如此一來，你才能在當下辨識並指認自己習慣的反應模式。一旦認出自己的反應並為之命名，你多少就能控制那些反應了。

要找出自己的反應模式很簡單，只要問自己：「我平時都是怎麼反應的？」大部分的人都能想到一些例子，卻會否定它們，認為那些不過是例外，不能代表**真正**的你。但那些「例外」

並不是例外，真正的你**就是**那個樣子。如果你沒辦法看出自己的回饋足跡，可以問問身邊的人。當你聽他們描述你大力反駁回饋的行為，你也許會發現自己有反駁的衝動……這時，你就知道自己的回饋足跡是什麼模樣了。

### ◆打預防針，準備接受最壞的消息

面對最難接受的回饋，你的回饋足跡最為鮮明。如果在等待什麼消息——無論是大學錄取通知、投資贊助者的回覆或諾貝爾委員會的訊息，你可以先想像最壞的結果，以此控制自己的情緒。事先考慮最糟糕的狀況，測試自己的情緒反應，然後將可能的後果想清楚。你也許會覺得這是在建議你採取悲觀態度，實則不然，這樣做是在提醒你，無論結果如何，你都有辦法面對現實。

這種練習有不少好處。首先，它像一劑預防針。接種疫苗時，讓一點點去活化的病毒進入你的身體，使免疫系統能輕鬆擊敗它，之後若是接觸到真正的病毒，身體就能辨識出威脅，駕輕就熟地解決問題。同理，真正的壞消息傳來時，你會心想：**沒錯，我就是擔心會發生這種事。這是我預想的結果，我不會有事的**。如此一來，你產生的情緒和腦中形成的畫面比較熟悉，也不會太過震驚。

第二，你可以在時間充裕、心情平衡的情況下，考慮這消息對你的意義，以及你實際收到消息後能採取什麼行動。假如你的新創公司找不到投資者，你可以重整並從頭來過，也可以縮減規模，採取B計畫。你可以找有過類似困境的人，聊聊他們的經驗；可能有個人花了好幾年築夢，結果提案卻被一個個潛在投資者拒絕，你可以聯絡那人並向他請教：你是怎麼熬過來的？有沒有找到較有幫助的方法？你從那次經驗學到了什麼？被人拒絕有沒有出乎意料的好處？你現在怎麼看待那件事？

### ◆注意自己的狀態

進行回饋對話時，要時不時檢視自己的狀態、放慢步調。自我觀察能喚醒你的左前額葉皮質，這是處理學習之樂的腦區。

賽斯想改進自己對當下狀態的觀察力，「我現在會盡快在心中告訴自己：『好，這是我常做的事，每次被刺激就會進入這種思考模式，產生噁心的感覺。』光是想到這件事，就對我很有幫助。我不是要抗拒或否定自己的想法和反應，只是注意到它們而已。一旦想到：『嗯，我通常會在這時候反應過度。』反而能讓我平靜下來。」

## 二、拆解繩索：情緒／故事／回饋

隨著放慢步調、注意自己身心狀態與能力的長進，你可以開始整理自己的反應。漸漸區分出情緒與關於回饋的故事，並且從給予者實際說出的話語中區分它們。

無論你是在對話過程中或是在事後回想時進行梳理，「拆解繩索」都是拆解扭曲詮釋的關鍵步驟。這就像是將電影的音樂與畫面分開來，你把繩索的各股分開來檢視，不但能清晰看見其中的元素，還能觀察對彼此產生什麼影響。

那麼，具體該怎麼做呢？可以先問自己三個問題：

- 我有什麼感受？
- 我述說的是什麼故事？（故事中，威脅到我的是什麼？）
- 對方實際給了我什麼回饋？

**我有什麼感受？**觀察自己的感受（或回憶當時的心情）時，試著為那種感覺**命名**：是焦慮、羞愧、憤怒、哀傷，或是驚訝。努力注意這種情緒在**生理上**的感覺，就像描述食物中毒或流感的症狀那樣。前述例子的賽斯就詳細解釋：「我會感覺到腎上腺素的作用，那感覺現在已經很熟悉，在我想像中，是有點像觸電的感覺。然後我常會覺得有點頭暈噁心，很不舒服。」

**我敘說的是什麼故事？（故事中，威脅到我的是什麼？）**注意你腦中關於回饋意義的故事，現在先別管故事是真是假、是對是錯、是合理是癲狂，總之先傾聽自己的心聲。這時請特別注意故事裡的危險事物，也許是回饋可能帶來的可怕後果，或是別人對你的看法、你對自己的看法。賽斯仔細檢視自己對上司那句話的反應，「我一直擔心上司對我有某種意見，所以一聽到他說我沒有條理，心裡就想：『我就知道！』然後想法開始滾雪球：『我這輩子不可能找到比這更好的工作機會，結果一切就這麼被我搞砸了！我總是把事情搞砸，我都快受不了自己了。』其中還帶有幾種威脅：上司對我不滿意、我會失業、我無法接受自己。總之，我怕自己會一輩子不快樂。」

對方實際給了我什麼回饋？大腦接收到對方的話語時，會立刻將它變成故事，所以我們必須層層剝開故事，問自己：對方的實際回饋究竟是**什麼**？他們說了什麼？在賽斯的案例中，實際回饋是上司那一句話——「每個人」都會遇到整理與規畫的問題，賽斯也不例外。除了這句話之外，賽斯腦中所有的想法，都是自己編出來的故事——對上司**言下之意**的揣測、對失業的恐懼，以及對自己的擔憂。

我們加到故事裡的種種臆測不一定有誤，但重點是必須清楚分出自己添加的部分，注意習慣自行添加哪些類型的故事情節。一旦清楚看見繩索各股，就能開始評估自己的故事與原始回饋是否同步，看它是否扭曲、如何扭曲。

## ◆我們的故事會和過去搏鬥

有時故事中的威脅顯而易見，有時則難以辨識。也許某些批評指教看來微不足道，或者當中根本不存在威脅。但在收到回饋時，我們還是會憤怒或絕望。

之所以會發生這種事，是因為今天的小故事和過去的大故事勾連起來。

這現象經常和「最後一根稻草」的感覺有關。多年來，你收到不少回饋，每份都像是不痛不癢的評論，你每次也都冷靜接受——然而，那些乍看下微小的回饋逐漸積累，終於來到了臨界點。最新的回饋突然將你壓垮，連你自己也搞不清楚狀況。

鄰居向你抱怨，嫌你沒認真整理草坪。你不耐煩地說：「不喜歡就不要看啊！」你氣呼呼地大步離開，一整天都怒火中燒。

鄰居的回饋怎會突然讓你發火？這是因為一直以來都有人提出回饋，說你有時不遵守社會常規——也許是沒禮貌、沒紮好衣服、沒包裝禮物。收到這種評論，你通常聳聳肩、不以為意，你心裡很清楚人生各種事的輕重緩急。然而，鄰居的評論成了壓垮駱駝的最後一根稻草。

會有這種現象，通常是因為我們傷口還未癒合。同事建議你開會時用更有自信、更權威的語氣發言，你聽了火冒三丈；你小時候被人欺負；你在足球場上表現不夠強勢，只能一直坐板凳；之前的伴侶嫌你沒主見，和你分手了……這些都是人生道路上互不相關的事件，卻刺激了同一處沒有完全癒合的傷口。表面上，同事的回饋沒什麼大不了，也僅限於眼前的主題，並且是以尊重、關懷的方式向你提出建言，但溫和的回饋碰到很深的傷口，仍引發了劇烈反應。所以，你對目前這個回饋的反應會太過激烈嗎？會，但也不會。你的情緒反應確實有些誇張，等冷靜下來你就會明白。不過，對於大腦所辨識出的模式，你的情緒反應相當合理，畢竟這是漫長故事的最後一章。你現在和同事發生爭執，其實是找錯了對象——你真正不爽的，是過去欺負你的同學、足球教練或前任伴侶，不過在你腦中，這全是同一樁令人心煩的事件。

區分繩索裡的情緒、故事與回饋，目的在於看你是否編了不該編的東西進去。你愈能看清楚這一切，就愈能不誇大地檢視回饋。

## 三、控制故事

在我們試圖理解世界時，通常會（無意識地）遵守一些常規，它們就像故事中的物理法則。舉例來說，我們都知道：

- **時間**：現在不能改變過去；現在能影響（但不能決定）未來。
- **具體性**：我們不擅長一件事，不代表我們在不相關的其他方面也做得很差。現在不擅長的事，不代表永遠都會不擅長。
- **人物**：一個人不喜歡我們，不代表所有人都不喜歡我們，即使是不喜歡我們的人，通常也會喜歡我們的某些特質。此外，人們對我們的看法有可能隨時改變。

在強烈的情緒襲擊下，我們會忘記這些規則，回饋也會朝各面向擴展。就如第七章所述，一件事會變成每件事，回饋會失控，我們也失去了平衡。

但我們能重新區分不同元素，強化它們之間的對比。注意一下，你的故事是否違反上述哪一條常規？然後修改你的故事，讓它符合規則。對方給的是「現在」的回饋嗎？我是不是把它誇大成「永遠」，變成過去與未來會一直如此？對方的回饋是不是只和特定的技能或行為有關？我是不是將範圍放大，想成我所有的技能或行為？對我提出回饋的是不是只有一個人？還是我把它想成是所有人對我的意見了？

發現回饋衝破界線時，你必須將回饋趕回它所屬的位置。接下來我們會提出三種實用工具：「回饋控制表」「平衡圖」與「將後果調整至實際大小」。它們能幫助你將回饋趕回原本的區域。

### ◆使用回饋控制表釐清內容

填寫回饋控制表，讓你可以看見對方給的回饋（這樣就無法否認了），同時多少能控制住它（不會讓它無限放大）。並問問自己：**這份回饋的主題「不是」什麼**？藉由這個問題提搭建讓你保持平衡的架構。

舉例來說，你應徵理想的工作卻沒被錄用，第一個念頭是：**我永遠得不到自己喜歡的工作**。現在把事件拆成兩部分，填入表格。這份回饋的主題**不是**什麼？它不能預測你的未來，你無法從這次事件，看出下一次能否找到工作。一次應徵失敗，不代表你永遠無法在喜歡的領域工作。

當你區分出與回饋無關的元素後，就能較輕鬆地看清楚回饋**真正**的主軸，並且從中學習。也許這位雇主對員工有些特定要求，而你還不符合；或者你已經有這些特質，卻沒能好好展現出來。釐清回饋真正的意義並採取行動，這需要費點心力，不過當你發現並非全盤出錯，只是有一、兩處個別的部分需要改進，事情就會變得輕鬆許多。

**回饋控制表**

| 回饋的主題是什麼？ | 回饋的主題「不是」什麼？ |
| --- | --- |
| 「這個人」是不是還愛我。 | 我是否值得被愛、我是否能找到愛。 |
| 我在發表文章方面，產量是否夠高。 | 我是不是好醫師、聰明的同事、受重視的團隊成員。 |
| 我的第一部 YouTube 影片，品質是否符合我的預期。 | 我未來能不能拍出大受好評的影片。 |
| 我晚上在家，對小孩是否有耐心。 | 孩子知不知道我愛他們、我大部分時間是否有耐心。 |

### ◆畫平衡圖整理回饋

在一批都給予高分的評鑑中，某個學生留下了負評，理性上你知道自己對此反應過度，但情緒上卻很難以平常心看待那則負評。這時用圖畫或圖表呈現回饋，對你會很有幫助：可以用圖表、圓餅圖來呈現平衡圖，可以用便利貼在浴室鏡子上貼成拼貼畫，或是用通心麵雕塑展現回饋。

以下是亞麗塔與克莉絲塔呈現的平衡圖。亞麗塔畫出病人的回饋時相當震驚，她發現用畫畫呈現的正面與負面回饋平衡圖，讓她產生很不一樣的感受。克莉絲塔的情況則相反，她的任務是提醒自己確實

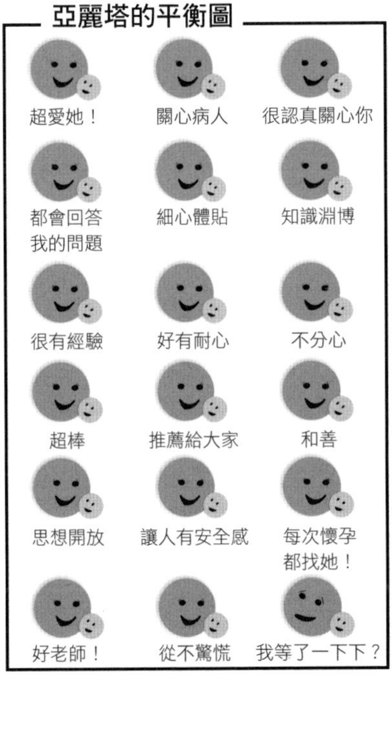
亞麗塔的平衡圖
超愛她！
關心病人
很認真關心你
都會回答我的問題
細心體貼
知識淵博
很有經驗
好有耐心
不分心
超棒
推薦給大家
和善
思想開放
讓人有安全感
每次懷孕都找她！
好老師！
從不驚慌
我等了一下下？

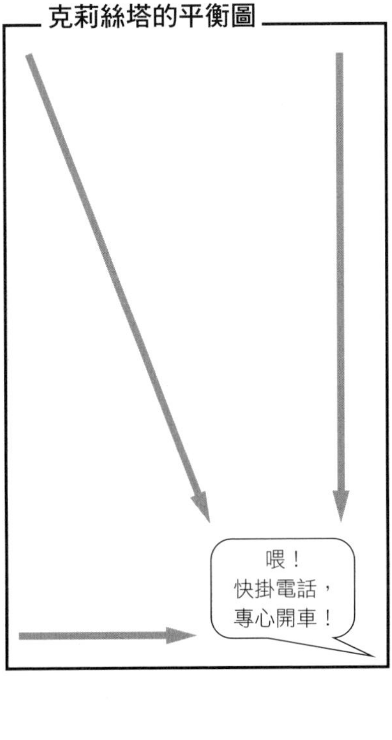
克莉絲塔的平衡圖
喂！
快掛電話，
專心開車！

收到了回饋。

當你用視覺化的方式來整理收到的回饋，就能用眼睛**看見**正面與負面回饋的比例，而不是單憑感覺來判斷。你的圖畫並非回饋的終極「現實」，但能拿到眼前來，看看這其中和你所感覺到的是如此不同，多少能撼動你腦內的故事，捨棄誇張的結論或毫無根據的恐懼。

## ◆將未來後果的嚴重度調整為實際大小

回饋不只關係到你對自己的看法，往往還牽扯現實世界的種種後果。如果你的機師證照考試沒過關，不僅是信心大受打擊，還沒辦法駕駛飛機。你喜歡的人帶著新伴侶參加派對，當然不只是內心受創，還包括短期內你也別想和那個人接吻了。此外，工作評量結果不佳，不但表示你績效差，還直接影響薪資報酬。沒加薪並不是你想法上的「扭曲」，而是白紙黑字的事實。在回饋後果方面，我們似乎沒太多彈性空間去詮釋。

但事實不然。後果雖然「客觀」，我們仍會以自己的故事去**解讀**這些後果。這時，扭曲與假設一樣會悄悄溜進故事。你可能會認為，沒加薪代表「人生失敗」……不過從單一情境得出影響如此廣的結論，是有點小題大作了。

此外，在令人難過的回饋影響下，我們經常無法區分**必然**發生與**可能**發生的後果。上司說得很清楚，你不會加薪，但配偶因為你沒加薪而求去，僅僅是**可能**發生的事（一般來說，這不太可能發生）。不過在收到壞消息的當下，你**感覺**配偶離開的可能性很高，所以把它當成**必然**的事，並為此憂心忡忡。我們偶爾都會這樣想事情，結果把自己搞得心煩意亂。

哈佛心理學家丹尼爾．吉伯特在《快樂為什麼不幸福？》一書中表示：「要求人們預測自己失去工作或伴侶的感受時，他們往往會高估自己的難受程度，以及心裡難受的時間。」而且我們常**低估**自己面對傷痛時的堅強，因此而更畏懼可怕的後果。

舉個例子，你剛退休不久，就被診斷出肩膀有嚴重的關節炎，無法再游泳了。這對你來說很嚴重，因為在罹患關節炎前，你每天固定會去游泳，這是你人生的一大興趣與快樂泉源。現在你非常失望，卻也無計可施。你無法改變後果，以後就是不能去游泳了。

你想像這一切對自己的影響：在想像的未來裡，你的生活和現在差不多，只是以往去游泳的時間，變成了大空洞。你的娛樂、運動與社交活動怎麼辦？這時，你認定自己**什麼都不會做**，無法填補游泳的空缺，但是這不太實際。總有某種活動能取代游泳，達到類似的效果。

其實你十年前下背也受過傷，無法再打網球。網球是你最愛的活動，那時你絕望地認為，再也找不到讓自己這麼健康、滿足的活動了；而你是在那之後才開始發展出游泳的習慣與樂趣。

所以我們思考回饋的後果，並非想要忽視或假裝它們不重要，而是將後果調整成實際大小，用實際又健康的方式去推測後果，然後對這些合理的可能性做出回應。畢竟說到底，我們對人生的預測不過只是預測，而且大部分時候都會猜錯。

## 四、改變視角

任何能讓你從不同角度檢視負面情境的事物，都很有幫助。你可以試著用以下幾種策略，踏出預設的視角。

### ◆想像自己是旁觀者

回饋之所以會造成情緒衝擊，是因為接受者是**你**。假如對其他人（好比你的姊妹）給出同樣的回饋，也許你會跟她分析，事情其實沒那麼嚴重，還能給她一些處理情緒的建議。這不只是因為你想幫助自己的姊妹，而是從你的角度來看，她的反應實在太誇張了，「媽媽對妳說了這些話？這沒什麼大不了的，她最近都這樣說話。妳那麼在乎她的話幹麼？妳已經成年了耶！」

說得真不錯。但是，假如媽媽對你說了同樣的話，事情就不一樣了。你會心想：**媽媽怎麼會說這種話？是在生我的氣嗎？是不是對我很失望？她還愛我嗎？她到底有沒有愛過我**？你與姊妹分享自己內心的恐懼，她愈聽愈驚訝，「什麼？一句傻話而已，你怎麼耿耿於懷到現在？你擔心這幹麼？這沒什麼大不了的，她最近都這樣說話。而且，你已經成年了耶，那麼在乎她的話幹麼？」

我們可以善用當事人與旁觀者的視角差異，在身為接受回饋的當事人時，想像自己如果是朋友、兄弟姊妹或其他旁觀者，可能會有什麼反應。嘗試這個思想實驗，你會發現視角轉換的效果相當驚人，能幫住你轉換視角、接受自己的建議。你**為什麼**還對媽媽那句話耿耿於懷呢？她最近不都這樣說話嗎？沒什麼大不了的。

當然，你也可以去懇請朋友提供一些實際的建議。好比，同事寄來令人不安的電子郵件，你可以請朋友看看，詢問他們是否和你一樣，覺得那封信飽含惡意。你是不是太過重視那封信了？還是不夠重視它？有些朋友擅長給予這方面的支持與建議，但無論是哪個朋友，只要不是你，就能提供不同的觀點。

### ◆從未來回顧現在

試著從十年、二十年或四十年後，回顧現在的人生。問自己，今天的事件在整體上究竟重不重要？也許你覺得眼前的回饋或消息難以接受，不過到了人生最終章，你不太可能為事件本身懊悔，反而更可能後悔自己浪費時間在懊悔。「今天」對現在的你而言十分重要，不過從很多日子以後的視角來回顧，你會發現事情其實微不足道。

## ◆喜劇視角

有人說，悲劇加上一段時間就成了喜劇。要是能愈早以喜劇視角看事情，就愈好。幽默感（就算是黑色幽默）能幫助你釋放情緒張力、脫離痛苦的當下，邀你以驚喜鬧劇的角度看待自己與人生，裡面會有許多運氣差的角色粉墨登場，遭遇種種有趣的轉折。倘若你能看出情境中的笑點，就成功轉換了視角。

一但你擁有自嘲的能力，就代表你做好接受回饋的準備，也有好好聽進回饋的能力了。只有能放開自我的人才有辦法自嘲，你必須讓自己配合世界的步調，而不是努力讓世界配合你。朋友說你上次寄信糾正他的文法，結果自己還不是拼錯一堆字；這時，你的第一反應是為自己辯駁：「我當然知道那些字怎麼拼，只是上次寫信比較趕而已。」可是再想想看，如果這時你的回應是：「**哈！被你抓到了！**」那不是省力得多嗎？

幽默感會強制大腦進入不同的情緒狀態，啟動處理笑意的左前額葉皮質。當你認為某事很好笑，就是在干擾逐漸扎根的恐慌與焦慮，讓這些負面訊號冷靜下來。

茱麗葉的情緒瀕臨崩潰，這時她放下酒杯，露出微笑，「所以呢……女孩認識了男孩，男孩騙她、背叛她、甩了她。女孩學到教訓，再也不和壞男孩交往了。啊，等等，那個超帥的鼓手是誰啊？」

至少她點出了問題。

## 五、你不能控制別人對你的看法，就接受吧

其他人對我們的看法，以及我們對自己的看法，這兩件事老是糾纏得難分難解。我們需要別人提供外在視角對我們的觀察，才能夠看清自己。他們的看法也許只是一塊拼圖，但相當重要，就像特調醬料裡頭的辣根——你不會想單吃辣根，可是少了它，特調醬的味道就不對了。

所以，我們當然會在意別人對自己的看法，但終究得接受一件事：我們無法控制其他人對我們的看法。別人對你的看法也許不完整、過時、不公，甚至毫無根據。最惱人的是，別人認為你有的特質，可能正是他們的特質。**你說我自私又討厭？開什麼玩笑，你才是自私又討厭！**他們無端指控你，自己則莫名免罪。

我們可能會執著地希望別人承認自己錯了，並且改變對我們的看法。該怎麼達成這目標呢？答案是「做不到」。無論別人對你的看法有多錯誤、不公，你就是無法控制他們的想法。你愛看美式足球，是因為喜歡研究複雜又細緻的策略，同事卻堅稱是你太幼稚，想用美式足球掩飾自己不可靠的男子氣概。你認為只有你知道自己為何喜歡美式足球，以及自己的男子氣概可不可靠，但同事也確信她是這方面的專家。

你可以和對方討論此事，提出正反例子，用諮商師、你爸或教宗說過的話支持你的論點，但不能**逼**她改變對你的想法。同事可能會對你改觀，但也可能不會。

好消息是，你可能以為別人會花很多時間思考你的事，但實際上並沒有。大多數人都忙著

思考自己的事，哪有空把心思放在你身上？所以，當你在家裡想著前任情人怎麼會那樣錯看自己時，她其實正在自己家裡看《美國達人秀》。她確實曾罵你是可笑的人渣，甚至到現在還是這樣看你，但她並沒有時刻想著這件事，因此你也不該浪費太多時間在這上面。

## ◆同理他們

別人用不公的言語攻擊你，或是一直不認同你，你的第一反應大概不會是同理他們。然而，同理能深深影響我們對別人的看法，以及他們回饋對我們的作用。當你達成對自己別具意義的成就，你爸卻不認可你的表現，你可以提醒自己，**他**父親可能也是這樣對他。你還可以更進一步，看見你父親內在那個當初也受過傷的小男孩，並給予擁抱。

說到小男孩，當你兒子哭著下校車，說同學罵他是笨蛋時，別急著說「你不是笨蛋」，那只是要求他在你與同學的故事之間做選擇罷了。幫助兒子找到他自己的故事，並且梳理現實中的證據、推測另一個孩子的想法，進而找出真相。如果兒子能看清自己不笨的事實，就會明白別人的說法並不會改變事實。

同理，是不用急著否定別人對你的看法，但也別全盤接受。他們的看法是**輸入**你腦中的資訊，而不是永恆的**印記**。

## 人生給你重大考驗時

好，我嘗試了書上介紹的一些方法，仍覺得沒什麼幫助。我不僅難過又擔心，還感到憂鬱與害怕——問題比想像的更糟。

說得好，我們有時也會遇到這種狀況。

### 溺水

如果能從零開始設計人類的學習系統，我們也許會想除去最痛苦的情緒。幼童跌倒、青少年摔跤，這沒什麼關係，但發生這些事情時，別讓他們感到痛苦。你的配偶想離婚？那就來一場分手面談，找出自己有待加強的部分，然後去買一雙美美的新鞋，當晚就去尋覓下一任新奇又有趣的伴侶。

當然，這種設計和人性天差地遠。很多時候，我們會覺得：「這些強烈的負面情緒，對我們的人生到底有什麼用？」

有時，它們確實頗有用。心情悲痛時，我們也許會躲在被窩裡好幾週，但這些情緒也會讓我們（甚至**逼**我們）重新檢視自己的人生，迫使我們以全新角度來看自己。強烈的負面情緒能讓我們陷入深淵，但也可以幫助我們爬出來。其實，當下最傷人的回饋，往往最能幫助我們學習。

然而，對一些人來說，那份悲傷會化為長期焦慮或絕望，可能會陷入憂鬱、失去活力，甚至產生自殺念頭。腦中的扭曲之物會遍搜我們的種種問題，讓我們認為情況永無好轉的一日，會長期陷入其中。由於我們表面上看起來狀況還可以，所以朋友會提出善意的建言，要我們保持正面態度、保持樂觀、保持活力。問題是，真正陷入情緒低谷時，這類建言就像是對溺水的人大喊：「浮起來不就好了？」

以創傷為例，研究顯示大多數經歷創傷的人，最後確實能好好走出傷痛，甚至有一部分的人在創傷後成長。這些數據讓經歷創傷的人有了樂觀向上的理由；至於沒經歷過創傷的人，則不必太害怕可能發生在自己身上的壞事。

可是，一個人狀態不好就是不好。先天條件與後天經歷的組合，有可能摧毀了我們的意志，而且無論多努力，我們就是無法以平衡的心態看待回饋，也無法控制自己的反應。

當你陷入低谷，也許會從親友、社群或信仰尋得慰藉，也可能從藥物、諮商或住院治療得到幫助。運動與冥想通常有幫助，把時間與精力放在超出本身範圍的目標，也可能幫助你走出情緒低潮。

推薦你嘗試上述這些做法。

## 尋求支持

第一步通常是向外求助，尋找支援。這時我們會需要謙虛的心與勇氣。你也許會認為，身邊的人都知道你碰到難關，但很可能他們真是不曉得，所以你可能必須對他們說出口：「**我需要幫助。我需要你現在的支持。**」

請身邊的人成為你的支持之鏡。這些人知道你仍值得被愛，也知道你現在經歷的痛苦並不等於你人生的全部。他們能看到比目前痛苦更遠的未來，以及情況好轉的那一天。關於你，親友能以平衡、清晰的眼光來看，不受焦慮、羞恥或憂鬱影響，能用透澈而不扭曲的方式看待你。

請相信他們。當前妻突然重回你的人生，以極醜陋的方式形容你，支持之鏡會阻止你將那評論放在心上。當上司建議你將「我是廢物」刺青在額頭上時，支持之鏡會輕輕帶你遠離刺青店。

如果你此時此刻無法接受自己，那就透過別人接受自己。允許身邊的明鏡為你投票，允許他們幫助你找到新的道路，以務實的方式處理此時的痛苦，展開人生的新篇章。而這也正是本書下一章的主題。

## 重點整理——

**在決定我們對回饋的看法之前，必須移除扭曲之物：**

- 做好準備，小心注意——認識自己的回饋足跡。
- 拆解繩索——區分情緒、故事與回饋。
- 控制故事——回饋的主題是什麼？又不是什麼？
- 改變視角——轉換至他人視角、未來視角、喜劇視角。
- 你不能控制別人對你的看法，就接受吧。

**別全盤接受別人所說關於你的故事。**

**別人對你的看法是輸入的資訊，而不是永恆的印記。**

**請支持之鏡幫助你，帶著同情心與平衡的情緒看自己。**

# Chapter 9
# 培養成長型自我——把回饋導向指導

第七章探討了接受正面與負面回饋時，腦內線路對我們反應模式的影響，以及情緒反應如何影響看清回饋的能力。無論是愉悅或絕望，情緒都會像哈哈鏡一樣，扭曲我們對回饋的認知。第八章也討論了梳理回饋、實際去理解回饋的方法。

但即使看清了回饋的「實際大小」，自我認知仍可能因為收到批評指教而動搖。有些回饋很可能否定或損害我們自己的故事，抑或是印證我們心中最糟糕的自我形象。如果想從回饋中學習，我們不僅要注意自己詮釋回饋的方式，還得調整自我。本章要討論如何建立強韌且樂於接受回饋的自我，而非脆弱、拒斥回饋的自我。

## 回饋能動搖我們的自我認知

每次去安養院探望媽媽時，總讓人心碎。當你結束探視，在她哀傷又困惑的注視下離開時，都感覺難過得要命。

母親被診斷出失智症後，一直由你爸照顧，你也會盡量幫忙。然而，後來她大小便失禁的問題愈來愈嚴重，也愈來愈常摔倒，這讓你常在夜裡輾轉反側，你父親承受的負擔愈來愈重，悲劇發生的風險愈來愈高。最終你設法說服父親，把母親送進長照中心，這不僅是為了她的安全，也是為父親的心理健康著想。這是正確的選擇……吧？

你母親的好友麗塔可不這麼認為，她對你父親說，再也不願意見到你們父子倆了。聽到這消息，你感到羞愧難當。

## 自我：我們自己的故事

自我是我們講述關於自己的故事，包含我們是怎樣的人、有什麼信念、擅長什麼、有哪些能力。**我是能幹的領袖；是積極照顧孫子的祖母；我很理性、很熱情；我總是公平待人**。當回饋否定或挑戰我們的自我，關於自己的故事就有可能解體。

- 你認為自己聰明、認真又善於交際，但你花了十年努力追求教授終身職，結果卻失敗了。現在，你究竟是誰？接下來該何去何從？
- 對你來說，人生第一要務就是當個好兒子。麗塔的譴責像把熾熱的尖刀，深深刺穿你的自我認知。

・丈夫下了最後通牒：要麼選我，要麼選狗。你赫然發現自己比較愛狗，因此心生困惑。莫非這代表你是個糟糕的人？

不一定是重大回饋才會對我們造成打擊，日常回饋也可能令人產生自我懷疑：你的好友將決賽門票給了別人；你昨天花一個小時協助的客人，今天打來說要換一位客服人員。有時候，就連正面回饋也可能令人暈頭轉向：你自詡為「曲高和寡的藝術家」，沒想到最近的作品突然大受好評，你不禁懷疑自己是否為追求商業的成功捨棄了藝術。

甚至連和**我們**無關的消息，也會造成觸發自我懷疑。你曾和一個女孩在肯德基一起當櫃檯服務人員，最近卻聽說她成了美國航太總署署長；幼稚園時的勁敵剛剛宣布，他的公司準備上市了。你雖然為他們感到開心，對自己的看法卻沒那麼好了。我們與其他人的比較會影響到自我故事，同儕會成為我們的量尺，用來度量自己的能耐。

## 你的自我是脆弱，還是堅韌？

假設有兩個人天賦、經歷與腦內線路都非常相似，你或許會認為，他們的自我，以及保持情緒平衡去接受回饋的能力也相似。

確實有可能相似，但也不一定。面對有挑戰性的回饋，**我們消化的能力取決於敘說自我故**

**事的方式**。有些人敘說的方式會使自我變得脆弱，而也有些人的方式則會使自我變堅韌；後者比較不會將回饋視為威脅，而是將回饋當成自身的核心元素之一。

好消息是，雖然有些人天生就能做到這點，但其實所有人都能**學會**以不同方式看待自我，讓自己變得更堅強。我們不能控制他人丟過來的批評指教，卻可以改變自己的一些假設，改善我們接受回饋、保持平衡、從中學習的能力。我們必須有兩種關鍵的轉變：

1. 捨棄簡單的自我標籤，培養複雜性。
2. 從定型心態轉變為成長心態。

我們會分別討論這兩點，教你用三種方法在繁忙的日常生活中，達成這些心態上的轉變。

## 捨棄簡單的自我標籤，培養複雜性

自我是由無窮複雜的人生經歷建構而成，我們通常會將這一切簡化成標籤：我很能幹、是個好人、值得被愛。標籤的功能相當重要——人生有時太過混亂、令人迷茫，簡單的自我標籤，能讓我們時時記得自己的價值觀與珍視的事物，以及人生中的目標。如果我是誠實守信的人，那麼事情就是如此，我或許會受到誘惑、想要食言，甚至能將這種行為合理化……但我就不是背信忘義的人。

然而，簡單的標籤也會造成問題。它們之所以簡單，是因為屬於「〇分或一〇〇分」的範疇，當我們是「一〇〇分」時沒問題，但當我們收到**不是**一〇〇分的回饋，就會認為我們掉到「〇分」。在簡單標籤的定義下，沒有「部分」「有時候」或「一〇〇分但有例外」的情況，我們如果不是好人，就一定是壞人；不是聰明人，就一定是傻子；不是聖人，就必定是罪人。

這也難怪回饋感覺如此危險，而我們如此容易被擊垮。採用如同電燈開關的自我故事來定義自己，再微小的回饋也可能開啟或關閉電源，以致我們若不是閃閃發光，就會在黑暗中迷失了。

## 拒於門外或納入心扉？

不是全有就是全無的自我碰上負面回饋時，會被撞擊得天翻地覆，並且登上《自我日報》的最新頭條新聞：「認真上進的學者」瞬間打成「浪費多年追求終身職的蠢蛋」；「好兒子」被「辜負母親的不孝子」取代。他人的批評指教成了自我故事的頭條新聞，把我們對自己的其他認知全推到次要版面，外來的回饋在我們心中遭到過度誇飾與放大。

在掙扎求存的過程中，我們會瞥見另一個選項：將回饋**拒於門外**。只要找出回饋有錯誤或偏頗的證據，**有技巧地挑錯誤**，就能「否定」掉回饋，保存我們目前的自我認同。這麼做就安全了，我們依舊是「一〇〇分」，自我故事也完好無損。

全有或是全無的自我觀，只給我們兩個選項：放大回饋，不然就是否定它。很多時候，我們會在兩者之間掙扎，三心二意地糾結於要接受或拒絕，一直找不到安穩的立足之地。（「如果我接受這回饋，就表示我是壞人。說不定我真的是壞人——不，怎麼可能，我要否定這回饋。可是，如果這件事不是真的，對方為什麼要這麼說？說不定這就是事實……但是他們對我的了解，一定不如我對自己的了解，而且這件事如果是真的，就太讓人難受了，所以這不可能是事實。但是從另一方面來說……」）我們會這樣來回翻面，簡直像被扔到甲板上的魚。

兩個選項感覺都不太對，因為兩個選項**都不對**。正確答案不是在誇張放大與否定回饋之找尋平衡。真正的解決方法是改變對自我的定義。

## 接受複雜的自我

簡單的標籤能幫助我們找到自己在世界上的定位，卻難以應對複雜的世界。你是誠實守信的人，但如果選擇是要麼對上司守信，要麼對繼子守信，怎麼辦呢？或者你認為自己是「公平」的人，公平就是公平，這不是很簡單嗎？但是，上週你看來公平的事，在和被這事影響的人談過話後，突然沒那麼公平了。

簡單的標籤太過黑白分明，無法完整呈現你的自我故事。你確實相當重視信用、公平或責任，也能舉出無數證明自己守信、公平、負責的例子，但也會有一些失敗的例子。這就是現實。

你母親住進長照中心半年後去世了，至今你仍想不通，自己當初的決定究竟是對是錯？你有好理由建議你爸讓你媽住安養院，有時你覺得沒有更好的做法，但有時你會覺得那是嚴重的道德淪喪，是這輩子做過最糟糕的事。你在心中衡量著母親曾給你的陪伴與支持，以及你離開安養院時，她那不知所措的神情。你是不是該搬回家幫忙照顧母親，或是讓她住進你家，然後請個全職看護來照顧她？很多人都這樣做，你為何沒這麼做？

說到底，只要你以黑白分明的言語敘說自我故事，內心就不可能安寧。你無法選擇當好人或壞人，因為無論怎麼選，都能找到反例。

現實生活和迪士尼電影不一樣，不會有仙子或一群藍色鳥兒飛過來，用星塵或魔法幫你解決問題。人生非常複雜，你對事情的感受也很複雜。你當初全心為母親著想，也盡力支持父親，希望母親能和愛她的人一起生活，卻也希望她健康、安全，受到良好的照護。面對種種未知數，你只能努力找到對父母都最好的選擇。

你處理問題的過程，也做了一些值得自豪的事。你幾乎每天都去探望母親，幫她將所有照片整理成冊，收錄許多她年輕時的照片——那些是她還記得的事。當然，你也做了些令你驕傲不起來的事，錯失一些機會，偶爾也會失去耐性。你給父親的時間與關懷似乎不夠多，而且最後的那幾個月，你自己的家庭也承受不少負擔。

隨著關於情況與自我的故事愈來愈細緻，你開始心想，是不是能從麗塔那裡得到些什麼？你鼓起勇氣致電給她，她也願意和你聊聊。她將自己的感受告訴你，你能理解；你將自己的感受告訴她，她卻無法理解。麗塔對此事有一些潛規則——在你經歷母親罹患失智症的煎熬之前，或許也和她有相同的想法。

麗塔堅稱你的行為太自私，這或許是你能學到最多的地方。「自私」可能不是最恰當的形容詞，但你的決策過程絕對包含了利己的想法。將媽媽送進長照中心後，你不再需要擔心她跌倒受傷，也不必在她失禁後清潔，更不用擔心她吃得太少；你還無須擔心父親因為照顧妻子的壓力而累倒。你做決策時考慮到自己的利益，這一點和你自我的核心互相矛盾——你一直認為自己願意為深愛的人做**任何事**，此時才發覺事情沒那麼簡單。

接受事實的同時，你會感到哀傷，但也會找到某種平衡。

## 接受關於自己的這三件事

感到哀傷並找到平衡，這十分正常。每個人都很難接受自己的某些面向，一旦決定接受，就會踏實許多。如此，我們比較不會被負面回饋擊潰，而是能接受它，明白它至少是故事的一部分。

人無完人，而且萬物平等，所以你最好別相信「自己很完美」——不僅因為自大狂在派對上很惹人厭，也因為這種人較難從回饋中學習。我們在《再也沒有難談的事》書裡提過你應該接受關於自己的這三件事：你會犯錯、你的意圖很複雜、你也造成了一部分的問題。接受這三件事是我們一生的課題，若能朝這方面努力，就比較能聽得進負面回饋。

### 1. 你會犯錯

你覺得自己沒犯過什麼錯？去問問你配偶就知道了。或者，你選的配偶就是一大錯誤。

你絕對聽過「人非聖賢，孰能無過」，並且明白就算是聰明絕頂、慷慨大方的好人，也都會犯錯。但是在別人指出我們犯了某種錯誤時，卻很容易忘記這一點。你若覺得那種情況下自己能輕易想起這道理，就是大錯特錯了——別人指控我們犯錯時，我們的第一反應是為自己辯駁，或是想辦法解釋那件事。**錯誤？那不是我的錯，怎麼可能是我的錯？是其他人給了錯誤的開會日期。而且我早就想過了，這次會議我不參加也無所謂**。

接受自己會犯錯的事實後，你身上的包袱會輕省許多。此時，過錯仍會令你震驚或懊惱，你並不希望它凸顯自己的呆樣，但也心知肚明，每個人都會犯這種錯，你也不例外。

## 2. 你的意圖很複雜

這一項不如「人人都會犯錯」那樣耳熟能詳，而且可能很難讓人接受。我們的正面意圖之中，也會混雜比較不光采的念頭——我們會自賣自誇、心懷怨恨、膚淺、愛慕虛榮與貪婪。有時則是感到疲倦，選擇偷工減料。我們會試著誠實待人，但偶爾有所保留時，也會原諒自己。收到關於意圖的負面回饋時，我們總會視之為例外。我們知道自己意圖良善，因為我們是好人。我們把那個出差任務留給自己，是因為知道自己最適合那份工作，絕不是因為自己一直想去夏威夷。

追求一定程度的私利，是人活著的一個基本需要。你的私利偶爾會和其他人的私利衝突，而別人也會指出這一點。你可能很難看見現實，或是很難承認此事——當然你還是該努力改進，不過接受事實能使你卸下內心的重擔。

## 3. 你也造成了一部分的問題

當我們計算關係裡的利害得失，就很容易將自己視為受害者。既然是受害者，那就用不著聽取回饋。明明是你寄錯了文件，現在憑什麼給**我**指教？從附錯檔案那一刻起，你在我心中就成了「永遠不用聽你在這方面的回饋」俱樂部的終身會員。

計算式當然不會每次都能劃上等號，就如第六章所談，大部分情況下，雙方都造成了一部分的問題。我們都做了某些事，或是沒做某些事，才會造就現在的混亂。如果想從中學些什麼，並且解決問題，我們就必須看清事情全貌，這表示「不接受你回饋俱樂部」得關門大吉。我們想給別人回饋（「記得寄出正確的文件」），不代表他們就沒有想給我們的回饋（「別隨便說『附件看起來沒問題』，你根本連看都沒看。」）。

接受自己並非完人的事實，表示我們得放棄「只要自己盡善盡美，就能逃避負面回饋」的念頭。這想法很誘人，但沒什麼用，你不可能永遠都表現好到沒人給你批評指教。你不能逃避回饋，否則會累垮你自己，所以接受自己的不完美不但是好選擇，更是唯一的選擇。

### 你打從一開始就很複雜

承認上述三件事之後，踏出的第一步是保持平衡或找回平衡，提升你從回饋中學習的機會，具體的方法就是認清「你的自我標籤太過簡單」這事實。當你遠離了「不是〇分，就是一〇〇分」的直覺式反應，就比較能消化難以接受的回饋了。你其實不是從好人變成壞人，甚至也不是從好人變成複雜的人，畢竟你從一開始就很複雜。

## 從定型心態轉變為成長型心態

脫離簡單標籤的局限後，再來探討自我的另一個面向：你認為自己的特質與能力是固定不變呢？還是會時時變化、有成長空間？

史丹佛大學教授卡蘿・杜維克（Carol Dweck）認為，上述關於自我認知的區分會大大影響從回饋中學習的能力與意願。那麼，她是怎麼得到這個結論呢？答案來自於對小孩子的觀察。

## 解謎的孩子

最初，杜維克的研究探討一個簡單問題：小孩如何面對失敗？為了找出答案，她帶一些孩子到實驗室，請他們解一系列難度愈來愈高的益智謎題。隨著謎題的難度增加，孩子們變得愈來愈不耐煩，也漸漸失去興趣，最終決定放棄。

然而，有些小孩沒放棄。杜維克驚訝地發現，隨著謎題難度增加，少數幾個孩子變得愈來愈專注。一個男孩興奮地舔著嘴唇，嘗試一個又一個解法，邊試還邊說：「我還想從這裡學更多！」杜維克感到十分困惑，又驚奇。**這些孩子怎麼了？**她好奇地想。**他們為什麼不放棄？他們為何沒接受自己解不開謎題的回饋，也沒因為一再失敗而灰心喪志？**

杜維克和接受實驗的孩子們面談，試圖找出他們看待事情的模式，最後，她發現那些較快放棄的孩子想法很類似：一**開始的謎題證明我很聰明，可是這些新題目讓我看起來很笨（還有感覺很笨）**。至於堅持不懈的孩子，想法則是：**這些比較難的新題目會讓我變強，我以後就更**

**會解題了。好好玩哦！**

某些孩子堅持下去的原因，和他們的興趣或才能無關，真正的原因在心態。停止解謎的孩子，認為自己解謎的能力固定不變，他們只擁有定量的才能，就和水分子裡有多少氫原子數量一樣，永不改變。持續解謎的孩子，則將解謎能力視為可變的特質，他們相信這能力可以改變與成長。

## 定型假設 vs 成長型假設

如果你抱持「定型」心態，會覺得自己遭遇的每件事都是一次測驗，結果會顯示你是否擁有自己所認為（或希望）擁有的天賦或能力。定型心態的孩子遇到簡單的謎題時表現不錯，但遇到難關時，彷彿聽到了謎題的低語：**你的解謎能力不夠，無法完成這項任務**。他們會變得沮喪、不耐煩、惱羞，覺得放棄總比繼續面對自己的缺陷更好。

成長型心態的孩子則不同，他們假設解謎能力不是與生俱來，而是有發展空間的技能。在他們看來，為求解一道困難謎題而努力，這是通往進步所面臨的挑戰。杜維克解釋：「他們非但沒有因為失敗而受挫，還根本不覺得自己失敗。他們認為自己在學習。」對這些小孩來說，謎題不是評量者，而是指導者。

我們可以想像，成長型心態的孩子是在「自修室」裡解謎，而定型心態的孩子則是在「考場」裡解謎。你比較想待在哪一種空間呢？

杜維克的觀察結果顯示，許多人都相信核心特質、能力與性格（換言之，就是我們的自我）是不可改變的。我們小時候聽到的話，以及我們對自己孩子說的話，往往會強化這些觀念，「他天生是當領袖的料。」「她很聰明。」「你從小就很善良。」「你是天生的體育健將。」我們的自我故事會以自己擁有與缺乏的事物為核心，逐漸固化，而且接受明顯的暗示——我們再努力也不太可能改變。別人與我們對自己的描述就是我們真正的樣子，那些評分都不會改變，同一件衣服再怎麼洗，顏色都不會改變。

## 可是，有些特質不就是固定不變的嗎？

很合理的疑問是：「定型心態，不就是認清現實嗎？」

確實，有些特質比較不受努力影響，魚兒天生就比你擅長在水中呼吸，這和牠們的心態沒什麼關係。每個人都有自己擅長的領域，你可能會覺得數學和跑步很輕鬆，繪畫與忍耐則沒那麼容易。

研究者常為了不同特質的固定與可塑性比例爭論不休，有振奮人心的成長案例，也有令人失望的證據，指出天賦的限制。不過說到底的結論是：「人們下工夫努力就會進步，而相信自己能進步的人，才會下工夫努力。」無論我們在某個領域表現得慘不忍睹或天賦異稟，這個規則都能適用。

另外，在人生中最重要的幾項特質上，努力最為重要——智慧、領導能力、表現、自信、同情心、創意、自我意識與合作能力，這些都會隨努力成長、隨教育進步。

## 我們對回饋與挑戰的反應

採取定型假設或成長型假設，會深深影響我們對自己的看法、接受回饋的方式，以及對回饋的反應。

### ◆自我認知的準確性

學習與成長的前提是，你得大致明白自己的現況，才會知道自己有哪些能善用與培養的專長，哪些又是必須改進或避開的弱點。杜維克的研究顯示，擁有成長型心態的人評估自身現況「準確得驚人」，而擁有定型心態的人估量自己的優缺點則「非常不準」。

為什麼會這樣呢？如果相信你的特質固定不變，不是應該比較容易精確估量嗎？畢竟它們不會變動。但事情沒那麼簡單——你的心態雖然定型，但每日輸入關於自己的數據資料卻是大幅變動。**我昨天很聰明，今天有夠蠢；我上週很能幹，這週好像什麼事都做不好**。範圍極為廣泛的數據資料，實在很難對上你簡單、固定的自我認知，你會對此困惑也不意外。

假如你擁有成長型自我，就比較能釐清混雜的數據資料，知道這些不過是資訊，而不是不可抹滅的評分。你聽到的不是「**我上週很能幹，這週好像什麼事都做不好**」，而是「**我上週把事情處理得很好，這週表現得不盡如意**」，那不是你的自我，而是你的行為表現。擁有成長型自我的人，不會因資訊矛盾而感到混亂，他們會更有動力去找尋精確的資訊，希望能調整狀態並持續學習。

## ◆我們聽取回饋的方式

我們的心態——與相應的自我故事——會深深影響我們是否注意或不注意某些事。研究者珍妮佛．曼格斯（Jennifer Mangels）與凱瑟琳．古德（Catherine Good）請定型心態及成長型心態的大學生，進入哥倫比亞大學一間腦科學實驗室，接受文學、歷史、音樂、藝術的知識測驗，並觀測他們的腦波儀。接著，每名學生會收到兩份情報：他們對每個問題的回答是對是錯，以及問題的正確答案。定型心態的學生很仔細聽自己是否答對，卻沒興趣聽正確答案；成長型心態的學生則仔細聽正確答案，他們沒有忽略評量，但也渴望指導回饋，希望自己下次表現能更好。果不其然，再次受測時，成長型心態的學生表現優於定型心態的學生。

### ◆我們在困境中的反應，會帶給自己心理暗示

前述研究可能有助於解釋，為何擁有成長型心態的人在失敗後，能夠比較快振作起來。他們將失敗視為成長的機會，因此會重振旗鼓。在學校遭遇困難後，成長型心態的孩子會說自己下次要花更多時間讀書，或是用不同的方法讀書，但定型心態的孩子比較可能會「覺得自己很笨，下次不必花那麼多時間讀書了」，甚至還會「認真考慮作弊」。不知是不是羞恥心使然，有定型心態的人比較可能謊報自己的表現，並在失敗後退縮；他們比較早放棄，乾脆讓失敗成為定局。

### ◆框架很重要

雖然杜維克認為約有一半的人擁有定型自我假設，但我們敘說故事的方式仍然很重要。其實只要簡單一句話，就能讓人往正確（或錯誤）的方向前進。在另一次研究中，杜維克等人請小學五年級學生解簡單的謎題，成功解題後，研究者對半數的孩子說：「哇，你好聰明哦！」對另外半數的孩子則說：「哇，你好努力解這道題哦！」之後研究者問兩組學生，接下來想解較困難還是較簡單的謎題。

你猜哪一組選了比較有挑戰性的謎題？

這研究告訴我們，誇孩子聰明，反而有礙學習。如果想鼓勵孩子迎接新挑戰，最好是誇他

們努力、用功。

等一下，這種方法為什麼有用？從數據看來，被誇努力的孩子中，大約有半數是保持定型心態，但結果他們卻和同組有成長型心態的人一樣，積極接受下一次挑戰。這也許是因為誇努力和誇聰明的效果不同，不會觸發定型自我的焦慮。也可能因為他們相信「努力」是能再次展現的特質，無論下一道題能否解出來，他們都可以充分展現自己的努力。總之結論是，當孩子們將焦點放在強調**學習過程**的特質，就會比較願意接受風險與挑戰。

## 朝成長型自我邁進

那麼，我們該**如何**讓自己改變心態，從定型假設轉變到成長型假設呢？第一步是注意自己的傾向。你平時是住在考場或自修室？在你看來，挑戰是對自我的威脅，還是成長的機會？對你而言，失敗就等於完蛋了嗎？或者不過是遊戲的一小部分？

請看看左頁圖表並想一想：哪些假設能引起你的共鳴？

如果你不確定某種特質或能力是否有成長空間，沒關係，畢竟這些問題都不容易回答。但是，一個問題的答案若非肯定的「是」，並不表示它絕對是「否」。你可以實驗看看：設定目標，試著改變一種習慣或改進一項技能。你可以找個教練指導你，並且全心投入。強迫自己嘗試不擅長的事情，並在失敗時列出下次改進的三個方法。一再重複上述過程，看最後會有什麼結果。

舉例來說，為了是否送母親進安養院而糾結，以及事後和麗塔的談話，你學到了什麼？假如父親之後發生類似的狀況，你學到的教訓會不會改變下次的決定？你的經歷如何影響你教導孩子的方式，以及對孩子的期許？如果你能看見自己可以努力改進的地方，或是看見自己學到、下次可以改變的地方，你就已經走在邁向成長的路上了，你會漸漸相信自己有成長與改變的能力。過去的經歷不是為你貼標籤，而是讓你學到教訓。

在這個過程中請記得，負面回饋並不是針對你的成長型假設而來

| 自我問題 | 定型 | 成長 |
|---|---|---|
| 我是誰？ | 我是定型的人，就是現在這樣。 | 我會改變、學習與成長。 |
| 我能改變嗎？ | 我的特質固定不變——再怎麼努力，也沒辦法改變這項基本真理。 | 我的能力時時進化，努力與辛勞能換來好結果。 |
| 目標是什麼？ | 成功。結果最重要。 | 學習過程能給我成就感，成功只是學習的副產物。 |
| 我會在什麼時候感到聰明／能幹／成功？ | 當我完美地完成一件事，而且比別人做得好的時候。 | 我做事遇到了瓶頸，接著想辦法解決問題時（其他人的能力與我的潛力沒什麼關係）。 |
| 面對挑戰的反應 | 危險！我禁不起挑戰的事實，可能會暴露在其他人眼前。 | 機會！我可以學習並進步。 |
| 最令我安心的環境是什麼？ | 我的能力圈與舒適圈內。 | 我的能力圈之外，能挑戰自己能耐的環境。 |

的責難，一個人即使擁有成長心態，仍得面對失敗與失望：你原本預期自己能到達成長曲線的高處，沒想到還有很多進步空間；你努力的成果沒有想像中豐碩。成長型自我的重點不在於你有沒有得到良好或令人不安的回饋，而是你接受與看待回饋的心態。

☺☹☹

接著，我們要介紹三種幫助你「培養成長型自我」的具體方法。

## 方法一：把回饋導向指導

有些回饋的目的主要是評量（例如學習成績、部落格排名），還有些回饋的目的是指導，這時給予回饋的人只有一個目標，就是幫助你學習或在某方面改進。但就如同我們在第二章所見，雙胞胎姊妹安妮與愛爾希跟爸爸打棒球時，即使爸爸的回饋純粹以指導為目的，仍可能會被合理解讀成評量回饋，「試試這種方法吧」（指導回饋）隱含的意思是「目前為止，你的表現還不理想」（評量回饋）。

身為接受者，我們總會將回饋導向指導或評量，而所選擇的分類，會大大影響我們能否有效接納回饋。因為，評量回饋容易啟動自我觸發機制，而指導回饋對自我的威脅小得多；當你把回饋導向指導，就好比擁有自由通行券，能在不必費力重新自評的情況下自由學習。

艾絲貝絲為時三小時的報告完成了一半；中場休息時，客戶上前誇她報得很好，但也建議她報告時可以有精神一些。

這算是指導回饋，還是評量回饋？

若艾絲貝絲將之視為指導回饋，她也許會想：**我應該再喝一杯咖啡，想辦法在下半場和聽眾多多互動**；如果她將之視為評量回饋，就會牽動對自我的認知：**我是不是讓你和其他人覺得無聊了？大家通常都喜歡聽我演講啊！說不定是這次的聽眾階層太高、太資深，我應付不了他們……**結果因此陷入自我認知的掙扎，無法接受指導、改進下半場的報告。一旦啟動自我觸發機制，學習就會受阻。

### ◆聽到指導回饋，就當成指導回饋

有時候，要將回饋歸類到「指導」很難，但有一種回饋理應容易分類：以**指導形式**對我們提出的回饋。在這種情況下，對方的目的是指導你，而接受指導也對你有幫助，何不將回饋就歸類到指導呢？

然而，很多時候我們的分類系統會出錯，最後仍把指導回饋視為評量。

・朋友告訴你，去機場有另一條路更好走，你卻把對方的話聽成是批評——朋友是不是覺得你不會認路？

- 你的組長和你分享管理時間的新應用程式，你卻覺得他在怪你浪費時間。
- 伴侶和你分享她覺得浪漫的事物，你卻認為她嫌你是自我中心的木頭。

如此一來，學習機會都被我們的防禦心理擊退了。

隨著回饋對話的情緒高漲或風險提升，我們也會愈來愈容易聽見評量，愈來愈難聽見指導。

試試以下做法：回想你最近幾個月收到的各種回饋。例如朋友問你，為什麼都讓孩子晚睡。

首先，假設對方的目的是給予評量，這回饋是不是暗指你太過放縱小孩？是不是在說你是不適任的家長？

接著，想像對方的目的是給予指導——這是你學習的機會。這麼一想，你應該會和朋友討論他們注意到的現象與擔心的事。那些問題也許你已經考慮過，但也可能是你連想都沒想過的，總之，這些回饋也是你做教養決策可以參考的經驗。

多練習幾次，你會發現三個現象：第一，只要稍微下工夫，大部分的回饋都**可以**被聽成評量或指導；第二，若你成功將它聽成指導回饋，就會發現你的自我反應就沒那麼大，甚或完全沒有；第三，你會開始注意自己聽到回饋時，傾向如何反應的一些模式。人們不時會察覺：**哇，我沒發現自己這麼常把回饋歸類到評量**。無論你只把一成的回饋當成評量，或是把十之八九的回饋誤歸類到評量，每次的錯誤分類都可能造成情緒崩潰，你原本可以避免崩潰，並且從回饋中學習，現在卻少了這麼多好機會。生活中貨真價實的挑戰已經夠多了，我們還是別自行想像出新的挑戰吧！

### ◆當指導與評量糾纏不清時

當然，有時給予回饋的人原本就想把評量**及**指導混雜在一起，或者更常見的情況是，對方根本沒想清楚自己要表達什麼。在緊密的私人關係中，這種狀況格外令人困惑，也必須花不少心力釐清對話脈絡。

已成年的女兒麗莎對她母親瑪格麗特說：「我八歲時，爸爸離開我們，那時候我感覺連妳也不要我了。妳太專注於新的工作和社交生活，說要『幫我找新爸爸』，我覺得妳似乎沒發現我的痛苦。」

瑪格麗特聽到的是：「妳是糟糕的母親。」她深受打擊，覺得麗莎的回饋對她並不公平，於是為自己辯駁：「麗莎，我已經**很努力**讓妳過得好一點了。那時我們都很辛苦，我在情緒與財務上都過得很不容易。」

這場對話是自我與回饋相衝突的例子，結果就是引發雙方爭論。瑪格麗特認為自己是個好家長，這是她自我故事的核心主題，所以在聽到麗莎說她是失敗的母親時，就陷入兩難——究竟該接受女兒的話（將自己視為失敗者），還是要否定麗莎的描述，將回饋拒於門外呢？

這時，瑪格麗特必須問個重要的問題：麗莎想要什麼？她提起這話題，有什麼目的？她希望母親承認自己不合格嗎？不是，麗莎要的是這三件事：她要母親理解自己小時候的感受；她要母親承認，母親過去的某些決定曾為自己帶來痛苦；還有，她希望能改善自己和母親現在的關係。

麗莎的言論顯然包含了評量與批判，任誰站在瑪格麗特的立場，聽到的都是這樣。但麗莎想表達的核心回饋，其實是指導。她沒有讓母親感覺受批判的意思，而是希望母親能**了解**她的看法與感受。此外，麗莎也希望隨著時間過去，自己和母親的關係能漸漸好轉。

我們可以藉由瑪格麗特可能給麗莎的種種回應，來檢驗「麗莎的意圖是給予指導」這句假設，並想像最能讓她滿足的對話會怎麼進行。如果母親說：「好吧，我可能真的是失敗的母親。」這對麗莎應該沒太多幫助。瑪格麗特也可能會說：「哇，我都沒發現自己那時對妳造成這些影響，原來我做的事情傷害了妳。聽到妳這麼說，我心裡也很難過。麗莎，對不起。」當然，母女倆的對話不會如此精簡，但這種對話應該更能讓麗莎滿意。順著這樣的對話發展下去，她們可以找機會討論母女現在的關係，以及對彼此關係的期望。

用指導回饋的框架進行對話，也許能減輕瑪格麗特情緒上的傷痛，不過這並非最重要的理由。瑪格麗特不該為了減緩傷痛而把回饋歸類到指導，她應該為了解女兒真正的心聲，而從指導回饋的角度看事情。這樣做會讓瑪格麗特比較能遠離自我反應，努力傾聽女兒真正想說的話。

## 方法二：從評量行李箱中取出批判

當然，有些回饋就是純粹的評量，而且會直接挑戰我們的自我。**我要跟你分手；你沒有錄取這份工作；鄰居不喜歡你「家裡的環境」，所以不讓他們家小孩來你家玩**。

我們練習怎麼聽評量回饋的同時，可以將評量本身拆解成三個部分：評價、後果、評判。

- **評價**是對你的評等，讓你知道自己現在的狀態。在田徑比賽中，你的「評價」很清楚：你跑一英里花了五分十九秒，在四十到四十五歲參賽者當中，你是第四名。
- **後果**是評價所致的現實結果：基於這評價，之後會發生什麼事？根據跑步的時間與速度，你有資格參加區預賽，但還沒資格進軍全國田徑賽。後果可以是必然或推測，也可以是立即或長遠的事。
- **評判**是給予者及接受者對評價和後果的解讀，以及他們敘說的故事。你對自己的表現感到滿意，比賽結果好過自己今早的預期；教練對你的表現有點失望，認為你應該可以跑得更快。

分開檢視評量回饋的各部分，可以讓我們找出是哪裡啟動自我觸發機制。上述的賽跑例子中，不是評價也不是後果觸發的，而是教練的評判。你認為自己是不會讓別人失望的人，結果發現教練失望了，這挑戰到你對自己的認知——雖然不嚴重，但你仍注意到此事。

拆解回饋也能讓你專注在想跟給予者討論的議題上：你是不是同意評價，但不同意對方的評判？回饋的後果是否清楚、公平？教練對跑步時間的評判，為何與你不同？你能從中學到什麼？

準確的評價十分有價值，理解後果也十分重要。至於他人的評判，你也許會覺得某些評判令你恍然大悟，有些評判則可直接不予理會。那只是某人的詮釋，而你也有自己的詮釋，別人的說法你不必照單全收。

## 方法三：給自己「第二次評分」

假設你收到了負面評量，評價似乎很公平，後果卻令你苦不堪言。你被雇主、女孩、研究所、團隊或客戶拒絕了。

接下來怎麼辦？

除了平時的處理方法之外，你可以想像只有自己看得見的第二次評量。每收到一份慘不忍睹的成績，每次失敗又努力邁進後，根據你應對第一份評分的方式，給自己「第二次評分」。人生的每一種情境中，重點除了情境本身外，還有你的應對與處理方法，即使你在情境中只拿了「F」，應對方式也可以得到「A⁺」。

在此我們要告訴你兩個好消息：第一，你也許無法完全控制最初的評量，但通常能控制自己對它的反應；第二，長遠來看，第二次評分通常比第一次重要許多。

梅爾與美琳達是演藝新人，他們努力合拍第一部 YouTube 影片，希望能藉此擺脫無趣的正職與平凡生活。他們自己寫劇本、導演、主演與剪片，還自己編曲與演奏音樂，最後的成果品質超出預期，實在太精美了。隨後他們將影片上傳。

結果影片大受批評，留言區一致給予負評，還有些人殘忍地進行人身攻擊。此外，影片點擊率也很低。

梅爾深受打擊，他氣憤地指控這世界太愚昧，責怪別人無法理解他和美琳達的作品。美琳達也一樣難過，但她一面平復心情，一面思考能否從這次的經驗裡學到什麼。

數週後，美琳達重看影片，才注意到他們的想法雖然有趣，影片本身卻有不少問題：歌詞含糊不清、剪接有點太跳了。她和梅爾分享自己觀察到的情況，梅爾則表示，有創意的人就應該愛上他們的影片，而不會被製片問題影響。

美琳達的反應和梅爾不一樣，她決定要自我精進，讓自己製作短片的**技藝**達到登峰造極的境界。她在社群媒體閱讀各種文章，修了影片剪輯的夜間課程，在接下來一年內製作並發布好幾部新影片，然後開始有人訂閱她的 YouTube 頻道了。最終，美琳達將最初的影片重新修過並放上頻道，結果獲得大部分觀眾的好評。

梅爾和美琳達的第一次評分都是負評，而第二次評分，只有美琳達獲得好評。這例子和人生中許多情況一樣，真正重要的是第二次評分。

我們不只鼓勵你變得機智又堅強，還建議你將「得到良好的第二次評分」納入自我認同——**我不一定會每次都成功，但我會認真從失敗中學習，而且我很擅長做這件事**。你甚至可以在心裡存一張「第二次評分卡」，幫助你注意到自我的

| 第一評分 | 第二評分 |
| --- | --- |
| **績效評量** | |
| 【符合預期】 | 【超越預期】<br>我沒有退縮，而是好好提出問題，把主管的期望問清楚。我上次對產品不夠了解所以失敗，這次我多花了一些時間認識產品。 |
| **我餐廳的評價** | |
| 【兩顆星】<br>（整體而言是負評） | 【四顆星】<br>我沒有怪別人，也沒有惦記著上次的失敗，而是為內外場員工立下好榜樣，換掉一些菜單的選項，重新訓練並替換一些外場人員。之前的客人合理指出我們的某些問題，我相信我們修正了一部分的問題。 |

這個部分。計分卡會提醒你，初步評量並非故事的結尾，而是第二篇章的開端，它會引導你從人生經歷中汲取意義。

第二次評分打造出的堅韌自我，有助於你日後面對極富挑戰性的人生事件。海瑟還記得交往多年的女友離她而去的那一天，以及那之後的好幾週與好幾個月，「我只能控制自己的反應，每天早上起床去上班，恭敬地對待身邊的人。事實上，努力將心思放在『把事情處理好』這個目標上也不錯，還能從中得到成就感，到現在我都覺得很有成就感。」

我們在上一章提過，把事情處理好不等於否定痛苦，也不代表你會完好無缺地走出來。海瑟說的並不是：「女朋友和我分手之後，我比從前快樂多了！」重點是你必須直接面對問題。如果你發現自己輾轉反側，不時會因為焦慮與寂寞而感到困擾，那「把事情處理好」的意思就是勇敢承認自己需要幫助，並且請求支援。雖然海瑟的自我認同——我是值得被愛的——大受打擊，但她還是成長了，「我學到，自己可以優雅、堅強地面對痛苦。」

這可不容易。

## 重點整理——

**我們聽取與消化回饋的能力，受到我們敘說自我故事的方式影響。建議你做出以下改變：**

- 將簡單的「〇分或一〇〇分」，變成符合現實的複雜自我。
- 從定型自我轉變為成長型自我——如此一來，你能將挑戰視為機會，將回饋視為有助於學習的資訊。

**朝成長自我邁進的三種方法：**

一、將回饋歸類到指導。將指導當成指導，並且在評量回饋中找到指導的成分。
二、接受評量時，將評判部分與評價及後果區分開來。
三、針對你如何面對第一次評分，給予第二次評分。

# 對話中的回饋

# Chapter 10

# 我必須做到多好？——夠了就該劃清界線

馬丁從海軍陸戰隊退伍後進入石油業工作，在煉油廠一步步往上爬，如今是業界頂尖的鑽油工人。某天，馬丁結束了漫長的工作後，拿出已經遲交卻還未寫完的發展計畫。如果今晚不將計畫回傳給公司，勢必會被催促一番。

**第23b項：請列出你來年的個人目標，包括你如何評量是否達標的基準。**

馬丁嘆了一聲，「**我在這行都做了三十一年，還需要有追逐新目標的野心嗎？**」他笑著寫下：「目標是安全又高效地再過完一年，還有讓你們別再要求我列出新目標。」用不著評量基準了。

## 尋找界線，劃清界線

本書大部分篇幅都在探討如何「加強接受回饋的能力」，如何聽取並完全理解回饋，然後決定是否採用。但你可能會問：「我能拒絕接受回饋，甚至向對方說『我連**聽**都不想聽』嗎？」

答案是「可以」。

實際上，為自己收到的回饋設立界線，對心理與人際關係的健康都很重要。拒絕的能力和成功接受回饋的能力，兩者並非平行線；其實拒絕是接受的核心，因為如果你不能說「不」，也就不可能自由地說「好」。你的決定可能會影響他人，你也經常得承擔後果，但決定權握在你手裡。你必須自己犯錯、找到自己的學習曲線。有時，這代表你必須暫時將批評者拒於門外，先弄清楚你是誰，你要如何成長。關於這點，作家安．拉莫特（Anne Lamott）如此說：

> ……我們每個人都有專屬於自己的情緒領域，你有一塊，你那個討厭的菲爾叔叔有一塊，我也有一塊……只要不傷害任何人，你愛怎麼使用這塊地是你的自由：可以栽種果樹、花朵，或是按字母順序種一排排蔬菜，或者什麼都不種。如果你想讓那塊地像是大規模跳蚤市場或廢車場，也沒人管得了你。但是，你的領地周圍有籬笆、鐵門，假如別人不停進入你的地盤並弄髒它，或是試圖做他們自以為正確的事，你可以要求他們離開。這時，他們必須離開，因為這是你的領域。

本章重點就是你的領域、籬笆與鐵門，以及某些時候對給予批評指教的人，要求他們離開的方法與理由。

## 三重界線

拒絕回饋也許很簡單，你可以說「不用，謝謝」，可以轉身離開，也可以保持沉默。對方提出回饋，而你拒絕接受，事情就這麼結束。然而，有時候事情稍微複雜一些，即使你拒絕接受，不請自來的回饋仍源源不絕，這不僅令你心煩意亂，還會造成傷害。此時需要劃清界線。以下是你可以考慮的三重界線：

### 一、我可能不會接受你的建議

第一道界線最軟：我願意聽，也會考慮，但最後可能不會採納你的意見。

這究竟算不算圍籬呢？如果決定權完全握在自己手裡，為什麼非得明確將第一條界線告訴別人呢？因為提供回饋或建議的人可能和你看法不同，認為你非採納他的建議不可。妳請未來的婆婆推薦花店，最後婚禮用花卻是跟另一家買。婆婆抱怨：「既然不在乎我的看法，幹麼還要問？」接受者和給予者共舞時，若不順著給予者的動作跳舞，也許會踩到對方的腳，並且引起不滿。

這個地帶容易產生困惑：你拒絕我的建議，是不是在拒絕**我這個人**？無論你懷著怎樣的心思拒絕回饋，一些給予者聽了就覺得你在拒絕他們。當我們請人提出建議，也知道自己不一定會採納時，可以開門見山說出這件事，以免造成彼此的痛苦。在請婆婆提出建議時，別說：「我們該找哪一間花店？」而應該更精確地說：「我們目前有考慮幾間花店，妳有沒有特別推薦的，可以讓我們參考一下？」

另一個挑戰是區分建議與命令。當你選擇不接受回饋，就可能要面對相應的後果。在醫院輪班時，你確實可以選擇一再遲到，而上司也能選擇開除你。如果不確定對方的指導究竟只是建議，仍有不接受的空間，還是不得不遵從的命令，就開口問個清楚，並仔細和對方討論這件事。釐清之後，如果你決定不接受指導，別假設對方會知道你拒絕的理由，仍應該仔細說明自己的考量。

## 二、我現在不想收到這方面的回饋

劃清的第二道界線是：不僅讓對方知道你有權決定要不要採納回饋，同時也告訴對方，你可以選擇是否繼續這話題，「我連聽都不想聽（可能以後也不會想聽）。」

你姊姊從好幾年前就一直唸你，要你戒菸，你也連續嘗試好幾次卻都失敗。最近，你舅舅因吸菸相關的疾病而命危，全家人都和姊姊一起唸你。你能理解他們的想法，但現在的你就是需要空間，這話題已經沒什麼好談的了，你也沒有支撐自己繼續談下去的情緒能量。

### 三、請住口，否則我會離開這段關係

第三道界線最為鮮明、強烈：如果你無法將自己的批判放在心裡，如果你不能接受現在的我，那麼我會離開這段關係，或是改變我們的關係（我會在逢年過節時回家，但不會和你一起住）。光是和你維持關係、受你批判打擊，就會對我的自我造成傷害。

## 我怎麼知道需要劃界線了？

一開始，你會產生一種焦躁不安的感受或想法：**我快受不了了；我太失敗了；不能再這樣下去了；這樣太超過了；我永遠沒辦法把事情做好；我就是不夠好**。然後，你會心生疑問：**我該在這裡劃清界線嗎**？但你怎麼知道對方是真心想幫助你（或是真心想要分享你令他們擔憂的行為表現），還是這段關係根本就失調或不健康？

世上沒有個簡單的公式能判斷出，對方的回饋是認真請求我們改變，還是暗示關係中更深層的問題。給予者也許無惡意，沒有想要控制你的意思，甚至可能深深關心你，也可能他們沒有其他更好的辦法，或是自己本身有些問題——但這都不能改變回饋對你造成的影響，以及你

的自我認同遭受侵蝕的事實。

以下一系列問題能幫你釐清自己的想法，思考特定情境或關係中，是否需要劃下界線。

**對方是不是除了攻擊你的行為之外，還攻擊你的人格？**

對方不是說：「你那樣做，讓我很不開心。」也不是說：「我有個想法，說不定對你有幫助。」而是說：「你有很多問題……」「所以說，你永遠辦不成大事。」總之，無論有沒有明講，對方要是表達：現在的你不吸引人、沒野心、不夠好，或是不值得被愛、被尊重、被關懷。這就是攻擊你的人格。

**對方的回饋是不是咄咄逼人？**

上司想幫助你更自然地和公司高層交談，卻讓你愈來愈焦慮，並且愈來愈自我防衛。你和他討論過這件事，並告訴他這麼做對你沒幫助，但上司沒有改變指導方法，反而變本加厲。

沒幫助的回饋毫無用處，而咄咄逼人又沒幫助的回饋，可能會造成破壞性的傷害。你已經請對方停止、暫停、別說、住口、走開，但指導回饋與建議仍源源不絕地襲來。

## 你改變之後，是不是總會出現新的要求？

有些給予者總是在尋找更多有待加強的事情，他們想修理的東西也許是屋子，也許是車子，也可能是你。但更可怕的是，對方的目的可能不是讓你改變，而是「要求你改變」這件事。他們是主導者，你只是從屬，對方透過這些明確的角色設定，掌控秩序。

對方的控制欲，有可能是受到自己的恐懼所驅使：好比伴侶讓你覺得，你沒有努力爭取他的愛，就在這段關係裡得不到任何好處。又好比上司若不是對你吝於表現尊重，你可能會發覺他不怎麼值得**你的**尊重。或者，對方需要掌握主導權，是因為他不知道如何扮演其他角色。無論如何，對方的回饋總令你時時覺得自己不夠好。

## 回饋給予者會不會用你們的關係威脅你？

對方可能採取的說法如下：你當然可以決定要不要接受我的回饋，但不接受的話，就表示你不愛我、不尊重我。他們會將小事連結到大事，並用這種伎倆多次掌控小議題；採用這種策略時，對方會假裝給你自由選擇的權利，實際上卻剝奪了你的自主權。

婆婆暗示：「如果不選我推薦的花店，妳就是毀了我們的婆媳關係。」這聽起來很荒謬——因為實際上就很荒謬，但我們也該意識到，對方用這種方式威脅，不一定是想控制人。有時他們以關係為要脅，是想要吸引我們的關注，因為他們沒有其他方式能表達自己不安、焦慮或受傷的心情。但你可以在不接受情感勒索的情況下，同情給予者的需求。

## 對方是在警告還是威脅？

警告和威脅差在哪裡呢？警告是誠懇地解釋可能發生的合理後果（「如果你太慢來吃晚餐，義大利麵就會冷掉」），而威脅是意圖製造令人心生恐懼的後果（「如果你太晚來吃晚餐，我就把義大利麵丟到你身上」）。以下幾句是警告：

- 「你不改進人力管理技能，就保不住現在的職位。」
- 「你如果不在報告中揭露這件事，我必須依規定告知委員會。」
- 「你下次再醉醺醺地回家，我就要搬出去住。」

我們可以看到，這裡頭的變數並不在於後果有多嚴重，而是後果是否合理。在某些情況下，對方會發出最終的警告，也就是最後通牒。面對這種情況，彼此都高興不起來，但對方是提供關於實際後果的資訊，幫助你做選擇。

威脅的思維邏輯同樣是「如果……那就……」，但是卻有著截然不同的動機：威脅者是想讓你產生恐懼或依賴他們，降低你的自尊或自信，進而控制或操縱你。為了達成這些目的，對方會特意設計後果：

・「如果你不照我說的做，就讓你從此在這一行混不下去。」

・「如果我離開你，就再也不會有人愛你了。」

別人給你警告，是讓你知道自己可能會遇到麻煩；別人對你發出威脅，是確保你會被麻煩壓垮。

## 每次都應該是你改變嗎？

乍看之下，你們關係很不錯……但你注意到令人擔憂的模式。每當發生衝突，有必須解決的問題，該為事情負責的人總是你：每次都是你道歉，每次都是你加班，每次都是你吸收超出預算的開銷。如果每次都是你改變、退讓、妥協，那你們的角色可能已經僵化了。無論是工作、愛情或友情，要是想維持關係，就必須進行協調，從單方面的指責與回饋，轉變為雙方都負責、彼此都願意看清系統的關係。

### 你的看法與感受是這段關係的一部分嗎？

這可能是最簡單又最重要的一個問題。不管其他方面如何，要先問的是，給予者有沒有傾聽你的說法，努力理解你的看法、明白你的感受？而他們在了解後，是不是**在乎**？他願不願意遷就你，改變分享回饋、請求與建議的方式，盡量不對你造成負面影響？對方有沒有尊重你的自主權，讓你自行決定是否拒絕他的建議？如果你的觀點和感受被排除在這段關係之外，那你們的關係就有問題了。

## 界線派上用場之時：一些常見的關係模式

你們的關係用不著到完全失調的地步，你也能確定自己無法接受關係中的回饋。從以下三個例子，來看看上述種種挑戰所形成的人際關係模式。

### 滔滔不絕的批判者

口若懸河的批判者會不斷提出一連串評量回饋，為你的一舉一動打分數，並將評分告訴你。他們可能是你父親、姊姊、最要好的朋友、認真指導你的教練、對你要求很高的上司。這些人只是想幫忙，但他們簡直是把人大卸八塊。

韓伊和母親對話一向十分緊張，打從小時候開始，母親就是直言不諱地糾正、指導與責罵她。長大後，她很清楚母親只要來她家，就會開始批評她的櫥櫃、廚藝、體重與打扮。韓伊知道母親愛她，甚至明白母親滔滔不絕地批判她，是為了傳達愛。批評是母親一貫的表達方式，如果不這樣做，她就只能保持沉默了。

儘管如此，韓伊還是覺得難過又受傷。即使母親不在身邊，她也能在心中聽見母親尖刻的話語與責備。雖然母親無意讓韓伊難過，但如果母親不改變，就必定會留下這種印象。

我們在職場上也會遇到滔滔不絕的批判者。傑克是事業有成的投資顧問，他以自己與年輕分析師布羅迪的師徒關係為傲。傑克很嚴格，不過在這鮮少提供指導與建議的事務所中，他很願意指導布羅迪。然而，布羅迪並不是這樣看待彼此的關係，他感覺自己什麼事都做不好，一舉一動都受到批評、每份報告都被塗改、怎麼努力似乎都不夠。原本個性堅強的布羅迪，現在一想到要上班，心裡就產生厭惡感。

## 「恨—愛—恨」關係

心理學者指出，最令人上癮的獎勵模式是「間歇性增強」。這是電玩與賭博的模式：我們獲勝的次數不多不少，剛好能有繼續玩下去的動力。當我們獲勝時，會迫切渴望再次獲勝；當我們敗北時，會更拚命想玩到勝出為止。而愛與認同，或許是我們最渴望的獎勵。

賈絲敏所處的關係中，對方以認同為餌，卻一直不給予她渴望的認同。就在賈絲敏心灰意冷之際，對方會短暫給予認同——然後收回，再次開始循環。一個人離不開傷害他的伴侶、師長、上司或家人，這可能是其中一個重要原因。他們痛恨對方的恨，卻也更迫切渴望對方的愛。在這種關係中，給予者與接受者都困在強大的互動模式中，這模式對雙方都不健康，更會傷害接受者。

## 改造關係

亨利因為受到伊莎貝拉關注而欣喜不已，就連她小小的「建議」也令他迷醉，這些不正是她深深關心自己的證據嗎？亨利找到了愛情，同時得到「改進自己」這額外的收穫。

但後來，事情似乎變了調。一開始，伊莎貝拉提出一些看似合理的建議，幫助亨利「換個新鮮造型」，他覺得打扮得體面一些也不錯。但後來回饋擴散到他生活的其他面向：多健身、別再看那些漫畫、別在我朋友面前表現得像個書呆子、別聽到每句話都往心裡去、要有上進心、要讓我的興趣成為你的興趣。

亨利努力改變，他真心希望能達到伊莎貝拉的期待，但日子一久，他變得愈來愈焦慮、不開心，於是向伊莎貝拉說出自己的感受。伊莎貝拉說自己只是想幫助亨利成長，還說他對回饋太敏感了，所以才難以進步。

亨利決定尋求局外人的意見，於是和朋友羅洛討論自己與伊莎貝拉的關係：

亨利：說不定她說得對，是我太敏感了。我如果要和她認真交往，可能需要成熟一點。說不定我真的應該改變，可能是我太自私或太固執了。

羅洛：這不無可能，但我比較在意的是，你看起來真的很不開心。你有沒有對伊莎貝拉說過，她這些建議和批評對你造成哪些影響？

亨利：嗯，我講過了，還說了好幾次。

羅洛：那她的反應是？

亨利：她說真正的問題是，我對回饋太敏感了。

羅洛：你誠實把自己不開心的感受告訴她了？

亨利：是啊，這整件事讓我心裡很難受，也都告訴她了。

羅洛：在我看來，這是個大問題。按照你的說法，她好像想把你改造成不同的人，我們先暫且把這問題放在一旁，因為聽起來你的感受好像不被重視，你的需求似乎也不算你們關係的一部分。

亨利：唔，所以你的意思是，不管是她太愛批評或我太敏感，更大的問題是，她不在意我的感受這件事？

羅洛：這是你們關係中的警訊。

亨利太在意自己能否讓伊莎貝拉滿意，而沒注意到她是否在乎自己的需求與感受。

謹記一點：無論你多麼需要成長，無論對方的回饋有多正確（或不正確），假如給你回饋的人不肯聽你說話、不在乎回饋對你的影響，那就有問題了。羅洛說得完全沒錯，你可以試著思考給予回饋的人是否太愛批評，或者是你自己太過敏感，但如果對方沒認真聽你表達自己的意見與感受，那這問題的答案就不重要。因為，此時此刻的你值得以本來的面貌被愛、被認同、被關懷，就是這樣。在失衡的關係中，你可能很難看清這一點，但這就是事實。

### 等一下，這是不是表示……？

難道希望自己看重的人改掉壞習慣、減肥，或是把大學讀完，有錯嗎？當然不是，你可以希望對方做到這些，也可以指導與支持對方，幫助他們達成這些目標。關鍵的問題是：這是**他們**的目標？還是**你自己**為他們設立的目標？如果他們真心想改變，那就沒問題。你的意圖應該是可討論的，更重要的是，別忘記傾聽對方的心聲。

### 優雅、誠實地婉拒回饋

在設下界線時，可能會犯下的大錯，就是假設別人了解我們的心思。對方一定知道我們壓力太大、心情很差、過得很痛苦吧？對方一定知道他的回饋讓我們狀況更糟了吧？但很多時候，對方並不曉得。可能是我們沒把自己的感受說出來，或者是說得拐彎抹角、不清不楚，抑或是對方根本沒聽進去。沒錯，對方確實沒努力理解我們，這不是我們的可控範圍，而且老實說這也在意料之中。別人永遠不會像我們那麼積極地尋找我們的界線。

## 透明化：把想法說出來

四十多歲的警察大衛，最近愈來愈常請別人重複說過的話，開會時也更常漏聽別人的話。同事們開始注意到這點。「我的伴侶一直催我去檢查聽力，我後來終於去了。」大衛說，「結果發現我的聽力確實退化了，現在需要用助聽器。」

但六個月過去了，大衛還沒回去配助聽器。「我有點糾結，」他坦承，「我有點沒法接受自己需要那種東西。先不管正不正確，但我總認為那是老人才要用的。我知道自己的抗拒不理性，之後我會去配助聽器，但現在我需要點時間來調適我的自我形象。」

大衛沒把自己接受檢查的事情或結果告知同僚，他認為不必這麼做，反正只要有處理問題就好。

但是，同事們並不知道他正在處理這個問題，只覺得大衛忽略他們的意見。當同事重申他們的擔憂時，大衛會回應——但只是在心中回應。「我都已經在想辦法了。」他心想，「你們幹麼一直煩我？」

其實，大衛只需要把狀況解釋給同事聽：「我去做了檢查，發現自己需要助聽器。我會再找時間去配，可是調整起來有點難，可不可以請你們別一直拿這件事煩我？這樣我也比較能適應。」雖然這番話不能解決大衛的聽力問題，但至少能大幅改善回饋問題。

## 堅定婉拒，同時感謝對方

大衛的故事是**接受**回饋的案例。但是在拒絕回饋時，我們也同樣得講清楚、說明白自己的想法，最好的方式是態度堅定，同時感謝對方。

每到要演講的時候，蘋潔就會嚴重怯場，而系主任習慣在她演講前上前低聲說：「別緊張！」蘋潔聽了只會更恐慌，但她還是圓融地進行了回饋對話：

蘋潔：我很容易焦慮緊張，也知道你了解這一點。你說「別緊張」是想幫助我，可是這話反而會讓我更緊張。

系主任：我當然是想幫忙，只要能讓妳更有自信，我當然會幫忙！妳待會上台的時候，真的完全不必緊張！

蘋潔：好，可是這種話真的會讓我更緊張。

系主任：妳不必緊張，妳真的很厲害！

蘋潔：你的鼓勵會讓我想到自己容易焦慮，結果就會很緊張。如果能聽老師分享你如何面對公開演說的焦慮，應該會對我更有幫助——但是，我也希望是在不用演講的日子，聽你分享這些心得。

蘋潔優雅地點出了系主任的好意並致謝，同時也堅定表示，自己不希望在演講前得到指導。堅定與感謝並非兩極，你完全有辦法同時清楚傳達。

## 面對沒有幫助的指導時，改變方向

有時我們因為深陷痛苦，所以認為自己需要最明確的界線。我們直覺想封鎖一切回饋：別給我評判、別給我指導，什麼都別給，不然我就跟你說再見。

但蘋潔的例子讓我們看到能輕鬆劃清界線的方法：她將指導者的精力與注意力，引導到有機會幫助她的方向。

你可以實驗看看，將自己領域的一角借出去，向給予者說明你希望在那裡看到的景象。韓伊可以告訴母親：「我有好多事情想跟妳學，妳下次來我家，可不可以教我做那種超好吃的水餃？」這提議當然對韓伊有益，可能也符合母親的興趣。母親渴望在女兒人生中扮演某個角色，她時常批評女兒，也許是想成為那個角色，而面對長大後無比能幹的女兒，她還是希望能幫助女兒、被女兒重視。

如果讓給予者知道自己能在哪些方面幫助你，也許就不會給你那麼多不請自來的建議了，你還能打下實用的基礎，之後有必要時可以建立其他界線。

## 少說「但是」，多用「而且」

在設立界線之時，你應該清楚、堅定地婉拒回饋，同時肯定你和對方的關係，讓對方知道他們的好意你心領了。

我們也許會想用「但是」來連結上述兩件事。韓伊可能會對母親說：「我很喜歡和妳見面，**但是**妳來我家的時候，希望妳不要看到什麼就批評。」「但是」好像暗指兩件事之間的矛盾關係，像是跟對方說：要不是有第二件事，第一件事就成立了。**妳很喜歡和我見面，但是什麼？**「但是妳太常批評我了。」**這意思就是，妳實際上不喜歡和我見面**。

人的情緒不見得會互相抵消，我也許喜歡和你在一起，不過一想到你要來我家，還是會緊張、焦慮。我也許真心感謝你指導我，同時卻決定不接受你的建議。我也許為自己傷害了你而感到難過，同時也為自己做了正確的選擇而驕傲。矛盾的感受會同時出現在我們心中與腦中，像裝在口袋裡的彈珠互相碰撞。

描述自己的感受可以用「而且」，不僅是用字遣詞的問題，這也關乎想法與感受的深層真相：想法與感受十分複雜，甚至會引起困惑。我們以為自己能用簡潔明瞭的一句話，輕易劃清界線——是、否、現在先不要，所以會直覺地隱藏複雜的情緒，或將困惑埋在心底。但很多時候，在告知對方想法的同時也分享複雜的情緒，反而有助於我們設下界線。

勞爾的父母認為兒子讀工程學，未來生活才有保障，而不用經歷他們過去的辛苦。至於勞爾對音樂的熱愛，在他們眼中不過是「無用的興趣」。

勞爾尊重父母，也努力理解他們的觀點與擔憂，其實他也深深感受到相同的憂慮。儘管如此，他仍決定走音樂這條路。該怎麼告訴父母呢？他說：「我一想到要和他們對話，就會全身發冷。如果拒絕接受他們的建議，就等同背棄他們；可是接受他們的建議，就等同背棄自己。我不想當不知感恩的不肖子，但也不想當工程師。」

勞爾無法讓自己與父母的對話變得輕鬆，也無法控制父母的反應。讓勞爾解開心結的，是他的認知——他發現自己能將事情的兩面跟父母分享，將混雜、糾結的種種真實想法與感受告訴父母。於是，勞爾帶著不安和父母展開談話，他在對話中使用了一系列的「而且」：「我一直不敢對你們說這件事，而且對我來說，向你們坦誠是非常重要的一件事。」「我決定主修音樂，而且我也明白你們會擔心我未來的生計。」「我也很怕自己以後會過得很辛苦，而且我真的想嘗試看看。」「我知道你們很難接受我的決定，而且我很希望你們能支持我。」

他準備面對父母的反應。如果是好萊塢電影，這時勞爾的父母會露出笑容，開心擁抱他。然而，現實生活中沒有暖心的背景音樂，他父親臉上寫著失望，母親則一臉憂容，勞爾自己也十分焦慮——但同時，他內心卻十分平靜。他克服了困難，做了自己心目中正確的決定，也清楚又滿懷敬意地向父母說明自己的意思。

當你和別人分享複雜的情緒或困惑的想法，就是進入所謂的「而且姿態」（And Stance）。這是十分有力的姿態，能活用於形形色色的情境——當你仔細聽完對方的意見，決定朝不同的方向前進時，可以告訴對方：「我覺得你的說法很有道理，而且我覺得，對現在的我來說，那些不是我最該學習的技能。」說明自己如此選擇的理由，回答對方的問題，展開一場雙向對話。你的確要宣告界線，不過這場對話是屬於你們雙方的。

## 明確說出自己的請求

最終，韓伊對母親說：「媽，我很愛妳，也知道妳都在為我著想。而且妳對於我的體重、我的家和我的衣著提出那些意見，讓我心裡很難過。如果妳想和我共處，我希望妳能把這些意見放在心裡就好，妳可以接受我的請求嗎？」

韓伊提出明確而具體的請求，而不是說：「別老是批評我。」「請不要再說了。」這兩句話能表達她的感受，但幫助不大。為什麼呢？第一是會引戰。這樣說是給母親回饋沒錯，卻一口氣啟動了真相、關係與自我觸發機制，母親很可能會抗議，說自己「實際上」並沒有一直批評女兒，也可能因為覺得不被認同而切換對話軌道。此外，她還可能為自己是不是「好母親」與「好人」而糾結不已，無法專心和女兒進行回饋對話。

第二是太過空泛。「不要再說了」和「別老是批評我」太過含糊，更何況韓伊的母親有可能根本沒意識到自己的行為。別忘了，這有可能是母親的習慣，也可能是她的盲點，光是貼標籤並無法解決問題。

所以，我們在劃清界線時，應該明確說出三件事：

- **請求**。你究竟想請對方做什麼？你是請對方避開某個話題（我的新配偶、我的體重），還是別提某種行為（我的注意力不足過動症、我看美式足球的習慣）？如果對方請你舉例，就描述自己記得的例子，以及它們對你的影響。
- **時限**。這界線會存在多久？你是不是需要一些時間來整理思緒、調整自我形象、處理其他事務，或是適應新任繼父母或領袖的角色？讓對方知道你的界線有沒有時限，如果沒有，則讓對方知道如何在不越界的情況下表達關心。（「我可以問一下嗎？我不該提起的那件事，最近狀況還好嗎？」）
- **對方的同意**。別擅自認定對方理解或同意了，而是必須提問。當對方說：「好，我願意接受你的請求。」這就不再是你一個人的事了。對方投注了心力，而實現承諾的過程，會牽涉到他們的自我與聲譽。

在上下級關係中，我們比較難進行這些對話，但只要多花一些心思，通常還是能找到合宜的說法。投資顧問事務所的布羅迪不太可能對上司傑克說：「老兄，你給我聽著，我受夠你這些批評了！」但他也許還是能告訴傑克，他十分感激有一位關心他、希望他事業進步的導師，而與此同時，兩人的對話讓他有點受傷。或許他可以請傑克將意見集中在一、兩種技能上，而不是每件事都回饋。

**描述後果**

最後，你還是該讓對方知道事情的後果，這樣才公平。請他們將評判留在自己心中，否則……

否則**會怎樣**？

我們之前談過威脅與警告的差別，這時你的目的不是威脅對方，而是清楚提出警告。你必須告訴對方，如果他們無法或不願遠離你的界線，將會發生什麼事。他們有權決定是否接受你的請求，你無法控制他們的決定，也不該試圖控制他們。但你也有權視情況調整你們的關係。

以下是描述後果的例子：

「你知道我一直沒辦法戒菸，我也知道馬福舅舅生病是因為抽菸。我前陣子才剛換工作，現在仍忙得焦頭爛額，每當我出去抽根菸，你們的評論、意有所指的眼神和不贊同的話語，都讓我無法接受。我知道你們是關心我，但我的感覺不是這樣。如果你們現在不能放下這件事，那我以後都會選你們不在的時候去探望舅舅。」

即使設下了界線，別人也努力接受你的請求，他們仍可能偶爾會不小心越界。別虎視眈眈地等對方犯錯，畢竟他們已經習慣批評你了——簡直可以因此獲頒人生成就獎了。改變習慣沒那麼容易，你偶爾得堅定地提醒他們，在他們犯錯時保持幽默的態度，並在他們進步時予以認可。當然，如果對方無法或不願配合，你就只能盡量保護自己了。

## 你有為他人減輕代價的責任

你決定不改變。好比：你已經仔細聽了孩子的意見，但還是沒做好準備，不願搬離住了六十年的家。你聽了團隊成員的憂慮，還是決定重整部門。妳先生的前妻擔心她孩子去你們家，會被妳那隻「滿身細菌」的貓傳染，所以要妳把貓處理掉，但妳決定把貓和病菌都留下。

故事就這麼結束了嗎？

離結局還遠得很呢！人生不可能事事如意，看不慣就自己看著辦。無論是在職場或家庭，只要我們和人建立關係，就必須注意自己的行為與決定會對身邊的人造成什麼影響，以及他們付出的代價。就算你不願意改變，還是有「為他人減輕代價的責任」，意思是你必須在合理範圍內，盡可能降低自身行為（或不作為）對他人的影響。

## 詢問並認清自己對他人的影響

詢問和你一起生活或工作的人，你的選擇對他們造成哪些影響？拉瑞思索了很久，在與好幾位醫師討論過後，決定先不要用藥物控制自己的過動傾向。他自己當然得承擔相應的後果，例如要艱難地安排生活並完成工作，而除此之外，他的家人與工地同事也必須承擔後果。如果能和身邊的人討論這些後果，拉瑞將大幅提升成功做好工作與經營人際關係的機會。他的決策會在哪些方面造成家人困擾，迫使他們提醒、催促與協助他呢？他的工程團隊會不會面對效率或安全方面的問題？他們能否採取什麼確保工作環境安全的方法？吃不吃藥是拉瑞一個人的選擇，而做出選擇後，其他人必須共同承擔後果。

## 指導他人面對未改變的你

賈姬知道自己有時會主導對話，也知道應該給別人更多發言空間。她花了一年想改善這一點，卻是徒勞無功，於是她決定暫且放棄改變。「我知道自己有時說話太強勢。」她告訴團隊成員，「我也試著改變，可是做了那麼多努力之後，卻幾乎沒有成果。所以，接下來你們可以打斷我，可以判我犯規，或是罰我去旁邊待著。我不是故意想要搶話，但很可能還是會無意識這麼做。我保證不會嫌你們失禮，我需要你們幫忙，也會非常感謝你們。」

## 合力解決問題

你決定不改變之後，要做的不是終止對話，而是開啟對話，想辦法解決問題，減少眾人付出的代價。

你的孩子不想為你獨居而擔憂，如果你能重新裝修房子、搬到樓下的臥房、請人來幫忙，或是裝設緊急求助系統，不僅能減輕孩子的焦慮，還能讓你過得安全一些。下屬擔心你忙著重整部門，可能會影響到給客人的服務，那你們可以坐下來討論這件事，制定持續提供服務的計畫。

我們來看看馬克和弟弟史帝夫的矛盾。過去三十年來，馬克一直認為史帝夫行事太古怪，也一直對他嘮叨。最近一次衝突與馬克的匹茲堡鋼人隊的美式足球賽季票有關：「我問你要不要球票，你都說：『好啊，我去看球賽！』結果你很多時候都遲到，有時候甚至根本不來。」

史帝夫的出席率確實很低，但他很清楚自己不太可能改變。馬克可以選擇繼續唸史帝夫，不然就是不再邀他一同看球賽。

但其實，他們還有第三個選項：兄弟二人協商後決定先假設史帝夫**不會**改變，然後要解決的是，如何盡量減少馬克惱怒的狀況。現在，每當馬克邀史帝夫看球賽，彼此會先詳細討論，史帝夫那天究竟會不會到場（「你是不是安排了兩場活動？你那天還有什麼安排嗎？需不需要我去載你？」），以及如果史帝夫臨時缺席，馬克要付出什麼代價。有時，史帝夫會婉謝哥哥的邀約，建議他找別人去看球賽；有時，史帝夫看得出馬克的邀請只是想和他相處，就會提出不同的建議，例如一起打高爾夫球，或是去喝杯啤酒。

史帝夫劃清了界線（我真的覺得自己無法改變），也和馬克合作找到方法，減輕事件對馬克的影響，如此一來，他們不用巴望著史帝夫改變後的夢幻未來，而能以自己現有的樣貌享受當下。奇妙的是，史帝夫向哥哥表明自己的界線之後，他們反而更能輕鬆相處了。

## 重點整理——

**界線：在健全的人際關係與終身學習的領域，拒絕或拒聽回饋的能力十分重要。**

**有三種界線：**

- 不用，謝謝——我很樂意聽你的指導回饋……而我可能不會採用你的意見。
- 我現在不想談那件事——我需要時間或空間，或是這話題有點太敏感了，我不想現在討論。
- 不要回饋——把你的評判性言論放在心裡就好，否則我們的關係無法繼續下去。

**拒絕接受回饋時，多用「而且」，以表達對對方的肯定。語氣要堅定。**

**明確提出：**

- 請求
- 時限
- 後果
- 請對方同意

**如果你不打算改變，就盡量減輕對別人的影響。**

- 問對方是否受到影響
- 告訴他們如何對待未改變的你
- 合力解決問題

# Chapter 11 掌舵對話

一九九五年，《玩具總動員》上映，給後繼的動畫電影帶來劃時代的影響。電腦動畫技術從一九七〇年代開始發展，不過《玩具總動員》是第一部用電腦動畫讓角色動起來的長篇電影。動畫師不用重繪每個鏡頭，而是製造出動畫中所謂的「關鍵影格」（keyframe），也就是關鍵的畫面，然後由電腦填補關鍵影格之間的動態。動畫師的助理被稱為「中間動畫師」，工作是負責細修關鍵影格之間的畫面，讓動作變得順暢而自然。

## 對話中的關鍵影格

「關鍵影格」這概念，能幫助我們進一步理解回饋對話。無論身為給予者或接受者，我們都無法為回饋對話寫「劇本」；即使寫了，對方通常不會照著我們擬好的台詞演出。但我們能點出幾個關鍵影格，這些是對話中具有象徵性的階段與時刻，只要找出對話的關鍵影格，你就能自己進行細修微調。

☺☺☹

本書用不少篇幅談論我們接受回饋時的反應，同時也提出一些溝通的建議，不過在這一章，我們會詳細探討如何掌握回饋對話，以及為了大幅提昇有所學習的機會，應該要怎麼說、怎麼做才好。

## 對話的曲線：起頭、內容、結尾

簡單來說，回饋對話是由三個部分組成：

- **起頭**：這是關鍵的部分，然而怪的是，人們卻常常跳過這部分，在起頭就不同步，沒先跟對方談好：這場對話的目的是什麼？我想得到什麼回饋，給予者想給又是什麼樣的指教？對方的回饋有討論空間嗎，還是毫無協商的餘地？那是友善的建言，還是命令？
- **內容**：雙向的資訊交換階段，而你必須學習掌握四個主要技能：傾聽、主張、管理對話過程，以及解決問題。
- **結尾**：在這部分我們要釐清雙方的承諾、行動步驟、判斷標準、約定事項，以及後續追蹤跟進的內容。

接下來，讓我們仔細探討每一個部分。

## 起頭：以同步開場

幾個月前你就知道單位安排了績效評估，但全沒預料到今早會碰上臭罵一頓。無論是事先安排好的回饋，或者是突如其來的回饋，你都必須先釐清幾件事。

### 釐清目的，確認狀態

以下三個問題，能幫助你和給予回饋的人達成同步。

◆**一、這是回饋嗎？倘若是，又是什麼類型的回饋呢？**

母親送你一件尺寸過小的毛衣當生日禮物，這也許是個錯誤，但也可能是訊息。就像我們若是沒被加進專案團隊，也許是上層考慮資源分配的決定，但也可能是對你的回饋。

面對這樣的情況，理想的思路是：**哦，這不是尋常的對話，可能是在給我回饋**。**我最好轉為接受回饋的心態**。雖然這聽起來不太自然，卻能避免你反射性反駁或匆忙撤退，以致損害了人際關係，進而阻礙學習的機會。如果你注意到自己的對話情境，就能有意識地選擇回應方式。

如果對方在給予回饋，那麼究竟是評量、指導，還是欣賞呢？這不一定會有答案，給予者也不見得清楚自己想表達什麼。所以，你可以這樣問自己：對現在的**我**而言，什麼類型的回饋最有幫助？假如你已經八十三歲了，如今你第一次讓別人讀你寫的第一部短篇小說，請別只是說：「給我一些回饋。」如果你想要的是對方的鼓勵，讓你有繼續寫作的動力，不妨直說：「可以告訴我，你最喜歡這篇故事的哪三個地方嗎？」

你還可以問自己：給予者有什麼目的？在**他們**看來，你需要什麼類型的回饋？仔細傾聽，找出回饋背後的議題。你也許會覺得對方的回饋像是具前瞻性的指導回饋（「別那麼賣力工作，你可能會好過一些……」）但實際上，對方可能希望你聽到他們更深層的感受（「你馬不停蹄地衝，給團隊造成了負面影響。」）注意具有挑戰性的混雜情況（指導混雜了評量），以及交錯性對話（我需要指導回饋，你卻只給我欣賞回饋），即使雙方目的不同，只要你們都意識到這點，也討論過此事，那就沒問題。

### ◆二、誰來決定？

你們可以反反覆覆地討論，提出異議並解決問題——即使最終只由一個人做決策也沒關係。重點是你們都必須知道，哪一方是最終決策者：例如，你很滿意自己為雞農博覽會做的平面設計，但組織者（也就是案主）希望你將雞隻呈現得寫實一些。你認為這樣做會分散焦點，雞的象徵圖就失去力道，於是雙方你來我往爭了一陣子，僵持不下。這時應該由誰做最終決定？你詢問案主意見，是希望他們能提一些想法，讓你做出最後的設計嗎？還是案主來徵求你的意見，但最後由他們做決定？

很多時候我們並不清楚，對方的回饋究竟是建議還是命令。上司說你參加那場活動應該繫領帶，這是在提供實用的職場建議（「反正領帶繫了還是能解下來」），還是一道命令（「不繫領帶就等著丟飯碗」）？最後你或許會聽從對方的回饋，也可能不會，但無論如何，你總會想知道對方給的到底是建議還是命令。

與此相關的另一個常見差錯是：雙方以達成共識為目的進行對話，但實際上彼此無須達成任何共識。舉例來說，談分手時，對方提出回饋，說你是很糟糕的人，這時雙方不必非要達成這方面的共識，保留各自的想法也無所謂：對方認為你表現差勁，你相信自己表現得細心體貼。在決定是否結束一段關係時，你們雙方都是決策者，都能自己講述關係結束的故事，以自己的方式詮釋這次分手的理由。

### ◆三、這是最終回饋嗎？還是有討論空間？

收到評量回饋時，可以把回饋的狀態問清楚：這是最終結果嗎？還是暫定結果？如果你收到的是最終版績效評分，最好能一開始就知道這件事；如果這是暫定的評分，你也許有機會影響最終結果。很多時候，接受者面對已確定且不可逆的決策，仍會浪費時間試圖影響對方。若是知道回饋已無討論空間，就花時間去理解它，討論未來有效處理後果的方法。

## 你可以影響架構與目標

我們常認為自己是接受回饋的人，只能像打網球一樣，將對方發來的球（也就是給予者的開頭）擊回去。但無論對方如何開口，你都能在輪到自己發言時，為對話提供建設性架構，並且提出目標。

假如給予者自顧自滔滔不絕地說起來，一口氣就來到對話中段，你可以告訴對方：「可以暫停一下嗎？我想先把我們的目標說清楚，確保自己和你狀態一致。」假如對方的指控好像有問題，而且他們固執地以「我說得對」這架構講事情，你可以為議題提出不同架構，將它說成是彼此的差異，「我想聽聽你在這方面的看法，然後我會分享自己的想法，之後我們來討論雙方看法哪裡不同，以及為什麼不同。」

開頭之所以重要，是因為它奠定了對話的調性與方向。麻省理工學院研究者發現，剛開始談判的五分鐘，如果雙方有技巧地互動，最後談判成功的機率會比較高。約翰・高特曼對已婚配偶的研究顯示，如果一場十五分鐘的對話，前三分鐘既刺耳又帶批判意味，而接受者也沒有導正對話方向，對話有九六％機率是負面結果。高特曼表示，婚姻幸福的關鍵要素之一，是雙方改變談話方向、轡應「試圖修復」、阻斷對話惡性循環的能力。

請記得，在開頭改變談話方向，不是針對內容本身，而是關於過程。你不是要限定給予者可以說什麼、不能說什麼，只是澄清雙方對話的共同目的，並提出雙向的探索方式。這會讓你們來到同一起跑點，順利開展後續對話。

## 內容：管理對話的四種技能

對談主要部分的掌舵技巧，有四個：傾聽、主張、「推動進程」、解決問題。

**傾聽**，包括以提問來釐清對方的意思、闡述對方的看法，以及認同他們的感受。

**主張**，混雜了分享、提議與表達——簡言之就是「把話說出來」。主張並非「主張事實」或確定某件事，你大可以主張自己的觀點，即便那只是**你的**觀點，而非完整的故事。此外，你還可以主張自己正陷入矛盾、糾結，或是拿不定主意。之所以用「主張」一詞，是因為它表達了挺身而出，在不引戰的情況下為自己出聲。

**推動進程**，是用委婉的方式將對話引導至更有效的方向。你是自己的裁判，跨出場外觀察這番對話，要是發現自己跟給予者困住了，就可以提出更好的方向、主題或過程。這是對話中經常被忽略的一環，如果好好下工夫提升這項技能，就能大大影響與他人互動的成功率。

**解決問題**，也就是提出「接下來該怎麼辦」這問題。這個批評指教為何重要？我們其中一方或雙方，該拿這個回饋怎麼辦？好比，你主張說我太不敢冒險了，我或許真的過於謹慎，但不像你說的那麼嚴重。我們必須討論此事，不過討論本身並不能解決問題，我們必須一同決定是否投資新公司。也就是，我們需要解決問題的技能。

我們對四種技能的描述像是這是四個步驟，從傾聽開始，到最後成功解決問題，然而，真正的對話很少這麼有條理，我們通常會在對話中跳來跳去，那也沒關係。使用這些技能的順序沒那麼重要，重點是**用了**這些技能。一個人再怎麼擅長傾聽，如果不把心中重要的議題主張出來，那也沒有用；但是再怎麼主張，如果不傾聽對方真正關心的議題，那也於事無補。如果雙方有懸而未決的問題，一方卻再三拖延，理解的光輝很快便會消散，會讓人開始懷疑，自己說了那麼多，不過是在浪費時間。

## 傾聽正確的部分（以及他們看法不同的原因）

傾聽這方面的建議就如同白噪音，由於實在太常見且無趣，以至於後來我們連聽都聽不進去。但如果你邊看本書邊打瞌睡，建議你現在醒一醒——傾聽雖是接受回饋最具挑戰性的一項技能，卻也能帶給你最大的益處。

## ◆內在聲音是關鍵

你以為自己是和給予者一對一談話嗎？你若這樣想就錯了。你們都帶了自己的「內在聲音」出席，在對話過程中，你會產生一連串的反應，這些想法與感受就是你的「內在聲音」。（即使是現在，你的內在聲音也沒停。試著聽一下，它也許在說：「我才沒有什麼內在聲音呢！」）

一般情況下，我們的內在聲音都相當安靜，尤其是專注聽別人說話的時候。可是，當我們不同意對方的說詞或情緒激動時，內在聲音的音量就會提高，努力吸引我們的注意力。一旦太專心傾聽自己的聲音，就聽不到別人的話語了。

你也許會認為，對你而言這不是什麼大問題——你本來就沒怎麼注意到內在聲音，它怎麼可能會礙事呢？

事實上，它可以**非常**礙事。好比，另一位董事說你和年輕員工有代溝，你滿心只想著：**最好是啦！**或者當你同事開始談其他事情了，你的內在聲音卻還在為前一個論點爭論不休。你並不清楚同事說的第二件事的確切內容，但內心覺得那應該也是錯的。

### ▲受到刺激：從助理到保鑣

你的內在聲音就像私人助理，它的工作是確保別人不來打擾你，「抱歉，葛德斯坦女士現在沒空，她忙著思考你平時對她多不公平。建議你晚點再來找她。」

當你受到刺激時，內在聲音會從助理升級成全副武裝的保鑣。當餐廳主廚——你的上司——大喊：「你跟不上的話，就滾出我的廚房！」你的內在聲音會浮現，幫你吼回去：「如果你能在這間＃＊＠＄！的廚房裡準備好器材，我就不會跟不上了啊！」你平時的私人助理也許對付不了主廚，但沒有人能勝過你的保鑣。

### ▲同理心關閉之時

近期關於同理心的腦科學研究顯示，這種保鑣機制不只存在想像中，而是**確實**存在我們腦中。

倫敦大學認知神經科學研究所的塔妮雅．辛格（Tania Singer），用功能性磁振造影觀察了和同理心有關的神經突。辛格與同事找來情侶做實驗，設定在兩種情況下觀察其中一人（女性）的大腦活動。首先，辛格將電極貼在女人手背上，對她施以電擊，並以磁振造影儀記錄她被電擊時大腦的反應（辛格的受試者有多少人願意回去做第二次，我們就不曉得了）。接著，辛格對該名女性視線範圍內、坐在一旁的伴侶施以相同的電擊。有趣的事情發生了：看見**伴侶**被電時，女人大腦的活動和**她自己**被電時出現部分雷同的反應。

兩者的大腦反應不完全相同。女人觀察伴侶被電時，處理肢體疼痛的腦區並沒有反應（她自己並未感受到痛楚），但處理被電情緒反應的腦區確實產生反應了。這種現象稱為「鏡像神經元反應」，我們或許能從中推測，人類天生有同理他人的腦內線路。

辛格擴展研究範圍，探討人類是否**隨時**都會同理他人的痛苦或觀點……答案是「不會」。辛格請受試者看一場遊戲，其中一些人公平地玩遊戲，一些人則否。觀察者看見公平玩家被電時，會產生鏡像神經元反應，而看見不公平玩家被電時，卻沒有產生反應。有些受試者看見不公平玩家被電，腦中與快感、復仇相關的區域甚至變得比較活躍。結論是，我們天生會同理他人，但只對自己心中表現好的人產生同理。

這和回饋有什麼關係呢？當我們接受感覺不公平或不實的回饋，或是感覺自己不被重視、不被善待，我們的同理心與好奇心可能會在神經層面被關閉。因此，在進行令人難受的回饋對話時，傾聽並不容易，即使是在其他情況下願意大方傾聽的人，受到刺激時也很難保持好奇。

### ◆該怎麼辦？帶目的傾聽

如果我們要更有效地傾聽，不僅要**刻意**去聽，還得帶

| 刺激 | 內在聲音 |
|---|---|
| 真相 | 「這錯了！」<br>「這對我沒有幫助！」<br>「那不是我！」 |
| 關係 | 「我為你做了這麼多，你憑什麼？！」<br>「你有什麼資格說這些？」<br>「問題明明就出在你身上。」 |
| 自我 | 「我每次都把事情搞砸。」<br>「我沒救了。」<br>「我不是壞人……吧？」 |

著**目的**去聽。我們必須找到或製造好奇——稍微提醒自己，也許對方的回饋並不全然不公平，或許給予者看到什麼點是我們沒看到的；或者至少可以想，那就是他們的看法，我們能有所了解也不賴。簡而言之，我們該做的不是挑錯誤，而是傾聽正確的部分，並好奇：「為何雙方的看法會差這麼多？」

**▲準備傾聽**

在收到回饋之前（如果有時間預備），你可以先和自己的內在聲音聊一聊，澄清幾件事。你的任務不是對內在聲音回以斥責（「不要產生防禦心理！」）或壓抑它（「你愛怎麼想就怎麼想，總之別說出口就對了。」）反而是關注它。內在聲音之所以吵鬧，是為了引起你的注意，如果你關注它，它就會靜下來。所以，傾聽它的說法，試著去理解。

**▲找出觸發反應模式**

傾聽內在聲音時，你會發現一些模式，畢竟我們受刺激時想的不是什麼別的，而是一些特定且可預測的事。知道自己會產生什麼想法，就比較能接受觸發機制所牽動的問題。反應模式變化多端，但每種回饋觸發的——真相、關係、自我——都會產生其獨特的內在聲音。

**▲然後談判**

辨識出自己的模式後，和自己對話一番，目標是傾聽自己的內在聲音，學會辨認受到刺激後觸發的反應，並且以此幫助你保持好奇。你和自己的對話也許像下面這樣：

你：等一下進行回饋對話的時候，你會跟我說給予者講錯了。

內在聲音：對，因為對方一定會說錯。

你：錯在哪裡？

內在聲音：就是常見的那些地方啊！他們找錯了人討論事情，也完全解讀錯誤。他們就只看到我們犯的一個小錯誤，沒看到我們天天都做對的那些事情。錯誤的地方還很多呢！

你：你能替我們注意這些，真是太好了。那我問你一個問題：對方說的話中，是不是可能有哪裡說對了？

內在聲音：你把我的話當耳邊風嗎？我剛剛就告訴你了，對方說的一定是錯的。

你：我**有**聽到，我們會留意那些話。但是，我想知道他們的回饋是不是可能有正確的部分。

內在聲音：這個嘛，他們有可能看見我們沒看見的東西，這種狀況確實可能發生。還有，對方的解讀和我們不同，但可能值得一聽。對了，他們在這方面好像有不少經驗。

你：所以，聽他們說話還是有好處嘛！

內在聲音：好吧，是讓人有點好奇……

這段自我對話當然比不上莎劇對白，但意思應該不難懂。和你的內在聲音交談，認可它、接受它（畢竟是你自己的想法），並且提醒它，理解並不等於同意。和內在聲音協調，引出它的好奇心，最後再出份作業：**我想請你強烈好奇對方說的話，幫助我深入理解那些話，有哪些正確的部分？他們為什麼和我們看法不同**？

下表列出一些常見的內在聲音模式，以及建議你注意傾聽的部分，還有可提出的問題。

**◆傾聽的第二個目的：讓對方知道你聽見了**

傾聽不是為了禮貌，也不是因為給予者說得對，更不是要你一定得接受、採納對方的回饋。傾聽對方，並不代表你自己的看法不重要。

傾聽是為了**理解**。我們的第一要務是仔細考察：在形形色色的標籤下尋找回饋，努力描繪回饋的輪廓，並且填補自己最初沒看見的一塊塊拼圖。你收集所有相關的證據與背景資訊，試著從給予者的角度看清回饋的形狀與大小。在那之後，你和內在聲音可以進行對話，共同決定該如何處置你得到的內容——回饋是否符合你的看法，以及你是否打算採納對方的建議。

如果說第一要務是「理解回饋」，那第二要務就是「讓給予者知道你理解了」（同樣重要

| 內在聲音 | 傾聽的部分 | 可提出的問題 |
|---|---|---|
| **真相** | | |
| 這錯了！<br>這對我沒有幫助！<br>那不是我！ | 對方有、我自己沒有的**數據**，以及和我不同的詮釋。<br>我因為盲點，沒注意到自己對他人的**影響**。 | 可以幫我舉例嗎？<br>你覺得那是什麼意思？<br>你為什麼擔心？<br>你是不是覺得我做錯什麼事，阻礙了自己？<br>那對你造成了什麼影響？ |
| **關係** | | |
| 我為你做了這麼多，你憑什麼？<br>你有什麼資格說這些？<br>問題明明就出在你身上。 | 對話中**切換軌道**，提到我們關係中的第二個議題。<br>我們之間的**系統**——我們雙方分別造成問題的哪些部分，還有我在系統中扮演什麼角色？ | 請幫助我理解你的回饋，在那之後，我想討論你提出回饋的方式、時間與理由，再談我自己對這段關係的一些疑慮。<br>我做了什麼負面貢獻，讓我們之間出現問題？<br>對你來說，最難以接受的事情是什麼？為什麼？ |
| **自我** | | |
| 我每次都把事情搞砸。<br>我沒救了。<br>我不是壞人……吧？ | 我的**腦內線路**長什麼樣子？我的情緒擺幅有多大？我恢復得有多快？我該怎麼勸自己脫離固有的模式？<br>我可不可以不要把焦點放在評量或指導回饋隱含的評判上，轉而尋找成長的機會，盡量將回饋分到**指導**那一類？ | 可以幫助我從不同的角度理解你的回饋嗎？<br>如果我想進步，可以怎麼做？我能做什麼改變，達到最好的效果？ |

的是，你必須讓對方知道你**想要**理解他們）。給予者花了時間和精力給你回饋，你仔細傾聽就是在獎勵他們，也是在給對方安全感，讓他們知道自己說得夠清楚。你晚點或許得和對方進行第二次對話，討論你決定不採納意見的理由，對方也許會因此感到不開心，但為了理解他們的建議你已盡可能認真聆聽——即使對方不開心，也不得不承認這點。所以，當你解釋自己最後如此選擇的理由時，對方也比較願意聽你的想法。

有趣的是，偶爾插嘴以確保聽懂了給予者的意見（而不是提出自己的相反意見），也能代表你在認真傾聽。你可以試著問：「在繼續往下說之前，可以先解釋一下你所謂的『不專業』，確切來說是什麼意思嗎？我想確保有聽懂你描述的事……」對方一邊說，你一邊提問並請他們闡明想法，對雙方都有幫助。

### ◆注意「燙手問題」

請注意：我們有時愈聽別人的回饋愈不高興，卻為了繼續傾聽而拋出「燙手」的問題。這些問題在我們努力壓抑的煩躁與不滿催化之下，成了加上問號的反駁。情緒藉由這些「問題」宣洩而出，到頭來甚至會丟出：「你為什麼這麼笨？」「你真的這麼想嗎？」之類的問題。這兩句話雖然以問號結尾，但都不是真正的問題。提問者的意圖會影響問題，上述兩個「問題」的意圖並非想理解對方，而是表明主張與試圖說服對方（或者是發洩不滿與攻擊對方）。

諷刺語氣跟真正的提問絕對是矛盾的（「哪裡的話，我最愛聽你這些血淋淋的回饋了。還有想說的嗎？別客氣，儘管說。」）。至於反詰問也一樣不是真正的提問（「難道你是認為……？」「假設你說的沒錯，那要怎麼解釋……？」）這是你與內在聲音糾纏時的表現，你的內在聲音說：「這傢伙在說什麼鬼話？我要痛罵他一頓！」你則說：「等一下！我們應該要問問題啊！」結果你提出的「問題」，充斥你的不滿與主張。

那麼，當激烈情緒湧現時，該如何是好？如果你受不了對方的回饋，就別強迫自己提問，你可以提的是自己的主張。你也許想回以燙手問題：「你真的相信自己說的話合理又公平嗎？」但你可以用經過深思的主張取代：「你面對和我處境相似的其他人，似乎不是用同一套標準。因此，我覺得你的意見不太公平。」主張自己的意見後，可以再繞回去傾聽對方，「我有沒有漏聽你想表達的哪一部分？」

在必要時主張意見，如此一來，傾聽會變得更輕鬆、有效。

## 主張遺漏的部分

在討論如何**接受**回饋時，說明怎麼主張自己的意見，這似乎有點矛盾。但是，回饋並不是給予者提出，你就能立即接受的東西，而是兩人一起拼拼圖的過程。對方手裡有拼圖的一部分，你也有一部分；你如果不主張意見，就是將自己手裡的拼圖藏起來，給予者不知道你的看法與感受，因此也無法曉得自己的回饋是否有幫助、夠準確或真能符合你的經驗。在這樣的情況下，你們無法解決問題、無法調整，對方看不出你是否理解或打算採納回饋，也不知道嘗試提出這些建議比他們所想的困難或危險許多。

你的主張往往是對於回饋的回應，但也不一定。好比對方可能在績效評量開始前，先要你自我評量。不過在定義上，你必然會在對話中某個階段收到回饋，也會有些話想回應對方。

### ◆從「我說得對」轉變為「這是你遺漏的部分」

想有效主張意見，心態要有重大轉變：你的目的不是說服給予者，讓對方相信你說得對；也不是要用自己的事實去取代對方的事實，而是要補上「遺漏」的部分——最常被遺漏的是你的數據資料、解讀與感受。只要做到心態轉變，你就可以主張自己覺得重要的一切意見。當雙方手中的拼圖都拿出來，你們就能找出雙方相同與相異的看法，以及意見分歧的原因。

### ◆常見的主張錯誤

接下來，要檢視三種回饋觸發機制——真相、關係、自我——造就的常見主張錯誤。

### ▲真相錯誤

最常見的雷區，是陷入爭執「真相」的心態。

**雷區說法：**「對方的建議錯了。」

**較好說法：**「我不認同對方的建議。」

這看起來明明是很微小的差別，真的很重要嗎？兩者的差別之所以重要，是因為可以確保你們的對話不脫軌。如果你說：「你的建議錯了。」給予者就會開始解釋自己的建議為何正確。如果你說：「我不認同你的建議。」給予者無法否定這點，畢竟你就是有這種想法，所以雙方只能討論意見分歧的原因。你也許會說：「我在前一間公司用不同的方法做事，就沒遇到這麼多問題。」給予者不知道你上一份工作哪裡做得成功，你也不知道對方在目前這公司試過什麼方法，而這才能開啟雙方對話。

雖然要討論的是意見上的差異，但這不代表對話和事實無關，事實往往是對話的核心。你必須先知道銷售數字，才能加以解讀，但比較困難、重要的任務，應該是解讀數字才對。

**▲關係錯誤**

我們受到人際觸發機制刺激而主張意見時，最常掉進切換對話軌道的陷阱。想避開陷阱，你要留意對話中是否出現兩個話題，若有，就將兩個主題放上各自的軌道。

**雷區說法**：「你是自我中心的混蛋。」

**較好說法**：「我覺得自己不受重視，所以現在無法專心聽你的回饋。我們可能得先討論我的感受，再討論回饋本身。」

你如果說出第一句話，很可能會點燃戰火，如果說出第二句話，可能會讓給予者滿頭問號，想知道你最近讀了什麼怪書，但（通常）這樣會比吵架好。

至於第二個常見的雷區，牽扯到系統、責怪與貢獻：

**雷區說法**：「這不是我的錯。問題出在你身上。」

**較好說法**：「我知道自己造成一些問題，我希望雙方一起退一步，看看事情的全局。如果想改變現況的話，我覺得再多理解一些其他資訊對我們來說很重要。」

第一種回應可能會使你和對方大吵一架，互相卸責；第二種回應告訴對方，你願意為自己造成的問題負責，同時指出對方在系統中也有負面貢獻。

**▲自我錯誤**

在我們情緒失衡或被情緒淹沒時，很可能提出過於誇張的主張。

**雷區說法**：「說真的，我沒救了。」

**較好說法**：「你說的這些讓我很驚訝，我一時難以接受。我想花些時間考慮你說的話，消化這些資訊，明天再繼續討論吧！」

心亂如麻時，你會很難清楚或平衡地表達自己的意見，還有可能會為了找回平衡，將過多責任攬在自己身上，或是表現出誇張的絕望與不安。這時，建議你向對方坦承這些回饋令你驚訝，並告訴對方，你想花些時間找出它們對你的意義。

常見的第二種雷區說法，是發生在內在聲音努力將回饋拒於門外時：

**雷區說法**：「胡說八道，我才不是那種人呢！」

**較好說法**：「我聽了這些回饋，感覺有點難過，因為我心中的自己並非那樣，我也不想當那種人。」

你可以不用指出對方說法有誤，而是主張他們給的資訊不符合你的自我認知。同樣地，你可以答應要考慮對方的回饋，但不表示對方的資訊正確。

## 自己當自己的過程裁判

多年以來，我們帶領溝通工作坊時，一直把焦點放在傾聽與主張兩部分，即使這方法無法完全滿足人們的需求，應該也夠讓他們達成有效溝通了。

然而，我們漸漸從特別擅長溝通的人身上注意到一個有趣現象，那是我們說不上來的第三種技能。

這時，我們才想到，這些人不僅**參與**了對話，還主動又明確地在對話中**掌舵**。溝通達人能精確地觀察對話，診斷出對話中的錯誤，並且做出明確的糾正。他們似乎同時扮演球員與裁判兩個角色。

### ◆推動進程：診斷、描述、提議

溝通達人能精確注意到自己在對話中的位置，包括對話階段，以及該階段常見的挑戰。他們能立即診斷出對話停滯的原因，然後找出推進的方法——這不是為了自己而操控對話，是為了與對方進行清楚的交流。為了把對話拉回正軌，這些人願意以極清晰的言語表達想法，有時甚至清晰到讓人尷尬。

無論你天生的溝通能力是強是弱，都能透過覺察與練習，強化自己在對話過程中的各種技能。我們是透過聚精會神地聆聽推動進程的對話，以此加強自己的能力，而你也能做得到：

- 「我們都在爭論，也都想說服對方，但我認為彼此都沒有真正聆聽或完全理解對方。我知道我做得不夠好，不夠努力理解你的憂慮，所以請你再多說一點給我聽，這件事對你還有工人代表來說，究竟為何如此重要？」
- 「我覺得這裡其實有兩個問題，我們一直在其間來回擺盪。讓我們一次處理一個議題吧！第一個是，你覺得我沒把之後要出差的事告訴你，所以不高興；而我之所以不高興，是因為我覺得已經告訴你了。第二個議題是，你擔心我不在家，你沒辦法顧好小孩的時間分配。你認同我這樣歸納嗎？如果認同，你想先討論哪一件事？」
- 「你說我對媽媽不公平，還說正常人都能看出這一點。這兩件事我都不同意，我不認為我對媽媽不公平，我也不認為『正常人』都能看出我對她不好。我不是說我的看法正確、你的看法錯誤，而是想說我們雙方的看法不一樣。我是不是沒有完全理解你的看法？你還有什麼想補充的嗎？」

・「這件事讓我很震驚。我的內在聲音是：『老天，這才不是什麼解讀的問題，事情根本就不是那樣子啊！』你好像也很不高興，心裡或許也有同樣想法。我想先暫停幾個小時，等到我們都冷靜一點，再回來討論這件事。」

・「好吧，我們一直僵持不下。雙方必須達成共識，卻又一直意見相左。你提出的解法是要我妥協，從過程來看，我覺得這不公平。另一方面，我也不知道該怎麼解開僵局，所以我們得想辦法解決問題，有沒有什麼公平又有效的方法，能幫助我們達成共識呢？」

上述例子都有兩個共同點：第一，這些評論都和對話內容無關，是對話者觀察到對話**進程**某部分出了問題，好比僵持不下或脫軌了。每段評論都包含推進對話的提議，或是邀請對方一同解決問題。

第二個共同點是，每段評論聽起來都有些尷尬，因為一般人不太是這樣說話的。而矛盾的是，這正是這類糾正方法如此有效的一個原因。裁判打斷比賽並做一些調整，他的目的就正是為了推動進程。你暫停對話，以便退一步檢視對話進行的方向，然後找出導正的方法。這樣可以中斷不滿或糾紛的循環，給雙方機會做出決定，尋找如何一同前進的方法。

## 解決問題是為了創造可能性

我們前面討論如何理解回饋，如何採取有用的方式消化回饋，而非放任不理或讓它恣意破壞。但是，想要成功接受回饋，就必須考慮下一個核心問題：接下來怎麼辦？這麼努力理解回饋，有什麼用？我們要拿這些回饋怎麼辦？

這可能是極具挑戰性的問題，尤其在你和給予者對回饋意義意見相左，或者雙方認為該用不同的方法處理回饋時。當你們因此發生衝突，就會需要解決問題的能力了。可能會令人訝異的是，擅不擅長解決問題靠的未必是「聰明機智」，或是「創意」。解決問題的高手往往有一套特定技能，懂得提出正確的問題，並且用正確的方式對治問題。

### ◆創造可能性

有時候，我們即使認為對方的回饋正確無誤，也會覺得這題無解，因而灰心沮喪。對方的回饋也許觸及深埋在我們心中的人格特徵，或是與外貌有關（對方說你太高了，不適合演男主角，那你再怎麼努力改變也無濟於事）。或者，你若選擇接受回饋，就必須大幅改變生活方式、習慣或工作量，你不確定這是否值得一試，或是懷疑自己努力嘗試也無法成功。

但是，就算是看似無法可解的情況，也是可以創造出新的可能性，第七章的婦產科醫師亞麗塔就是個例子。亞麗塔的病人嫌她不守時，她不僅因此感到灰心，還停滯不前。如果她不大幅改變工作模式，就沒辦法改善不守時的問題，給病人更好的體驗。

對病人來說，理想的解方是「準時看病」，但他們也同樣關切的是，預約時間遭延宕的**理由**。每個病人都希望輪到自己時，亞麗塔能同樣認真地看診。所以，如果能在候診室放一張告示牌，說明看診時間延後的原因，就能滿足一些病人真正關切的點。他們對看診過程有所理解之後，會覺得自己受到醫師重視，也知道時間延後不是因為醫師不在乎，而是因為她非常在乎。

如果你想找到新的可能性，就必須認真傾聽回饋背後的問題，而且你必須有能力提出選項去處理那些關切點。這能改變你們的回饋對話，讓彼此不再為給予者的做法是否「正確」而爭吵，轉而探討他們真正想達成的目標，以及達成目標的方法。

### ◆發掘潛藏的關切點

在《哈佛這樣教談判力》一書中，羅傑・費雪、威廉・尤瑞與布魯斯・派頓提出了解決問題的關鍵：關切點與立場的差異。「立場」是人們表示自己想要的事物，或是他們提出的要求；「關切點」是他們意圖以提出立場的方式，滿足潛在的「需求、欲望、恐懼與憂慮」。很多時候，有許多不同的選項能滿足關切點，其中一些可能是雙方當下都沒想到的可能性。

建議常常會以立場的形式粉墨登場，它是給予者心目中理想的解決辦法。如果你有遲到的毛病，那就準時；你太過雞婆和多管閒事，就該少管別人閒事。

傾聽別人言語的關切點，能幫你騰挪更多空間出來。舉例來說，專門幫助殘障孩童與家屬的社工厄爾，留了馬尾與亂糟糟的長鬍子，還缺了兩顆門牙。雖然他在工作方面非常專業，但因為外表不符合主流印象，一些家庭花了些時間才接受他。

厄爾的上司建議他剪頭髮、剃鬍子，他拒絕了。他認為因他外表不合主流印象而有偏見的人，就和那些對殘障孩子有偏見的人一樣。厄爾說得有理，不過他的外表確實是讓原本就充滿挑戰的工作，增加了壓力。

上司的立場是：「打扮得體面一點。」不過，厄爾也聽出上司的言下之意：「我們希望那些家庭能更快和你變熟。」厄爾和上司的關切點一致，於是他提出另一種解決方案：請上司在介紹他和新合作家庭認識前，改以不同的方式介紹他，除了列出工作經歷外，還可以補充一些小趣事，例如他同時是半職業斑鳩琴手這件事。

新家庭知道厄爾在玩音樂之後，比較能理解他打扮得如此非主流的理由。結果他們不但沒因厄爾的外表而驚訝或錯愕，反倒對他深感興趣。很多家庭都在音樂的領域和厄爾建立連結，一下就接受了他的外表，也把他的打扮視為勇敢面對世界的一種表現——就這樣，他有效地讓殘障孩童與家屬學到這件事。

當你和給予者意見僵持不下，認為給予者提出的建議對你太過困難，甚至是無法接受時，不妨可以問對方，這些建議背後的關切點是什麼。

### ▲回饋背後的三個關切點來源

指導或評量回饋背後的關切點，往往能歸入以下三類，每類開創新選項的方向都不一樣：

- **幫助你**。給予者看見你可以改進的方法，以及加速你成長或學習的機會；或者看見你沒看到的潛在問題或危險，希望能保護你。對方的目標是幫助**你**。
- **幫助他們自己與這段關係**。給予者給你回饋，有可能是因為你而感到難過、孤單、憤怒、失望或受傷。他們不會說：「我覺得自己被冷落了。」而會說：「你太常去旅遊了。」回饋確實和你及你的行為有關，但背後的關切點不見得明顯。你聽了回饋後也許會盡量少去旅遊，卻更常外出打獵，並且認為自己「接受」了對方的指導，對方卻知道你沒抓到重點。
- **幫助組織／團隊／家庭／別人**。有時候，給予者提出回饋，是想幫助或保護你們以外的人、事、物。像是上司不能給你更高的評分，因為那樣做對其他員工不公平；你常常忘記還一位好友錢，她本身不是很介意，但知道你忘記還錢給某個共同朋友時，會讓對方很不高興。於是她站出來提醒你。

想解決真正的問題，就必須理解真正的關切點，而為了理解真正的關切點，你必須深入挖掘對方說出口的立場，找出是哪一類的關切。

**◆創造選項**

掌握到回饋背後的關切點（及事情實際關係到哪一方的利害）之後，你可以轉而進行「創造選項」。如果能找到符合你自己和給予者關切點的選項，大家都會好過很多。

可以的話，盡量表明自己想達成的目標，你可以說出各方不同的關切點，邀請給予者一同想辦法滿足各方需求。我們找不到好選項的首要原因，是因為我們根本沒去嘗試——所以，試一試吧！

有些選項和厄爾提出的方法一樣，能一舉解決整個問題，也完全滿足給予者的關切點。還有一些是「過程」選項：我們可以試試你的方法，再檢討得失；我們可以妥協；我可以把雞畫得更寫實一些，我們可以把兩種設計圖拿給主辦單位，問問他們的意見。你不必就針對回饋下最終結論，畢竟它公平與否也還不確定，你們只是同意用雙方心中公平的方式繼續前進。

## 結尾：以承諾來總結

我們該如何知道回饋對話結束了沒？很多時候，當一方放棄、離開、崩潰或時間不夠時，對話就會自動結束。即使對話進行得很順利，我們也往往會跳過關鍵的最後一步：總結我們同意採取的行動，以及選定接下來的方向。如果不把話說清楚，我們很可能會感覺沒有進步而失望，或是因為對方過高的期望而感到困惑。這時候，給予者與接受者都會心想：「既然每次都無法改變現狀，我們為何要花這麼多時間討論？」

對話結束時的承諾不必是長篇大論，你可以簡短用一句話總結：「我想花點時間考慮你說的話，我們明天繼續談。」你不一定要同意對方的回饋或答應要改變（當然你也可以這麼做），但你也可以承諾要收集更多資訊、讓更多人加入對話、觀察接下來兩週的事態發展，或是清楚列出回饋中你決定不接受的部分。你的目標是把話說清楚，讓雙方都了解現況。

以下是幾種總結性承諾，可以視場合套用到自己的對話中：

- **行動計畫**：明天要怎麼分工？雙方該改變什麼或在哪方面努力？為了達成這些目標，雙方都同意採取哪些行動？
- **標準與後果**：之後會在何時評量進步的幅度？如何評量？還可以討論評量可能造成的正面與負面影響，以及沒達到標準的後果。

．**過程的約定**：除了承諾進行改變外，你可以和對方約定努力的方法與過程。我們之後會在何時再談話？談什麼？你可能會同意再徵求客戶、董事會、鄰居或市場的意見，我們可能會約好不在小孩或客人面前討論此事，或是約定盡量信任對方。

．**新策略**：無論是在職場或在家庭，引來批評指教的摩擦往往反映了人與人之間的差異，這些是很難改掉的。這種情況下，我們可以不找解決方法，而是尋找策略，用新方法面對雙方的怪癖、失敗、健忘症或火爆脾氣。在對話的最終，說出你想到的方法，看能不能和對方更有效地接受彼此，再次確保雙方都知道自己確切同意了什麼。

別忘了，回饋對話極少是一步到位的事，它們往往是分散在一段時間內的一系列對話。因此，只要在目前位置、你們達到的成果，以及接下來要嘗試的事物上設下記號，這條路就能走得更順遂。

## 統整流程：動態對話

如前所說，我們很難預測回饋對話的走向，所以你必須熟練使用我們介紹的各種技能。接下來我們觀察一場評量回饋的對話，看看在動態情況下，該如何使用這些技能。

## 關於評分與獎金的評量回饋對話

到了年底，你和主管有例行的對話，其中較正式的部分是討論獎金、加薪與升遷等事項。此外，這次會議也是一次提出意見的機會，只要是你認為重要的事情——對過去一年的想法及未來一年的憂慮，都可以提出來討論。

滿分五分，你今年的評分是四分。你已經連續三年拿四分了，而五分的獎金大約是四分的兩倍。你沒有暴怒，但感到氣餒，還記得去年主管告訴你，四分和五分的差別在於自己拉客人，光是經營部門、為別人拉的客人服務還不夠。今年你努力拉客戶，一共招攬了二十三位新客戶並簽立合約，幾乎讓你們團隊收益成長了二〇%。

你可以用四種不同的方式進行對話，前三種是較差的變化型，第四種效果較好。我們假設開頭的寒暄已經結束，直接從你對評分與獎金做出反應的部分開始。

### ◆版本 1

你：「這樣不公平，去年說我拉到新客人就可以拿到五分，我也做到了，可是今年還是四分。該不會整間公司都沒人注重公平吧？」

分析：我們注意到四個問題：第一，你主張評分結果不公平，但在和主管深入討論評分基準前，你其實不知道它公不公平。可能是你拉到的客人太少、客戶的企業規模太小、評分標準改變、你沒讓人知道哪些是你拉到的客戶、你誤解了主管去年說的話，或者是你拉客人的業績確實亮眼，卻有其他問題妨礙你得到五分。即使繼續和主管對話，你可能還是會認為評分不公平，但也可能會改變想法。第二，你將「不公平」說成事實，而不是你自己的看法。第三，你說公司上下沒有人注重公平，這是基於你了解不深而做出的人身攻擊。事實上，可能有很多人注重公平，或是有許多人為你出聲抗議。第四，你的評論不精確。主管並沒有明言表示拉到客人就絕對能拿五分，只說四分和五分之間的一大差別，是拉到的客戶多寡。

結果：上司也許會被以上任何一個問題觸發，等你回神才發現她在為「我是公平的人」這項自我認知極力爭辯，而你再努力與上司爭論她是怎樣的人，也無法解決你關心的議題。

## ◆版本 2

你：「好吧，我覺得四分有點低，但也沒關係啦！」

分析：這句評語不但含糊，還有被動攻擊的意味，基本上你是在說：「我會含糊地提出憂慮，讓你好奇我怎麼想。但我不會明講，這樣我就不必為提起這件事負責，也不會讓你知道我真正的想法。」你可以選擇討論這件事，也可以保持沉默，總之別「稍微」提起這件事。

結果：上司有可能沒注意到你提出了問題，也可能因你被動攻擊的態度而發怒。無論如何，你無法得知自己只拿四分的原因，也不知道該如何改變，這也可能使上司對你觀感不佳。

### ◆版本 3

你：「哇，我還以為自己會拿五分。有沒有辦法改分數呢？」

分析：說出「以為自己會拿五分」這句話沒問題，畢竟那是你真實的想法。然而，你還不知道只拿四分的原因，這時就要求主管改分數，有點操之過急。在討論過後，你也許會認同主管的決策，認為自己該拿四分，也可能會堅信自己應該拿五分。如果在討論結束後你仍未改變想法，就可以用對話中得到的資訊來支持自己的論點。

結果：上司說：「不行。」故事就此結束，學習機會跟著結束，影響他人的機會也這麼消失了。或者上司會說她再考慮看看，但她沒有得到新資訊，而你也沒提出新的思考方式，無法說服她更改評分。

### ◆版本 4：有技巧的對話

你的目標是主張自己感到驚訝又失望，並解釋自己產生這種感覺的原因。在對話的這個階段，你不該主張評分不公平或要求主管更改分數，也不該評判系統整體或決策者。

你應該提出幾個問題，深入了解評分標準，以及自己是否符合標準。你該問上司，去年關於拉客人的那句話，和今年的標準是什麼關係。你該問上司，情況是否有變，以及除了拉到的客戶數量外，她還有哪些數據資料上的考量——同儕、市場、上層施加的壓力等。

掌握更多資訊之後，你也許會認為評分與獎金很公平，也可能依然相信它們不公平，你也許會想提起此事，抑或選擇沉默。如果你最後的結論還是評分不公平，則不該把這件事當成客觀事實說出來，該告訴對方，這是你自己的看法。此外，你也該清楚告訴主管，你說了這些話，是希望她修改評分，還是只想加深自己對系統的認識，也許明年再挑戰。

假設你主管沒讀過本書，無法立即理解你想表達的事，你就必須更堅持一點。

你：我沒想到今年的評分會是四分，而不是五分。但我其實不太了解決策過程，也不太知道評分的標準。

上司：你覺得你應該得五分？

你：是，我的確有這種想法，但我想了想，發現自己手上並沒有太多資訊，不該隨便下定論。去年的績效評量，我得知四分和五分的一大區別是「有沒有拉到新客人」，所以我今年努力拉了二十三位新客人，讓我們的收益成長將近二〇％。我以為這樣就達到五分的標準了，但是不太清楚評分標準是什麼，也不曉得有沒有其他我沒注意到的因素。

上司：我覺得四分已經非常高了。

你：是，我也明白這點，不過我還是想更了解決策過程。

上司：你覺得評分不公平？

你：我掌握的資訊太少，沒辦法下定論。能否告訴我，在決定評分的時候，你們會考慮到哪些因素？還有，能不能說明拉到新客戶與提升收益，在評分方面的比重呢？

（上司向你詳細說明評分系統，你不時插嘴，請她說明過程、定義等，直到充分了解系統。）

你：基於妳剛才說明的評分標準，還有假設這裡面已沒有其他考量，我認為自己應該得五分。請問妳是否有不同的看法？

上司：在收益與拉客戶這方面，我認為你有做到五分的標準，但給分並沒有確切的公式，薪資獎金委員會的每個委員，可能會考慮不同的因素。

你：我相信要把這些整理成一個分數，是非常麻煩的過程。請問他們還考慮到哪些和我有關的因素嗎？

上司：有幾個委員針對你整體的努力提出疑問，他們沒阻止我告訴你這件事，但我剛才沒跟你說，是因為不贊同他們的看法。我覺得努力的問題並不重要，如果強調這件事，甚至向你提起這件事，只會造成反效果。

你：我聽了當然有點不開心，不過知道此事對我很有幫助。這讓我知道你們認為我夠不夠用心，還有我認為自己夠不夠用心。原來如此，在一些人看來，我的表現還不夠好。

上司：這個嘛，我應該能請委員會重新審查一次，看能不能修改你的評分。我覺得可能改不了，但還是可以問問看。

你：委員會可能怎麼想呢？

上司：你也知道，有些人不管薪資報酬拿多少，永遠都嫌太少。不過，我們偶爾還是得認真考慮是否修改評分。

你：其實現在我想把評分先這麼放著。請問我可以找委員會裡覺得我不夠認真的人談談嗎？我想更了解別人對我的看法，再決定要不要請他們修改評分。

你們繼續對話，雙方探索不同的選項，找到彼此都認同且承諾遵守的前進方向。你已經很努力理解回饋了，還展現出從中學習的意願。

從回饋中學習的能力，將會形塑你的未來。

# Chapter 12 展開行動——五種實作方法

在此，要提供一些展開行動的方法——快速徵求回饋、測試收到的建議、加速學習，以及評估進步的幅度。

## 只需問人一件事

這是新系統啟用後做出的第一份績效評量，但羅德里戈看了以後，滿腦子都是表格、圖表、權限與評語，被評量結果弄得一頭霧水。他實在不知道究竟該怎麼改變才好。

至少，他不必面對巧克力餅乾的考驗。

近年一場實驗的受測者就沒那麼幸運了——研究者請他們先跳過一餐再進實驗室，所有的受測者走進實驗室便看到小烤箱裡正烤著巧克力餅乾，濃郁的香氣瀰漫整個房間。研究者請一半的受測者吃兩、三片餅乾，另外一半不能吃餅乾，而是吃兩、三塊蘿蔔。

之後，所有受測者都必須解一系列的幾何題，要求他們在鉛筆不離紙的情況下描圖。

他們拿到很多張紙，有無數次嘗試機會。不能吃餅乾（只吃蘿蔔）的受測者放棄得比較快，他們嘗試的次數大約是吃餅乾組的一半，然後很快就放棄了。研究者羅伊・鮑梅斯特（Roy Baumeister）等人表示，抗拒誘惑（或強迫自己做較不吸引人的新行為）所需的精力與注意力，會耗費完成其他工作所需的精力、注意力與毅力。

關於收到回饋後想改變行為與習慣所需要的努力，這個實驗結果也別具意義。即使回饋精確、來得正是時候、充滿洞見，也傳達得十分有技巧，如果其中包含太多想法、太多決定、太多改變要達成，就可能太超過了。我們達成改變的力氣有限，所以少即是多（多多少少啦）。

總之，盡量用簡單的方法展開行動，方法如下：**舉出一件事**。說到底，你和那位（或很多位）給予者有沒有達到共識，找到你們心中最重要、最需要你下工夫的一件事？這應該要是一件有意義且有用的事，但別因此嚇得不敢行動。你不必找到一件**完美**的事，那只會讓你暈頭轉向，只要舉出有用的一件事，以此作為展開行動的起點就好。

**提問：「你覺得我是不是做錯了某件事，阻礙了自己？」**

該如何從一件事開始呢？別只是說：「請給我一點回饋。」那太含糊了。你可以說：「請舉一個我可以改進的地方。」或是照我們在第四章提過的說法，問得更犀利：「你覺得我是否因為做了某件事，或少做了什麼事，所以阻礙了自己？」這麼說是允許對方回饋得更深（畢竟是你自己要問的），能讓他們找出最優先的事項並直言不諱。

當然，有時你會遇到緊急狀況，在頭髮**和**褲子都著火時，就不能單只舉出一件事了。另外，別用「舉出一件事」這句話去否定別人的憂慮——你可能沒辦法一次處理十個問題，但給予者就是有十件憂慮的事情有待解決。你應該努力理解並認可對方的意見，然後回過頭來制定優先順序：「你提出好幾個不同的議題，我們也討論了每個議題的重要性。我真的想要改進，而過去的經驗告訴我，一次專注一件事比較有效。我們一起找出合適的起點吧！」

這有時不太容易。當你的小女兒給你回饋，你卻回應這個月的「一件事」已經被姊姊用掉了，她是絕不可能給你好臉色看。所以，視改變的幅度或挑戰性，你也可以一次處理幾個問題，特別是不同領域、不同面向的問題。你可以一方面努力對大女兒耐心一些，同時盡量對小女兒言行一致。以一件事為目標的重點是期許自己，鼓勵自己專注於解決問題。

## 傾聽對方的主題

羅德里戈的考績回饋報告包含數十句評語與建議，以及上司特別強調「可以加強」的三個方面。大部分的回饋都模稜兩可，並且有濃濃的標籤意味（舉例來說，羅德里戈的「同理」程度達到平均標準，「參與」程度卻低於水平）。最後，回饋實在是太多了，他不曉得該從哪裡開始改進才好。

於是，羅德里戈將報告放到一旁，開始執行自己設定的任務。他選了三個和他密切合作、角色不同的人，再加上他的上司，以及感覺特別討厭的一名同事，請他們都回答一個問題：「你覺得我做錯了哪件事，阻礙了我自己的生產力？」接著他一步步追問，請對方說明他們的看法。在執行這項任務的過程中，最長的一段對話花了十分鐘。

羅德里戈知道自己最後不會只考慮「一件事」，所以盡量注意給予者的主題。以下是他從五次對話中整理出的重點：

- 早一點讓我們知道你的想法。
- 你常常保持沉默，讓別人主導對話，但你的背景很特殊，我們需要你早一點提供意見。
- 建議你在公司總部多多出聲。
- 我都看不出你是在什麼時候做決定的，如果你已做好決定就告訴我們，這樣我們才能繼續往下做。
- 我覺得你做事沒有條理，這樣會阻礙到你自己。

與羅德里戈談話的五個人，其中三位直接提到，身為團隊領袖的他太過低調，讓別人主導對話。在收到這些回饋前，羅德里戈根本沒注意到這缺點（現在想來，回饋報告中確實有提到此事，但若不仔細找，絕對會被漫天數據資料給淹沒），在此之前，他一直以為自己是面對相反的問題：擔心自己做決策時沒給團隊足夠的發言空間，還拚命努力想讓其他人參與討論。和同仁聊過之後，他發現自己有時必須提出更明確的方向，並在自己做好決定時清楚說出來，讓大家接著討論實施辦法。

於是，羅德里戈決定自己那個月的「一件事」就是盡量出聲，提供更明確的方向。一名同事提出很實用的指導回饋，「她建議我稍微做得誇張一點，如果我真的太過分，她會再提醒我。我不要整天擔心自己做得太超過，就能進步得更快。」

## 詢問對「他們」來說，最重要的是什麼？

如果你想做出影響較廣的改變，還可以用最後一種方法，就是問對方：「可以提出**對你來說**最重要的一點，讓我對此做點改變嗎？」莎容在晚餐時詢問三個年幼的兒子：「我最近工作壓力很大，一直請你們幫忙或體諒我，但現在我們來翻轉問題。我做出哪些改變，可以幫到你們呢？」

莎容難以想像兒子們會給出有用的答案，畢竟事情若能輕鬆解決，她應該早就找到解決方法了！八歲的艾丹高呼：「我要更多彩虹糖！」結果他和十二歲的歐文吵了起來，歐文理性地表示「更多彩虹糖」這回答太蠢了。看來這場對話的開頭不是很順利。

接著，十歲的柯林開口說：「我們最近都沒去打保齡球了。」

莎容覺得這回答只比「更多彩虹糖」好一點，但她看出柯林是一本正經地給出答案。「你喜歡打保齡球嗎？」她問。

「沒那麼喜歡。」柯林說。

莎容一頭霧水，「那你為什麼說要多打保齡球？」

柯林回答：「只有在打保齡球的時候，才會**只有**我們四人在一起做一件事。我們已經一年沒去打保齡球了。」他說得沒錯，對比較外向的哥哥和弟弟來說，母子四人的時光沒那麼重要，但柯林非常重視這種活動，之前莎容都沒注意到這點。於是她打電話給保齡球館預約時間。

一個問題，一件事。

## 進行小型實驗

有時候，你能想得很清楚自己願不願意接受回饋：「我現在理解你的建議了，你的想法非常棒，我已經等不及要實踐了。」或是：「我現在理解你的建議了，我決定否決你的提議（客廳如果漆成黑色，就和我的風格太不搭了）。」然而，有時候，我們會落在中間的灰色地帶，不確定對方的想法是好是壞：「我要先把它存在腦袋裡，等哪天有空再回來處理。」

無論如何，我們會試著分析自己收到的回饋，考慮事情的好處與壞處，衡量不同選項的優劣，最後選擇最合理的辦法。但問題來了：在有所改變與維持現狀的角力中，維持現狀具有主場優勢。如果在其他因素都相等的情況下，我們不會改變。

艾蜜莉就是個好例子。她的非營利組織專門幫助年輕父母，教他們怎麼扶養兒女，這是她從零建立起的組織，憑著努力與宏大的願景撐起這組織。艾蜜莉帶給世界的訊息極具啟發性，她的想法也十分重要。

她用兩個小時對外介紹自己的非營利組織時，幾乎所有觀眾反應都不錯，但她不時會收到同僚、客座講者與家長的回饋，說她演講開頭花二十分鐘介紹組織與組織業務，似乎有點太久了。這些人認為她應該跳過組織介紹，直接進入當晚的活動。

過去五年，艾蜜莉一直抗拒這些建議，畢竟她是懂得激勵人心的優秀講者，工作坊總是好評如潮，她的方式一向很成功。在此之前，她一直沒理由要改變。

當事情進行得順利時，回饋可能會像是對我們的威脅，不僅是因為它告訴我們可能還有學習空間、做得還不夠完美，還因為它是要求我們放下自己瞭若指掌、早已習慣的固有模式。我們已經做得很好了，即使還不夠好，至少也很清楚事情的後果。我知道自己慣性遲到，但到目前為止，這沒有對我的人生造成災難性的衝擊。賓客並沒有等太久，反正最後我們還不是順利結婚了？

## 做實驗，別做決定

我們的提案是「做實驗」。如果風險低、潛在收穫高，那你更應該試試採用對方的回饋。這不是因為你**知道**對方的回饋正確無誤，你也還不**知道**它會不會有幫助；但說不定它可以幫到你，因為行動的後果往往難以預料，可是嘗試新事物就等於在現狀中加入新元素——更何況，你（我們）太少嘗試新事物了。

### ◆試穿看看

有時候，我們可以在腦中做思想實驗。哈爾普利特已經教書好幾年了，某天突然收到驚人的學生評鑑：「教授對學生態度傲慢自大，不認真聽學生的想法和疑問。」

哈爾普利特感到非常不安，這評語和他的價值觀與自我形象相差十萬八千里，他向來致力於栽培實驗室裡的學生，以自己熱心指導學生為傲。他決定和系主任討論這次的評鑑結果。「看看這些評論。」他對系主任說，「我不懂，學生怎麼能說這種話？」

系主任掃過評論，片刻後抬頭說：「那你試穿看看吧。」哈爾普利特錯愕不已，幾乎語無倫次地說：「妳的意思我不太懂。」系主任重複道：「試穿看看，假設這名學生說得有道理。」

「可是這學生說得**沒有**道理啊！」哈爾普利特抗議。他有點半開玩笑，但其實沒什麼心情開玩笑。

「花幾天去琢磨這個可能性。」系主任建議他，「你不必一開始就相信學生的說法等同你的作風，但可以試想一下，這是找到答案的好方法。如果最後你仍覺得那說法不能套用在你身上，那也無所謂，只要把它拋開就好。不過，假如他說得有道理——即使只有一點道理，你就有改進的空間。」

在腦中的試衣間試著套上別人的回饋，可能會讓你感到不自在，但這是一種低風險的實驗方法。哈爾普利特試穿了學生的回饋，並且從各種角度考慮過後，漸漸明白學生的意思。雖然他不認為自己態度傲慢，不過別人這樣想也不無道理。哈爾普利特從新的視角看自己，不是得到「真相」，而是得到不同的觀點——這對他來說非常有價值，並且影響他之後教師生涯與學生互動的模式。若不是認真地試試把回饋當真，好好思索一番，他就不可能注意到自己有待改進的地方。

### ◆試用看看

多年來，另一半一直鼓勵你早起，在上班前做瑜伽。你對這提案有兩個意見：你不喜歡早起，也不喜歡瑜伽。你看不出試著這樣做會給人生帶來任何正面影響。而且你有一條規則：「如果看不出嘗試一件事有什麼好處，那就不要試。」另一半覺得你懶，但你知道這是自己聰明的表現。

接著你腦中突然浮現一個想法：**我現在五十歲，如果我活到八十歲，那我還可以醒來大約一萬一千次。假如我試了瑜伽，發現真的不喜歡，那也還有一萬零九百九十九個早上可以悠哉起床。**

於是某天早上你提早起床做瑜伽，然後驚訝地發現，這和你以前學過的瑜伽不一樣。課程結束後，老師對你說：「希望你剛剛沒做到受傷。」儘管收到這樣的「回饋」，你不得不承認自己其實有點喜歡這種運動，也非常喜歡瑜伽對你這一天的影響。你決定再去幾次，嘗試一下。

這時，唯一的壞處就是另一半說對了，而你得承認自己錯了。你抗議道：「我沒有錯，這是不一樣的瑜伽，我之前哪可能知道這會是怎樣的瑜伽。」正是如此，這正是為什麼低風險實驗如此划算。即使帶著疑慮，仍可以一試，因為你知道自己偶爾會有錯——當然沒有你另一半想的那麼頻繁，但偶爾出錯是可能的。

## ◆你可能會嚇一跳

奧圖．葛文德（Atul Gawande）不僅是優秀外科醫師、《紐約客》雜誌作家與暢銷書作者，還是哈佛大學醫學院教授，如此成功的人，應該是自信滿滿吧？

但是，葛文德想知道自己有沒有進步空間，於是請外科專家觀察他的手術過程，看是否有辦法加強手術技術，讓已經很了不起的術後結果更好。他認為專家也許能抓到自己沒注意到的問題。

外科專家的建議令葛文德嚇一大跳——他提出一些技術上的建議（「你會想抬高手肘，就表示你應該挪動腳，或是改用別的器具。」）除此之外，他還指出葛文德的一些盲點：手術前，葛文德調整病人身體姿勢，讓自己能清楚看見手術流程，但手術台對面的助手卻看不清楚，這是葛文德看不見，但專家立刻找到的問題。葛文德表示，外科專家「點出我錯失的機會，我應該利用那些機會幫助團隊表現得更好」。這些建議造成巨大的影響，葛文德花好幾個月，每次實行幾個提議，慢慢依循專家的建議改變做法，結果手術引發併發症的機率下降了。

葛文德請專家講評，不是因為他知道自己需要專家，也不是因為他預知自己需要做這些改變，而是因為這麼做沒什麼壞處，至於好處，雖然還不確定是什麼，但值得他去探索。他的嘗試對病人與團隊來說十分值得，並樹立了榜樣，以感興趣與開放心態去持續學習、不斷求進步。

## 不是「全部」與「永遠」

有關回饋，降低風險往往是指重新調整問題來向自己提問。如果你問自己：「我這輩子每天都要做瑜伽嗎？」答案必然是「不要」；如果你問的是：「我該不該花一個早上試著做瑜伽，看喜不喜歡？」風險就會大幅降低。

艾蜜莉聽到的建議是「刪去二十分鐘的介紹與鋪陳」，她把這句話想成是「全部與永遠」的建議：「往後妳辦工作坊都得用完全不同的方式演講。還有，妳可以承認自己從一開始就錯了。」

艾蜜莉在脫離「全部與永遠」的心態後，才終於決定改變。她仍不認為完全刪去二十分鐘的願景介紹是正確的選擇，但決定嘗試一次，看看會發生什麼事；她歡迎新的家長參加工作坊，然後直接進入當晚的主題活動。

實驗的結果怎麼樣呢？跳脫了平時的劇本，艾蜜莉有幾次忘詞，使得場面有些尷尬。她發現自己還是想保留平時的一部分介紹，不過不用講完整的二十分鐘，「下次我會花五分鐘把最重要的部分告訴大家，最後再發傳單，讓想更深入了解非營利組織的人可以參考。」

不是「全部與永遠」，而是「部分與偶爾」。

有時實驗到最後，你會發現那是在浪費時間——這不就是實驗的本質？整體而言，即使不確定回饋是否正確，或者幾乎確定回饋有誤，你還是願意嘗試，這種態度能為你帶來不少好處。至少會讓給予者知道，你願意聽他們的建議，這絕對有益於你們雙方的關係。

## 度過J形曲線

以下是伯納德斯與新顧客追蹤系統的故事，或許你聽過類似的經歷。從幾個月前開始，銷售部門的主管就一直對伯納德斯嘮叨，催他使用可隨時隨地輸入輸出數據的功能，並和其他人分享資訊的線上資料庫。一旦用了資料庫，伯納德斯即使外出旅遊，也不必事先花好幾個小時向代理的同事介紹某位客戶，只要將檔案名稱告訴同事即可；他也不必再用小紙條記錄電話號碼與電子信箱，不必神祕兮兮地在紙上記下客戶的要求與偏好。

這是非常棒的線上系統，伯納德斯也確信它十分實用，但他無法說服自己改用新系統。新系統他用得不順，很沮喪，和客戶電話講到一半，就切換回原本的做法。再不就是他用了幾天線上系統，但忘記輸入資料，過了一週才發現，以致他得花好幾個小時補填資料。他過去花了好幾年精進寫筆記的技術，現在感覺少了鉛筆與皺巴巴的便條紙就無法記事，這是不理性的想法，他是在抗拒變化。

有時我們不選擇正確、聰明、有效或健康的選項，是因為不知道哪個選項才符合上述標準；也有時候我們明明知道哪個選項符合標準，卻還是做不下去。

### 兩個決策者

這並不是什麼新奇的問題。還記得希臘神話裡奧德修斯的故事嗎？他擔心自己遇到海妖，會和過去許多水手一樣受歌聲迷惑，以致觸礁而葬身海底。奧德賽知道自己一旦進入海峽、聽見海妖誘人的歌聲，就無法做出正確的選擇，所以他不仰賴自己在危急時刻的意志力，而是請水手們事先將他綁在船桅上。他「事先承諾」要實踐現在的決定，以防自己動搖，禁不住未來的誘惑。

荷馬似乎很了解做好決策的挑戰，故事中奧德修斯使用的方法，也可能在伯納德斯的生活中派上用場。經濟學者湯瑪斯．謝林（Thomas Schelling）表示，我們無法實現對自己的承諾，做出矛盾的行為，很大一部分是因為每個人都有雙重人格。我們週日晚上下定決心，週一早上要開始實行之前就想做的低碳水化合物減肥法。目前為止執行得挺順利。但是來到週一早上，我們陷入兩難：我該享用平時早上吃的馬芬麵包，還是限制飲食，只吃雞蛋與火腿？雖然它們不是蔬菜，但少了碳水化合物，似乎變得和蔬菜一樣不吸引人。好吧，今天開始減肥和明天開始其實差不多——老實說下星期再開始也差不多。

於是，週一早上的我們違反了週日晚上跟自己的約定。「週日晚上先生」不想一拖再拖，想早點開始減肥，也瞧不起「週一早上先生」拒絕改變的行為，但他又能怎麼辦？到了週一早上，就不是他能做決定了。

於是，週日晚上先生問自己：**我有沒有辦法下定決心改變，同時逼週一早上先生遵守我的承諾**？有了，週日晚上先生可以改變決策內容，讓週一早上先生也做出「正確」的結論：讓我們一起開始減肥。

週日晚上先生有兩種方法可選：可以提高改變的吸引力，也可以加強不改變的負面後果。

## 提高改變的吸引力

我們先看怎麼讓週一早上先生更受改變吸引。

### ◆加入社交元素

一旦有同伴，討厭的事物就變得沒那麼討厭了。找個朋友、同事、教練或另一個想減肥的人，提議一起完成目標，約好在特定時間檢查彼此的進度，在遇到難關或成功時通知對方，一起吃（低醣）午餐，討論你們的進展，還有互相同理、指導、支持，並且誠實地反省。

加入社交元素的第一個理由是，這能讓原本不好玩的工作變得好玩，或者至少有那麼一點趣味。此外，當我們結合了改變與人際連結，就能改寫這份努力的情緒故事，從「我在受苦」變成「我們一起面對挑戰」。有些朋友會在同一天清衣櫃，有些學生會一同唸書，一些作家其實可以獨自寫作，卻選擇共用辦公空間。

第二個理由是，如此一來，你就必須對別人負責。讓自己失望也許無傷大雅，但現在你還得考慮到朋友。此外還有最後一個理由：和別人一起完成這趟旅程，對方能在一路上認可你。

一起減肥的朋友或你新找的健身教練，能真正理解你所做的犧牲，他們見證了你的進步，親眼看見你付出汗水，並且為你加油打氣。他們的認可能成為你的一個動力來源，即使你沒什麼心情努力，還是會因為他們的鼓舞而咬牙前進。

外向的人應該覺得這很有道理——一般情況下，他們和別人相處就感到精力旺盛。至於內向的人，可能會覺得這建議是增加重擔——我怎麼不僅要減肥或運動，**還得**和人見面？

其實你不必找朋友一起減肥或加入都市自行車俱樂部，也能得到相同的益處。網路社群就可以讓你分享近況、得到他人的同理、收集有用建議，以及對他人負責，而且還不必換下睡衣，或是面對那些尷尬閒聊。你所碰上的問題，在網路上應該都找得到社群——無論是控制開銷、調適照顧自閉兒的壓力、減重，都有相應的社群。伯納德斯或許能找到某個社群，也可以自己創立社群，和網友一起想辦法使用顧客追蹤系統。這麼棒的系統，難道要放著不用嗎？

## ◆記錄積分

還有一種方法可以提高信守承諾的獎勵：記錄積分。電玩令人上癮的一個主因就是積分系統——能立即量測你的進步幅度，邀你重新來過、再試一次。

宮本茂是任天堂暢銷電玩《瑪利歐兄弟》系列與《薩爾達傳說》的遊戲設計師，他四十歲時決定健身，開始慢跑與游泳，還用華麗的表格記錄自己的運動與體重，甚至將表格貼在浴室牆上。他用「記錄積分」的方式，將健身從自我進步轉變成遊戲。

他不僅自己做到這一點，也讓其他人一起來做——宮本茂的《Wii Fit》成了史上第三暢銷的主機遊戲。你可以用平衡板量體重，在島嶼遊樂園慢跑或搖呼拉圈時，遊戲會記錄你的運動時間與成就。宮本茂解釋，加入遊戲元素能「讓人做他們平時可能不會做的事」。你可以用類似的方法激起自己的玩心，致力於面對挑戰與解決問題，並透過計分的正面回饋來刺激身體分泌多巴胺，吸引你繼續努力。

「遊戲化」的吸引力相當強大，現在從客戶互動到教育領域，都會使用類似的策略（這也引起了一些爭議），美國麻州很多中學自然科教師鼓勵學生玩 JogNog 這款線上遊戲，學生在回答科學問題的同時能累積分數、建「塔」，分數還會放上即時更新的全國排行榜。八年級生安東過去老說自然科學課「太無聊」「太簡單」，但他現在寶貴的假日時光不是用來打電動，而是答了數千題自然科學問題。他檢查全國排行，看到自己和前一名的差距，喃喃自語：「現在我要超越**他**——守住我的排名。」這已經不是單純的自然科學教學了。

記者尼克·保格頓（Nick Paumgarten）在評論宮本茂的任天堂遊戲時，指出最好玩的遊戲往往會達到「神奇的平衡，揉合面對新挑戰的刺激，以及解決舊問題的得意」。如果每次都必須竭盡全力，就無法維持動力，你還得使用自己已學到的技能、享受相應的滿足感，中間再穿插你必須努力增進的技能。遊戲不能只讓你一直學習、一直往上爬，還必須安排下坡路段，讓你休息、充電。

那麼，我們該如何利用這些原理來改變自己，針對回饋採取行動呢？你可以看看自己準備進行的工作，這份工作有辦法計分嗎？有沒有什麼方法，能讓努力的過程變得更有競爭性、更趣味，或是更令人滿足？如果你為時間管理問題所苦，可以試著創造鼓勵自己進步的系統，每天完成一部分工作就達到成就、獲得獎勵。如果先生要求你別再罵髒話，那你每次罵髒話就將一美分投進玻璃罐，這不僅能讓你更強烈意識到自己的行為，還可以讓你小孩「幫忙」，把你的努力變成他們的遊戲。你可以下載應用程式，追蹤你的飲食與卡路里。你可以帶著計步器走路，看自己能否超越昨天的步數。採取遊戲化策略之後，你或許能說服週一早上的自己放下馬芬，乖乖吃低碳水化合物餐。

## 提高不改變的代價

到目前為止，我們討論的是如何提高改變的吸引力，用力讓天秤倒向改變那一邊。現在，要轉到天秤的另一側——如何提高不改變的代價。

### ◆把自己綁在船桅上

想想看：如果你面對兩個選項，一個是「低碳水化合物飲食」，另一個是「吃馬芬麵包，然後捐五百美元給美國納粹黨」呢？這麼一想，馬芬海妖那魅惑的歌聲，是不是就沒那麼吸引人了？

可是，你怎麼會有「吃馬芬麵包，然後捐五百美元給美國納粹黨」這選項呢？

一般當然不會出現這選項，除非你刻意設計自己，把自己綁在船桅上。那該怎麼做到這點呢？可以把五百美元交給朋友代為保管，如果你不按時吃減肥餐，他就會把那筆錢捐給美國納粹黨，而且是玩真的。這和你的減肥計畫無關，但絕對能改變你做選擇的條件。

湯瑪斯．謝林後來能成功戒菸，就是因為把捐錢給美國納粹黨這招用在自己身上。他還用類似的方法幫助一些醫師戒除藥癮：他讓有藥癮的醫師寫一封信，向醫學委員會坦承自己有用藥問題，將信裝入信封並交給朋友，倘若故態復萌，朋友就會把信寄出去。你再用一次古柯鹼，就不只是再用一次藥的問題了，如果犯錯，你會賠上證照、事業與名聲。

## ◆認出J形曲線

在努力改變時，有一個普遍常見的改變模式值得注意，它對我們的行為與選擇影響相當深遠。這模式之所以重要，正是因為你可能會被它奇怪的曲線形狀騙到。

在試著接受要求我們改變的回饋，或是開始任何具挑戰性的新活動時，常會看到「J形曲線」模式。想像一張圖表，縱軸是心理健康數值（快樂、滿足感等），橫軸則代表時間，往上是快樂、往下是難過、往左是現在、往右是未來。

一開始，我們的快樂程度大約在中間，之前一直照平時的方式做事，所以差不多是中度快樂。我們平時的方法可能還不錯，但有些人對此提出異議（回饋），或者我們自己也對現狀不滿意，但之前一直無法改變。

但現在，我們要認真、努力改變了，我們會跨出第一步，開始學游泳、出門認識新朋友、少和別人聊八卦、給自己更多旅行的時間、更積極指導團隊成員等等。開始實行改變計畫時，我們可能會發現自己的快樂數值馬上下降，感覺很不舒服、不自在。我們沒有進步，反而做得比之前差，隱隱約約有種鬱悶感；我們漸漸往下滑，事情看來沒有起色。我們會一面檢視自己的狀況，一面合情合理地想：「我之前可能不到非常快樂的程度，可是現在開始改變了，事情反而比之前

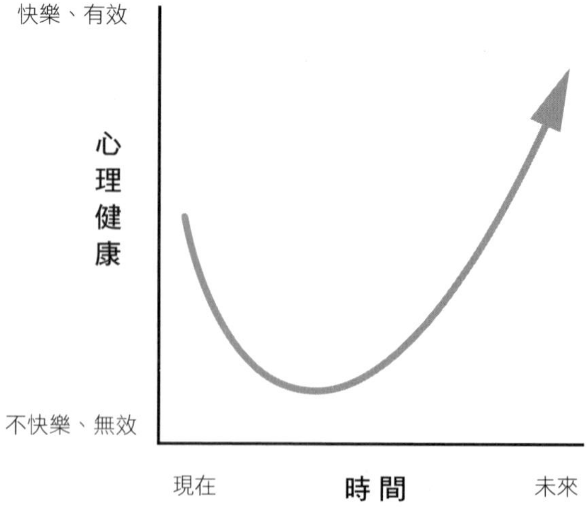

更糟，我感覺很差，好討厭這樣的改變。」

這是你此時此刻的感覺，你會產生對未來的疑惑。我們嘗試的新事物，以後能不能成功呢？目前為止，狀況一直走下坡，簡直像是被重力往下拉一般，難道要繼續下滑，直到谷底翻不了身？

當然不行，我們應該停下來。我們不該選擇改變的，我們錯了，還是別改變來得好。週日晚上先生，對不起，我們已經試過，但失敗了。

真是場悲劇，但這情況很合理……**前提是**，我們對未來的預測是正確的，狀況會一直持續走下坡。不過，萬一我們已經來到曲線谷底，正準備順著快樂曲線往上爬呢？如果我們已經快突破之前的滿足程度與技能精熟度了呢？

換言之，改變的快樂曲線，會不會是罕見的「J」形呢？其實，每當你改變自己的習慣與做法，或是磨練新技能，事情通常都會先走下坡再好轉，而且更重要的是，你的**心情**也可能會先走下坡再好轉。這種時候，常見的軌跡並不是一路往下滑，而是下滑一段時間後再次攀升。

這就表示，事前預估一段特定的嘗試期，對我們應該會有幫助，而嘗試期最好比最有挑戰性的第一階段長。給自己兩週、三十天、一個會計年度——看你覺得怎麼設定比較合理，然後在這段期間嘗試新行為，觀察它的效果。你也許是睡眠呼吸中止症患者，正在嘗試戴呼吸器睡覺；你也許都專注做實驗，現在得致力於經營實驗室了。無論你嘗試什麼，都必須熬過曲線下滑路段的磨練，別讓一開始的痛苦將你的意志力磨滅殆盡。

了解J形曲線的軌跡，對伯納德斯非常有幫助。剛開始使用線上資料庫那幾週算是小型災難，他把一些資料搞丟了，而且比起用紙筆寫筆記，把資料輸入電腦要花的時間比較長。後來他開始計分，記錄自己成功輸入的客戶數目，失誤比例也漸漸減少。六個月過後，他可以一面和客戶講電話，一面用資料庫做筆記，並且漸漸喜歡上「所有客戶資料放在同個資料庫」的便利。現在，他還能用手機查客戶資料，不必每週七天、每天二十四小時帶著筆記型電腦到處跑。現在，伯納德斯開始享受快樂曲線上揚的階段了。

這些小點子都能幫助你實現承諾，成功採納回饋與進行改變。當你以新的眼光看待要做的選擇，或是實際改變自己的選擇，就能改變自己的行為，通常在你這麼做之後，就能開啟良性循環。你的目標就是行動——展開行動，並持續前進。

## 指導你的教練

本書其中一位作者（我們不會說是哪位）高中時期是美式足球隊的防守後衛，他十一年級沒什麼機會上場，好不容易在某個週六下午被叫上場。隊伍圍成一圈，防守隊長喊出指令：「大家排成『進出陣』！」所有人立即散開，各就各位。

發球前一刻，道格慌張地向隊長大喊：「『進出陣』是什麼？」這時，他的內心獨白是：

**我加入美式足球校隊，在這麼多觀眾面前打球，竟然連我們要排的防守陣形是什麼都不知道。我不知道該去哪裡，也不知道該做什麼。我到底出了什麼問題？**

隊長大喊：「我們也不知道！你找個人盯防就對了！」

賽後，道格本以為隊長（或其他球員）會問教練「進出陣」到底是什麼，卻一直沒人吭聲。看來如果你不知道陣形是什麼，那「找個人盯防就對了」。那一季，道格就照這種方法打球，球季的最後，球隊達成了零勝八敗的完美紀錄。

道格當時可以對教練說：「能不能慢慢講解所有陣型，講到我完全聽懂為止？」但他不敢承認自己一無所知，而且球隊也不是如此運作，教練就是負責教學，球員就是負責打球，球員怎麼能「指導教練」——怎麼能說我來讓教練知道球員需要學什麼技能才能贏球？

在這裡，我們用「教練」一詞概括所有給你回饋的人，其中當然包含一般典型的教練，不過很多時候，我們的「教練」會是同儕、客戶、共同作者、合作者、樂團同伴、室友、朋友或家人。我們和這些人合作推出最好的產品：請同事幫助我們進步、從財務顧問或菲爾叔叔那裡得到建議——有時是我們主動請教，有時是別人不請自來的建議。問題是，我們的反應經常和那些美式足球隊員一樣，在無法理解對方建議，或是對方給回饋的方式對自己沒幫助時，並不會退一步，先就前述狀況展開討論。結果造成同事和家人根本沒發現我們聽不懂，或是很清楚我們沒聽懂，卻不知道他們給予回饋的方式正是其中一個問題。

真是太可惜了，因為回頭指導你的教練——和對方討論什麼方法對你有幫助、為何有幫助——是最能有效加速學習的方法之一。

## 指導你的教練不代表……

「指導你的教練」並非定下規則，要求對方用特定的方式對你說話，例如說：「你天天嫌我遲到，讓我很不開心，從今以後你只可以稱讚我。」「如果你用大一點的字母幫我測視力，測出來的結果就不會這麼差了。」

你的目標並不是設障礙，攔阻具挑戰性或令人為難的回饋。恰好相反，你的目標是想辦法和教練順利合作，清楚又有效率地溝通，幫助你盡快學到最重要的事物。你的目標是和對方合作，並且盡量減少干擾。

這是一種談判，你有你的偏好，教練也有自己的偏好；你會提出一些要求，教練可能會覺得這些要求不可行。但是這種對話的本質就是如此，其關鍵不在提出訴求，而是如何一同找到最好的溝通方法。

## 討論「你和回饋」

在接受回饋時，會發現很多自己沒意識到的事，畢竟你不會全天二十四小時檢討自己是如何接受回饋，而且每個人都有自己的盲點。不過，你應該會意識到自己對回饋的一些反應——你會想提這件事，就是因為目前的某些回饋不適合你（也可能是因為對方根本沒有指導你）。無論遇到什麼問題，你都該和給予者清楚地討論。以下是幾個範例：

- 隱晦的回饋我會聽不懂，你可以說得很直接，別怕我心靈受創，我不會受傷的。
- 我聽到回饋的第一反應通常是反駁，過一段時間才會思考它對我有什麼幫助。如果你看到我產生防衛心理，別被我嚇退，就算我當下似乎沒把你的話聽進去，事後還是會反覆思考的。
- 要是你把建議說成「可能有幫助的想法」，而不是「顯而易見的正確答案」，我的反應會好一些。如果你用第二種態度給建議，我可能會忍不住和你爭辯，認為你的建議並非「顯而易見」也不「正確」，卻沒考慮這件事值不值得去嘗試。
- 我正在努力自我改進，最近努力的方向是……這是我現在最需要你幫忙的部分，我知道自己其他方面也有改進空間，但那些我先暫時擱置，之後再回來檢討。
- 我對負面回饋很敏感，所以除非是十萬火急的事，或是可以馬上彌補的問題，否則請別在我報告到一半時給負面回饋。

把自己的看法告訴對方，說明背後的想法，並保持開放的心態，聽聽教練對你這些提議有何看法。

順帶一提，教練很容易將你的請求與憂慮置之不理，他們可能會想：**每個人當然都希望別人能用最理想的方式給回饋**，**但真正重要的是回饋本身**。如果他們這麼想，也算是說對了一部分——回饋對話並不是障礙賽，你的教練無須為了給回饋而繞過重重障礙。但很多時候，我們觀察到最適合自己學習的模式並告訴對方，就能大幅增進自己接受回饋的能力。透露自己的防禦機制給對方知道，不是為了將給予批評指教的人拒於門外，而是要幫助他們跨越阻礙。

## 討論偏好、角色與共同的期望

有時給你回饋的人，**實際上**就是師長或高層，也可能是特別喜歡給你建議的同儕或朋友。在這種情況下，你們可以討論比較廣泛的回饋風格與偏好，以及學習的挑戰。

討論的重點有三個，先是和接受者有關的兩點：

1. 你接受回饋時的性情與傾向。
2. 你目前正在改進與成長的部分。

第三點則和教練有關：

3. 他們的理念、優缺點與要求。

我們會在下一頁列出一些問題，希望能引導你走上對自己有幫助的路。

此外，你也可以問清楚：對方的指導是否只有你們兩人知道、你們聚在一起的頻率有多高、你們如何衡量進步的幅度，以及你優先考慮的事項與目標。請針對你的目標與如何達成目標的方式，和對方達成共識。

我們人生中還會出現「意外的教練」，你那討人厭的鄰居就是其中一位。遇到這種人，你們也可以討論各自的角色與共同的期望。假設鄰居因為你的狗定期跑進他家花園而不悅，然後「指導」你把籬笆加高、把狗綁好，或者最好幫狗狗找個很遠、很遠的新家。而且他提出指導回饋的做法是留紙條在你的信箱。

你無法接受這樣的回饋。首先，你不相信狗狗有那麼常溜進鄰居的院子，不過也很難看出鄰居是對是錯，因為你通常是第二天去收信才發現這件事。除此之外，紙條的語氣極不友善，讓你既驚訝又不高興。

情況究竟會惡化或逐漸好轉，其實和你的狗沒什麼關係，真正重要的是，你能不能主動指導你的教練。拿起電話，或是可以直接走到隔壁，你的目標很明確：第一，你要收集更多資訊，深入了解問題：你的狗有多常去隔壁院子、鄰居看到牠的時候會怎麼做、狗會不會在院子裡做出破壞或引人注目的事；第二，指導你的鄰居，告訴他如何用最有效的方式和你溝通；第三，設下雙方都認同的期望，制定合作計畫。

## 給教練與受指導者的問題集

- 有沒有誰特別擅長給你回饋？他們的方式，哪方面對你有幫助？
- 你是否曾收到好建議，卻拒絕接受？為什麼？
- 你是否曾收到好建議，幾年後才接受？
- 有什麼事物能帶給你動力？
- 有什麼事物會讓你灰心？
- 你的學習風格是什麼？注重視覺、聽覺、全局或細節？
- 有什麼事物能幫助你把欣賞回饋聽進去？
- 你希望自己能在哪方面進步？
- 你佩服哪些人接受回饋的能力？

- 你的童年和家庭，讓你學到哪些關於回饋與學習的事？
- 你從早年的工作經歷中學到什麼？
- 時間與階段扮演什麼樣的角色？
- 心情與展望扮演什麼樣的角色？
- 宗教或靈性扮演什麼樣的角色？
- 人生重大事件帶來什麼影響？結婚帶來什麼影響？被資遣或開除呢？生小孩呢？父母去世呢？
- 你最討厭指導回饋的哪一部分？最討厭評量回饋的哪一部分？
- 有什麼能幫助你改變？

你可能會說：「如果看到我的狗在院子裡，請立刻打電話給我。如果只是留紙條，我隔天才會發現這件事，很難知道牠為什麼會在你的院子裡。」你也可以補充：「我原本以為我家的籬笆夠高了，但看來還是沒辦法。請給我一點時間，讓我想想是不是該帶牠去重新訓練，還是該找更好的解決方案。我會在週末前把我的想法告訴你。」讓鄰居知道你聽進了他的憂慮，但你得花一些時間了解情況、找尋解決方案，這樣能預防你們的矛盾加劇。

## 上下級關係與信任

上下級關係可能會影響指導對話。我們在前幾章討論過區分指導與評量回饋的益處，但如果給你評量回饋的人同時是你的教練，事情就難辦了。我們有時就是無法避免這種狀況，一對配偶不可能由一個人負責指導對方，另一個人負責決定是否離婚。但如果可以，還是盡量由不同人扮演評量與指導的角色會比較好；如果能找個和你的薪資與事業決策無關的教練，那就再好不過了。

然而，有時候你的教練就是上司，你無可奈何。這種情況下，你可能認為自己不能和對方進行「指導教練」的對話——「我從不和上司討論這種事。我的未來掌握在上司手裡，我只能時刻在他面前表現出自信、幹練的模樣。」

在不同的人際關係中，你當然該仔細思考自己能與對方討論哪些事，不過就算和對方進行回饋對話，你也不必揭露自己過去全部（或任何）失敗的經歷。你不必坦承：「我前兩次被開除，是因為犯了很多錯，害公司賠了不少錢，可以請你幫我改進這問題嗎？」你可以說：「我當初被錄用是因為老闆看中我顧及全局的能力，但我也得注意很多重要的細節，我在這方面還有不少學習空間。能不能請你即時向我指出這些部分的問題，幫助我盡快改進？」

當你以特定框架為基礎提出請求或回饋時，應該以效率與成效為重，別把重點放在自己的野心上。別說：「我想在五年內當上副理，所以希望你能給我回饋，幫助我更順利地開會。」

也該避免空泛、概括性的表述：「開會相關的回饋對我來說很重要，因為我覺得這在現今的職場是非常重要的技能。」尋求回饋時，你應該把請求和**現在**的工作效率連結在一起：「我很重視開會方面的回饋，因為考慮到之後公司併購的事，我想盡量有效率地使用團隊的時間。」如此一來，你將目的與收益都定位在雙方都關心的現在。

還有一件雙方都關心的事：尋求負面回饋，請人指導並幫助自己進步的員工，通常能得到更高的考績。也許你表現出學習的意願，並不會讓人注意到你還沒學會的事，而是會凸顯你學習新事物的能力。

## 不要變成「給我回饋狂人」

當然，俗話說：「物極必反。」年輕的丹尼就得了「指導我」的病，一開始，他積極求進步的態度十分討喜，但後來他一再請別人提供回饋，成了身邊其他人的負擔。「每次和客戶開完會，他都想找你坐下來討論他的表現。」一名同事抱怨道，「我已經快受不了他了。」

要是你把身邊所有人都拉進自己的學習軍團，他們過一段時間就會疲勞——不久後，你會發現同事一個個對你敬而遠之。問別人對**你**的看法，請他們幫助**你**，並不是唯一的學習方法。可以試著問別人關於他們本身的問題：對於和你一起面對的工作問題，他們有什麼看法？他們過去有遇過類似問題嗎？他們有沒有看過別人在相同的情況下，犯了什麼錯誤？他們今早回應新聞媒體的深刻見解是從何而來？人們喜歡談論自己的想法與經歷，你除了請他們開宗明義提出指導外，還可以學習他們的經驗與智慧，悄悄成長。

## 教練能幫助你同步

你的教練並非天生就是個教練，也不太可能學過怎麼指導別人，其實他們就和你一樣，不過是碼頭工人或律師。你不能保證對方習慣指導你，也不能保證他們的指導技能高超，而且即使是最優秀的教練，也會有自己的長處與短處。

所以你或許可以問教練，在雙方合作進行的工作中，有沒有他們覺得較有挑戰性的部分。教練也許會說：

- 有時我給你建議，可是看不出你心裡在想什麼——我看不出你同不同意，也不知道你是不是覺得就算不同意也不能說出口。
- 事務所希望女員工都能有女教練，我也很樂意指導妳。我從小和三個兄弟一起生活，結婚後生了四個兒子，所以這對我而言也是一次學習經歷。
- 對我來說，「認可」有一種拍馬屁的感覺，我不喜歡別人認可我，聽說我也不太擅長認可別人。話雖如此，我還是想當個好教練。我們一起來想想辦法吧！

## 當接受指導的人就是上司

時間一年年過去，你在組織中步步高升，隨著地位提升，願意冒險誠實指導你的人會愈來愈少。你也許會收到評量回饋——看到市場分析結果與收益數值，董事會也必然會給你評量回饋；你也可能會收到欣賞回饋——起身發言時，別人會為你鼓掌，下屬見你願意花時間關心他們，也會感激、尊敬你。然而，真摯、誠實的指導回饋將愈來愈難得。

由於人性使然，我們常會認為指導回饋漸漸消失，是因為自己工作愈來愈有效率，並且充分掌握工作所需的種種技能所致。事實上，這確實是指導回饋逐漸消失的一個原因，你能當上執行長、營運長或什麼長，就是因為擅長完成工作，而且已經做了很久。但是每個人都有缺點與弱點，隨著工作複雜化，這些弱點與缺點也愈來愈可能阻撓你前進。你需要別人幫助你看見盲點，因為到了這個階段，盲點不僅會阻礙你，還會傷害整個組織。

即使當上國際銀行的領導者，或是在溫布頓打網球決賽，還是有接受指導與進步的空間——我們每個人都還有進步空間。你信任的教練能幫你釐清複雜的選擇，或者幫助你預備好面對潛在的反彈力道。

其實，有些形式的指導回饋只可能來自於下屬，他們知道一些別人不知道的事，例如你對他們的影響。他們和你開會的同時，也在和你的盲點開會，他們能看見你對自己造成的阻礙，以及你的矛盾之處，也看得出你犯了哪些錯誤，以致他們和其他人必須做額外的工作。他們還會從自己的下屬那裡，聽到其他人對你的看法，知道別人覺得你不理解什麼事、不夠關心什麼事，或者有什麼事沒說清楚。

下屬是十分重要的情報來源，我們為何不善用他們的消息呢？這就好像你困在車陣裡，明明可以打電話問在上空盤旋的路況直升機——能綜觀全局，是在地面看不見的景象，結果卻選擇無視。下屬能告訴你事情內幕，和他們好好談一談，你就能知道哪些地方路況擁擠、哪裡發生了嚴重的車禍，還有哪些捷徑能讓你走得最快、最遠。

在組織裡，資訊很難從下往上流，你可能得稍微施加壓力，讓水往上流。為什麼會這樣？別忘了，大多數給予回饋的人都不太敢提出自己的憂慮，**尤其**是對上級提起這些事情。他們擔心這會對你們的關係造成負面影響，怕你不同意、感到厭煩、產生防衛心理，甚至報復。他們也不想傷到你的自尊、讓你丟臉，或者因為處理不當而讓自己丟臉。

當我們展現出感興趣與開放的心態，歡迎別人提出建議時，將會令人耳目一新，大家難得遇到如此有自信，願意尋求並認真聽取回饋的上司。和這種人合作，應該很棒吧！

你可以考慮和下屬建立「反向教導」（reverse mentor）關係，在組織內不同層級找一位或多位教練，從他們的視角看世界與自己。工廠員工是怎麼看這組織的？在年輕員工與客人眼中，這是什麼樣的組織？委內瑞拉首都加拉加斯、加拿大的卡加立或吉隆坡分部的員工都在擔心些什麼？他們的客人對公司最新全球化行銷策略有什麼看法？你不會想讓其他人關切的事纏住你，但是你確實想知道自己關切的事要是否能在組織各部門順利推行，以及這些事物造成哪些意外的效果——如此一來，你才能持續和下屬合作，因應情勢調整策略。

☺ 😐 ☹

在指導你的教練這方面，我們想給你最後一點建議。這話由作者說出來，也許會顯得太過狂妄，但如果你和同事或家人一同閱讀《謝謝你的指教》，那應該對你們很有幫助。你們不必同時閱讀，或是邊喝熱可可邊朗讀本書，不過可以選某個章節，一面吃午餐或晚餐，一面討論書中內容。你們不需要特定目標，對話也不必有明確主軸，只要談論對本書內容的想法與反應就好。把書裡的想法當成推動對話的催化劑，挑出幾個你認為合理的想法，以及幾個你覺得不合理的想法，提出來和對方討論。你還可以上我們的網站（www.stoneandheen.com）下載《團隊領袖簡易指南》（*Team Leader's Facilitation Guide*），我們在裡頭提供各樣問題，以促進你和團隊進行深度的討論。此外，這份指南也提供了指導回饋，幫助你進行這樣的討論。

如果你對此有興趣，歡迎寄電子郵件過來，我們會盡量回覆。你可以告訴我們哪些資訊對你有幫助，哪些部分沒幫助。如果你知道美式足球的「進出陣」是什麼，也請為我們簡潔明瞭地解釋。

## 邀請他們進入你的內心

我們前面沒提到一件事：讓別人深入你的人生、幫助你，會**改變你和對方的關係**。這不僅是因為你會學習，也是因為互動會讓你們產生連結，轉變雙方在這段關係中的角色。你會成為謙虛、易受傷害，卻仍保有自信去尋求幫助的人，對方則會成為受尊敬與認同、有能力向尋求幫助者伸出援手的人。

第十章探討了設立界線的重要性，你必須知道該在何時防止別人進入你內心的領域，以及如何做到這件事。但無論你內心是整齊的花園或混亂的垃圾堆，你都得知道該怎麼讓人進入你的內心。對許多人來說，這才是真正棘手的挑戰。

老實說，每個人內心的領域都包含了花園與垃圾堆，你的花園也許整齊、也許雜亂，可見人的部分也許只有一小塊，也可能是一大片公園。但每個人都在心裡藏了些見不得人的東西，都需要別人幫忙想辦法，看怎麼處理那一堆生鏽的恐懼，還有那一些經常絆倒我們的羞恥。讓別人穿過花園，走進黑暗的小倉庫，才是真正需要勇氣的部分，而一旦對方進入其中，你們就能建立更親密的關係。

我們在人際關係中處理回饋的方式，能對關係造成巨大的影響，而改變我們處理回饋的方式，往往能改變我們和對方的關係。接下來我們要介紹四種常見的變種，探討當回饋出問題時，我們對人敞開心扉會如何影響雙方的關係。

## 優秀的傾聽者尋求幫助

直到幾年前，羅珊才發現她和別人的關係不平衡，「別人都會來找我幫忙，我很懂得傾聽，也擅長幫助他們，而且我熱心助人。但是我漸漸發現自己和別人的對話內容，都是他們遇到的問題，我知道別人生活中發生了什麼事，但就連和我關係最好的朋友都不了解我。」一開始，她以為朋友與同事不過是比較自我中心，「但現在，我發現自己是『慢熱型』，不會隨便把自己的事情告訴別人，也從不請人幫忙。連我都沒注意到自己對別人傳遞的訊息——在無意間把別人推開，告訴他們別靠近我。」羅珊透過沉默，守住了內心的田地。

發現這一點之後，羅珊思索了幾個月，「我不希望再這樣下去，也下定決心要改變，我決定精進一個特定技能：學會尋求幫助。有很長一段時間，我只有做到下定決心那一步，就沒有再前進了。這其實有點好笑，我明明有一百萬個問題，卻總覺得沒有一件事適合請人幫忙。而且，我哪知道該找誰幫忙？哪知道該請他們幫什麼忙？我太不習慣尋求幫助了，結果連怎麼開始都不曉得。」

羅珊終於想到策略，決定請朋友幫她做到自己真的很不擅長的事，但那必須是對她而言不太重要的事：怎麼改變穿搭風格。「天啊，話真的不能亂說！我一針扎到了動脈，史黛西似乎從好幾年前就對我的穿著打扮有意見，可是一直沒告訴我。她說的第一句話是：『過了三十歲，就不要再穿圓點花樣的衣服了！』然後她又說：『我們來討論妳的髮型。』看樣子，得到回饋的一個方法，就是**直接問出口**。」

隨著時間過去，羅珊開始讓史黛西與其他朋友，甚至是辦公室的同事，進入她心中比較不那麼光鮮亮麗的區域。她與朋友分享自己小時候留下的創傷，以及在感情中遇到的挑戰。她得到一些比想像中更有用的回饋，而更重要的是，她和別人建立了更深切的情誼。

她允許自己接受他人的幫助，過程中也允許他人認識自己。

## 氣餒的建議者敞開了心扉

克雷則遇到和羅珊相反的問題，「我同事娜汀有個十三歲的兒子。布萊恩在很多方面都是個好孩子，聰明、幽默又有獨到的見解，但他從小就不好照顧，鬧起脾氣來簡直像一場雷雨，而且最近他開始對爸媽發火。娜汀和她先生實在不曉得該如何是好，但她不想收到任何建議，只會對我們發洩不滿，然後就直接封閉，不接受建議。」

克雷有沒有想給娜汀的建議？有。但從認識娜汀到現在，他一直沒有開口：「我沒有小孩，所以別人不太願意聽我對教養小孩的建議，但在成為地質學者前，我曾在專為困境中孩童設置的夏令營工作過好幾年。我知道孩子為什麼發脾氣，也知道該怎麼幫助他們平靜下來。這可能是因為以前我也和那些孩子一樣吧。」

克雷的同事知道這件事嗎？「她大概知道。」克雷說，「我也主動提過自己的經歷，跟她說：『對啊，以前我帶過的一個孩子也做過類似的事。』可是娜汀只把我的話當耳邊風，從不追問下去。」

我們可以給克雷——指導回饋的給予者——不少建議。他可以清楚說出自己懂與不懂的事，對娜汀說：「我從前幫助過像布萊恩那樣的小孩，有些應該能幫到你們的想法。不過我本身沒有小孩，所以沒辦法從妳的視角看事情。」他可以大大肯定教養布萊恩所需的努力，並清楚讓娜汀知道，她可以自由選擇是否接受克雷的想法，「妳已經很努力了，也可能已經試過那些方法了。畢竟說到底，還是妳最了解布萊恩……」

不過，本書的重點是接受回饋，而克雷想解開娜汀這道謎，就得從接受回饋下手。克雷做了件從未想過自己會做的事：他請娜汀提供建議。「我在她家吃晚餐。」他說，「我們聊到我的私生活，我首次把自己和憂鬱症搏鬥的事告訴她。沒想到娜汀十分了解抗憂鬱藥物，我從那次的對話學到了很多，然後，我們原本還在討論我的事，她突然提起布萊恩的問題，描述兒子最近一次鬧脾氣的情形，然後認真聽我對布萊恩的想法與理論。那是我們第一次討論這件事，她就像海綿一樣，吸收了我說的一切。」

這故事還有後話。克雷說：「在那之後，我們還討論過保持開放的心態、接受回饋的議題，結果她說了相當不得了的話。她從之前就猜我得了憂鬱症，也覺得自己有一些可能對我有幫助的知識，但她一直以為我不想談這件事。所以，我之前覺得娜汀不會歡迎我的建議，其實她也有同樣的想法。很不可思議吧！」的確如此。

## 為完美的人提供完美的回饋

菲歐娜在肯亞創辦一所社區保健中心，也是中心的經營者，過去十年，她天天努力建立合作關係、增加服務與訓練新工作人員。她在當地深受敬重與喜愛，人們從非洲各地去拜訪她，將她的社區服務模式視為楷模。

最近，菲歐娜開始感到焦躁不安，當新的機會出現在她眼前時，她赫然發現自己面對驚人的問題：她雖然費很多心力訓練工作人員，卻沒能培養出接班人。

注意到自己計畫中的漏洞後，菲歐娜一如既往地運用自己優秀的能力，著手解決問題。她列出接班人需要的種種技能，開始計畫該如何讓現在的工作人員學到這些技能；她也想辦法招募已具備那些能力的員工。

這時，在另一間保健中心工作的朋友問她：「妳是不是做了什麼，阻礙員工學習？」對方的言下之意再清楚不過：妳已經工作十年了，應該已經有兩、三個知道怎麼經營保健中心的員工了吧？菲歐娜聽了很不高興，「**阻礙**我的員工？開什麼玩笑？」她指出自己給予員工的各種訓練與指導。

然而，朋友的問題一直在心裡揮之不去。有一天，菲歐娜找一名能幹又細心的資淺員工談話，她問的不是自己有沒有阻礙到別人，而是她如何阻礙了別人：「你覺得，我的哪些行為阻礙了員工？」

原來，菲歐娜和許多創業者一樣，在組織裡事必躬親。在組織新創時期，她能管理服務品質，確保他們讓病人看見一致的形象；但隨著組織成長，她沒有將監督、督導與管理的責任下放，以至於只要少了她的指令，員工就無法自行做決策。員工無法犯錯，也一直沒學到如何積極主動或相信自己的判斷力。

這份回饋和組織內一系列的對話，逼得菲歐娜開始自省，最後得出三個結果：第一，菲歐娜學會退一步，下放更多責任給員工；第二，她和員工的關係變得更穩固，也比較有辦法做到第一件事；第三，菲歐娜證明了一件事：世上沒有完人，就連她也不是。所有人見狀，都得以放鬆，敢於採取行動，也更能從錯誤中學習了。

## 轉變明鏡

艾米**再度**被上司責罵了，而且是在電話會議中，當著其他人的面被罵。

掛斷電話後，她立刻撥電話給漢克，兩人從前在同一間連鎖雜貨店工作，都是夜間經理。艾米現在到城市另一頭一間和原公司競爭的超市當經理了，漢克卻還是她深深信賴的傾訴對象，他這幾個月聽艾米吐了不少苦水，艾米總是抱怨，新的地區主管埃凡處處和她作對。

最新一則消息是，埃凡安排該地區每間店的店長一早開電話會議，討論更換物流公司的事宜。艾米遲了幾分鐘才加入會議，加入群組通話的一瞬間，她聽到埃凡說到一半的話：「艾米又和平常一樣遲到了。」

「他就是看我不順眼。」艾米告訴漢克，「也太不專業了吧！那次電話會議還有另外十八個人參加，他竟然在那麼多人面前罵我。」

電話會議接著進行下去，結果兩人再次發生衝突。埃凡對眾人解釋，新物流廠商需要有權限的職員簽收農產品，艾米則指出，其他農產品供應商本來就需要店長簽收貨物。「不對，」埃凡糾正她，「以前不用，但是從現在開始，我們就得簽收貨物了，每個人都該排好簽收農產品的流程。」

艾米繼續對漢克說：「然後我就告訴埃凡，我會把我現在的簽收單傳給他。我只是想讓他知道，我們很明顯已經有這張名單了。結果他像以為我聽不到一樣，在那邊說：『看來艾米真的很想讓人知道她說對了。』埃凡簡直控制不住他那張嘴巴，我還沒見過像這麼愛反駁的人，也沒見過這麼不介意冒犯別人的人。」漢克若有所思地傾聽，偶爾說聲「對」或「哇」。

掛斷電話後，漢克心想：不知道自己是不是能做些什麼，幫助艾米聽到埃凡給她的回饋？

### ◆我們尋求安慰，卻不求指導

艾米和我們其他人一樣，在被人批評、心情很差時，會尋求朋友的支持。發洩情緒是自然的紓壓行為，當我們把當下的不開心轉為最新的奇聞軼事，並且分享給朋友與同事，就能和他們形成連結，本身也能恢復平衡。

然而，很多時候，我們會在此止步。只請朋友當支持之鏡，幫助我們重新找回平衡、使心裡好受一點，卻錯失請他們幫忙分析回饋內容、幫助我們學習的良機。

當然，在艾米看來，埃凡的行為根本不算是回饋，他不過是在亂罵人。但朋友就是能幫助你從別人的罵聲中萃取回饋。

### ◆漢克的想法

那天下午，艾米又打電話給漢克，感謝他剛才支持自己。除了道謝外，艾米還提出請求：「我通常都可以理解別人的心情，但是我實在搞不懂埃凡這個人，不知道是我和他特別不合，還是他對每個人都這樣。我需要你幫我想想辦法。」她想請漢克從支持之鏡轉變成誠實之鏡。

艾米的直覺很準。當她與埃凡發生衝突時，漢克確實能看見雙方的立場。他知道艾米為什麼受埃凡的評論刺激，從自己和艾米相處的經驗，他知道艾米是爭強好勝的人，而這可能是她的盲點。埃凡確實不好相處，但這不表示艾米就很好相處。

漢克注意到，這已經不是艾米和埃凡第一次為誰對誰錯起爭執了，他看出兩人相處的模式：埃凡刺激了艾米，而艾米也刺激了埃凡。「沒錯。」艾米承認，「可是他明明說錯了，還在別人面前說我錯了，我不能假裝他說得對。」

她頓了頓，接著補充道：「其實我們還發生另一件事，我之前沒有告訴你。」艾米聽到埃凡說她「和平常一樣遲到」時，雖然在電話會議中盡量保持禮貌，卻還是忍不住在眾人討論送貨與簽收的同時，傳簡訊給埃凡：

艾米：遲到？才兩分鐘而已。

埃凡：五分鐘。

艾米：我剛剛在處理客訴問題。

埃凡：我不管。不要遲到。

艾米：才兩分鐘，了不起三分鐘。

電話會議中，埃凡與艾米繼續爭吵，這次是為簽收與過去收貨的習慣爭論不休。但艾米看不出來的是，兩人的爭執已經超過有效期限了。

漢克提出，說不定艾米真的喜歡爭對錯，以致她和埃凡經常起衝突。（當然，即使是和漢克對話，她也表現出爭對錯的本能，「可是我跟你說，我真的只遲到兩分鐘而已。」她說完這些才掛斷電話。）

## 列出兩張清單，避免切換軌道

身為誠實之鏡，漢克提議列出兩張清單——回饋有錯誤的部分，以及可能正確或有幫助的部分（其實就是第八章介紹的回饋控制表的一種）。艾米每次開始辯駁或指出埃凡的問題時，漢克就叫她把重點寫在「錯誤的部分」那一欄，然後引導她回去尋找可能正確的部分。

下表是艾米寫在餐巾紙上的一些筆記：

艾米寫下回饋有錯誤的部分，並且和漢克討論過那些部分後，得以看見可能正確、合理或值得注意的部分。清單的兩欄並不會互相抵消，而艾米的目標也不是得到關於她和埃凡互

| 回饋 | 回饋「錯誤」的部分 | 可能正確的部分 |
|---|---|---|
| 「看來艾米真的很想讓別人知道她說對了。」 | 你幾歲啊，以為自己還是中學生嗎？怎麼可以在會議上，當著其他人的面說那種話？應該私底下對我說的。 | 我的確容易和別人爭小事情的對錯，就算是芝麻綠豆的小事也不放過。 |
| 「又遲到了。」 | 難道我明知道他錯了，還得假裝他說對了？ | 農產品那件事其實不重要——我只是不喜歡在別人面前被人說我錯了，尤其是在知道自己沒錯的時候。 |
| 「不要遲到。」 | 我才遲到兩分鐘，也沒錯過什麼重要的事項，他有必要反應那麼激烈嗎？ | 我為什麼非得和別人爭對錯不可？唔……可能是爸爸的影響？ |
| | | 之前開電話會議的時候，我也遲到過幾次，現在我才注意到其他人都很準時。有沒有改進方法？我遲到兩分鐘還是五分鐘不是重點，重點是他注意到了。還是準時比較好。 |

動的最終結論，或是判斷哪一方比較正確、哪一方較有問題。艾米挖掘自己和埃凡的互動，是為了學習——更明白關於自己的事，以及和埃凡的關係。如此一來，當她對埃凡表達自己的想法，就能用較平衡的眼光看事情，也較能找到對事態有幫助的解法。

☺😐☹

回饋的重點不只是建議的優劣或評估的精準度，還包含人際關係的品質，以及你願意讓對方知道你並不是全想通了，還有你願意將完整的自己（缺陷、疑惑與內心的其他部分）帶入關係。

Chapter 13

# 同心協力——組織中的回饋

艾弗瑞身為板金公司的供應鏈經理，一向對數據情有獨鍾。因此，當他在三六〇度全方位績效回饋報告中，看到一堆不順眼的數據時，實在嚇了一跳。報告中的資訊匪夷所思，完全不符合他的自我認知，他不由得產生防衛心理，想為自己與全世界的好數據辯駁。他到處告訴別人，那份回饋報告做得很差，而且毫無意義。

然後，有一天——**轟！**——他彷彿遭到當頭棒喝，終於懂了。「回饋突然變得很合理。」他說，「我突然從新的角度看到自己，這說明了好多狀況。哦，**這**就是我一直遇到困難的原因啊；**這**就是我做錯的地方；**這**就是我婚姻不順利的原因；**這**是我可以改進的地方。」恍然大悟的艾弗瑞，轉而全力支持那份三六〇度全方位績效回饋報告：「只有這種方法，才能讓我這種成功但固執的傢伙正視自己。」

然而，許多同事抱持跟艾弗瑞不同的意見。有些人覺得自己收到的三六〇度全方位績效回饋報告相當有用，但並沒有醍醐灌頂的效果；有些人認為它沒有幫助；還有少數人覺得它造成破壞性的效果。艾弗瑞認為這些人的態度太可惜了，「完美的績效管理體制並不存在，不過我們的體制已經很好了。只是公司上層有太多安逸或太膽小的人，不敢下苦工，追求成長。」

皮爾也為自己公司的績效管理系統煩惱。身為連鎖服裝零售公司的總裁，皮爾觀察到系統對員工造成的負擔：它吞噬了大量時間，使員工感覺失落，甚至覺得受到不公平的對待。「在這裡工作的大多數人都很棒。」他說，「但是我們用的系統太糟了，每個人都因此倍感壓力，而且該處理的績效問題仍然沒人處理。我們一直在尋找更好的辦法，卻還沒找到。」最後，皮爾乾脆廢止那套績效評量制度，直接捨棄整個系統。

皮爾認為人很好，是系統出了問題；艾弗瑞覺得系統很好，是人出了問題。

## 世上沒有完美的回饋系統

在「人出了問題」這方面，請看看本書前十二章，我們已探討了要成為完美的學習者有多困難。光是生而為人，我們一生就必須面對種種挑戰，需要努力看清自己、管理自己的情緒反應，並改變長久的積習。人究竟能不能學習與改變呢？當然可以。對每個人來說，學習與改變是不是都很困難呢？當然是。

世上不存在完美的學習者，同樣不存在完美的組織內部回饋系統。有些系統比較好，有些比較差，有些符合組織的需求，有些則不符合需求。但只要我們選擇並實行特定系統，就必須面對隨之而來的問題與代價。

舉例來說，任何系統套用在人數不算太少的組織，都會遇到人與人性格不同的問題。這系統也許非常適合某些人，對另一些人來說還可以，卻至少會有一部分人是不適用的。而在使用回饋系統時，必然會是有些主管相對擅長給回饋，有些主管則不善於提供回饋。因此，我們不可能完美執行計畫，也不可能找到全員接受的系統；而在接受系統這方面，人們的不認同可能會形成惡性循環。**那傢伙**都沒花時間給回饋，我又為何要在這裡浪費時間？

無論在哪一種系統裡，給予回饋的人經常看見高昂的代價，卻只看見極少的報酬。對此，藥學研究者露欣達有十分明確的想法，「這會吃掉我完成主要業務的時間，而且我就算做得再好，也不會得到獎勵或認可。」

此外，她也不確定該如何評量下屬。雖然她知道不是所有下屬都表現優異，但也擔心自己提出負面評量，會使下屬士氣低落，「如果我依照上面給的評量表，嚴格地幫底下的人打分數，很多人都會灰心喪志。在人力短缺的市場上，我實在不能讓自己手下的人才流失，或是消磨目前的績效表現。所以，上層如果逼我嚴格區分下屬的優劣，這樣確實能讓組織上下評分標準一致，但對我和團隊成員就只有壞處，沒有好處。而且我聽說，其他主管也沒有嚴格按評量表給分，如果我照上面的意思去做，不就是害手下的人吃虧嗎？」

公園管理局的吉姆也受困於績效評量系統，但理由和露欣達不一樣。吉姆身為搜救隊隊長，明白團隊表現是搜救對象存活的關鍵，「我花時間招募並挑選出最優秀的人才。」他解釋，「要是外面下暴風雪，我派錯誤的人出去，那對所有人來說都很危險。我團隊上**只有**頂尖的人才，因為我和其他主管不一樣，我已經先完成棘手的決策、和下屬進行過嚴格的對話了。如果上層逼我區分出下屬的優劣，就是在懲罰一個用好方法管理人力的人。」

## 不能接受，但少了又不行

在吉姆與露欣達看來，他們的回饋系統都有重大缺陷：任何主管若完全誠實地評量下屬，就是在冒險。假如給予者或接受者處理不當，回饋對話可能會傷到團隊的信賴關係、職場的人際關係，並且對團隊動力與合作能力造成負面影響。

但與此同時，**不**提供回饋也有風險。問題可能會慢慢發酵、主管與系統都會失去公信力、團隊的表現會退步，而表現好的人會不滿，認為表現差的人沒完成分內工作，卻不必面對後果。

主管感覺進退兩難，通常都想逃避問題。還記得之前的數據嗎？問卷調查中，有六三％的經理表示，他們在「有效進行績效評量」方面最大的挑戰，就是底下的主管缺乏勇氣，不敢坦然和下屬討論績效問題。即使對方是表現毫不亮眼的員工，主管仍給出高分，這稀釋了績效評量在評估員工表現、協助上層做決策的效力。在某個組織內，九六％的員工都得到最高分。研究者暨暢銷書作家布芮尼·布朗也表示，傑出人才離開組織的首要理由，是組織內缺乏有意義的回饋。

批評系統與系統內的人很容易，真正困難的部分是找出改進辦法，尤其是難在績效評量系統必須完成一系列的廣泛目標：

- 針對不同角色、部門與區域，提供標準一致的評量。
- 確保員工報酬與獎勵的分配方式公平、公正。
- 鼓勵正面行為，並且懲處負面行為。
- 清楚傳達期望。
- 提升當責。
- 讓個人與組織目標及願景形成連結。
- 指導並發展個人與團隊表現。
- 輔助上層讓對的人扮演對的角色，並且留住人才。
- 協助關鍵職位的領袖規畫接班事宜。
- 提升工作滿意度與員工士氣。
- 無論是當下、季度或年度績效評量，都必須準時完成。

單一系統（甚至是多種系統的組合）不可能達成以上所有目標。

如今的趨勢是將系統中央化與標準化，收集不同員工、單位、地區與市場的指標數據。這確實有幫助，但你握有的指標再多，回饋終究奠基於人際關係，交織了評判的過程。網站式績效表現管理系統的研發者迪克・葛羅特（Dick Grote），曾在〈績效量測的迷思〉（"The Myth of Performance Metrics"）一文中表示，你不能光憑譯者翻譯的頁數來評估他的績效表現，還必須評判譯文品質——是否成功捕捉原文的細節、文意和語氣？此外，我們也探索了回饋的生死，是跟給予者與接受者之間的信賴、信用、關係與溝通技巧，都密切相關。

所以，我們雖沒有簡單的答案，但可以如此主張：系統必然不完美。我們應該努力改善系統，不過系統終究會到達某種極限。最好的做法是幫助系統裡的人更有效地溝通，而在給予與接受回饋的互動中，接受者的技術能造成最大的影響。我們必須給接受者**製造拉力**的能力，讓他們推動自己的學習過程、尋求誠實之鏡與支持之鏡，並在需要認可、指導或不確定自己的現況時，開口尋求回饋。當接受者的接受能力提升，製造了更強的拉力，組織給予與接受回饋的能力也會有所提升，眾人便能**同心協力**。

☺ 😐 ☹

我們接下來要面對這項挑戰——不完美的人，在不完美的系統中工作，並從組織中三個不同的位置：高層與人資部門、團隊領袖與教練，以及接受者，提出改進辦法：

## 高層與人資部門能做什麼？

我們先從組織高層與人資說起，因為當績效管理出問題時，我們總期望這些人「想想辦法」。他們並不是唯一一群參與者，但行動最顯而易見，也是最可能形塑組織與系統的群體。以下是他們能做到的三件事。

### 一、別光鼓吹事情的益處，還要說明代價

實施並推廣績效管理系統的任務，往往會落到人力資源部門肩上。這些系統經常（且容易）受抨擊，所以人資主管必須努力為系統背書，「有什麼比『專注星期五』和『用功星期三』更好的東西嗎？當然有了，那就是我們新的績效評量系統！」然而，人資大力鼓吹新系統，會造成意外的後果，致使辯論雙方的角色固化：人資與高層主管是啦啦隊，站在系統那邊，而其他人都站在對立面。當人資努力鼓吹系統的種種優點時，抱怨者就更想抱怨它的各種缺點。

人資與高層主管當然深知自己面對的挑戰。一份調查顯示，在高層人力資源主管圈裡，只

有三％私下給自己的績效評量系統 A 等，有五八％給自己的系統 C、D 或 F 等。這些人比誰都懂系統面臨的挑戰，可是由於自己扮演的角色，無法公開談論那些問題與挑戰。

我們給人資與高層主管的建議是：別光提倡系統的優點，還必須討論並說明使用系統的代價。我們數年前認識的客戶，就是推行新系統的好案例。剛當上人資主管的珍必須重塑組織的績效管理系統，前任主管曾嘗試施行新系統，但經過一年的努力，高層主管的決定是廢除新系統，而該主管也離開了組織。

現在主導權掌握在珍手裡。她檢視前人規畫的系統後下定決心：首要任務不是推行別的新績效評量系統，而是採用前人提出後被高層否決的那一套系統。珍的助理問為什麼要蹚渾水？如果真想被開除，只要在 Facebook 貼出不雅照片就好，那樣做既容易又有趣。

但是珍制定了計畫。她召開高層會議，在報告的開頭就聲明，希望大家再看一次去年被否決的提案。眾人聽了都不太高興，但這時珍補充：「我想列出這項提案所有的缺點。」好吧，她的報告應該會有些娛樂效果。

高層團隊紛紛批評前人的提案，清單逐漸加長，珍也提了自己看到的缺點。列完清單後，她朗讀每一項缺點，並發出「哇」的一聲，停頓片刻後，珍補充：「這些缺點真的很嚴重，難怪這系統會被你們否決。」眾人有些不滿：**難道在這之前，她都沒注意到提案有缺陷嗎？我們怎麼會雇這個人來解決問題？**

接著珍又說：「那現在，讓我們列出這項提案的優點。」一開始大家反應不是很熱絡，但高層團隊愈說愈起勁。最後，她也唸出清單上的每一項優點，其中幾項指出了提案比現行系統或其他系統更好的地方。珍唸完之後頓了頓，說：「這項提案是有嚴重的缺點，但**也有**重要的優點。」她又補充：「我們看過不少其他績效管理系統，每個系統都有各自的缺點；考慮到我們的目標與面臨的挑戰，現在看到的提案缺點最少，優點也最為重要。我們應該實施這套系統，因為它比其他系統更適合我們。不過我也向各位保證，一旦找到更好的方法，我一定抓住機會改進。」

高層主管一致通過了提案，會議花了大約四十五分鐘。高層團隊被問到為何翻轉去年的決策時，一位主管表示：「去年的報告只介紹提案的優點，今年我們討論了它的缺點。」

這乍聽下沒道理，但正是高層團隊改變心意的關鍵。當別人要我們針對自己擔憂的某項議題做出決定，倘若只提出它的優點時，我們就會自行思考潛在的缺點，有些缺點確實存在，有些只是虛假的想像。然後我們會假想一條出路：何必接受有這麼多缺點的計畫？直接採用沒缺點的計畫不就好了？就這樣辦吧！

珍找到將高層團隊的心聲（恐懼與憂慮）帶進會議室的方法，讓大家可以衡量評估一番。有時即使你採取這種策略，也可能會發現缺點大於優點，但如此一來，我們就不是在這個提案和未被發掘的夢幻提案之間做選擇，而是在各有優缺點的這個提案和其他提案之間做選擇。

整體而言，挑選或實施組織績效管理系統時，人資與高層主管應該為組織所有員工做到以下幾點：

- 闡明系統應達成的種種目標。
- 說明選擇這個系統，而不是其他系統的理由。
- 以透明公開的方式談論潛在益處與代價。
- 描述半吊子參與的各種壞處。
- 邀請眾人討論、提議與提出回饋。

處理關於績效管理系統的怨言或憂慮時，請務必傾聽並認可員工的擔憂，並請他們明確提出可能改善系統的建議。如果你打算否決別人提出的想法，一定要說明理由，「我們詳盡討論了這提案，它能解決這邊的問題，卻會使另一邊出問題。考慮到整體的利害得失，我們決定不實施這提案。」如果不說明理由，人們會認為你不完全理解提案的優點，尋求意見只是在裝模作樣，或者根本不在乎他們的擔憂或心理健康。

人資部門能加速流程的進行，但說到底，收發回饋時產生的問題與消耗的時間，並不只是人資的問題，而是所有人**共同**的問題。在共同承擔問題的過程中，你們也許會因思想碰撞而產生新想法，還會將角色從傳統的加害者與受害者關係，轉變成共同解決問題的合作關係。

伊斯麥受夠了公司裡員工提出與接受回饋的流程，決定應該要「共同承擔問題」。他召開全員會議，說出自己的想法：「我聽人抱怨說收到太少回饋，也聽人說不喜歡自己收到的回饋。我看到員工責怪主管，主管責怪員工，所有人都在怪人資。我們已經盡量用最好的系統做評量和指導了，但我們仍必須認清事實：這些系統不完美，也不可能變得完美。沒有任何系統能逼你學習，但也沒有什麼系統能逼你不學習，所以如果我們要進步，最好的做法就是問自己：我想當什麼樣的學習者？我想當什麼樣的指導者？我們是合作的同伴，如果你支持我學習，我也會幫助你學習。」

伊斯麥真誠的說詞讓眾人發現，這不是行政問題，而是人與人之間的問題。他讓人們加入討論，不只談論所面對的挑戰，還討論怎麼為自己的學習負責，以及創造可能解決問題的方法。

你當然不可能讓組織所有人一起設計並實施回饋系統，但是能正式與非正式地邀大家加入討論。很多時候，邀請公開反對績效管理系統的人參與系統設計，能帶來不少好處，你不僅能善用這些人的視角與想法，還能讓他們將怨言用在有建設性的地方。

## 二、區分欣賞、指導與評量

單一的績效管理系統，無法有效傳達三種回饋，想讓每種回饋都達到良好的效果，需要不同的特質與環境。

評量回饋必須公平、一致、清楚且可預測——無論在個人之間、團隊或部門之間都是如此。我們得知道是誰在評量誰，也必須理解成功與進步的定義與標準。我們一整年內必須不時進行有想法的雙向對話，討論目標與進展，以及一路上出現的問題。評量系統必須夠嚴格，確保公平性與一致性，但也需要足夠的彈性，因應個人角色與情境的差異做出調整。這些都不是新資訊，也都不是能輕鬆完成的任務。

良好的指導回饋則需要搭配不同的參數。努力求進步的人需要頻繁給回饋，甚至是將近即時的建議，以及提供他在工作過程中微調或改善的機會。所以一年開一次指導會議，提出二十個建議，或是一年開兩次指導會議，每次提出十個建議，都不太可能幫得上忙，因為**指導的核心是人際關係，而不是會議**。教練與受指導者必須持續對話，在考量組織需求與個人能力的情況下，討論受指導者努力的方向。他們需要能成為誠實之鏡的人，以此反照出沒那麼光鮮亮麗的自己，也需要支持之鏡的安慰，知道自己有進步的能力。

我們之前討論過，混雜指導與評量回饋時，至少可能造成兩種問題。首先，身為接受者，我會過分關注評量部分，因此沒注意到指導部分。我若知道自己失去答應要給家人的獎金，還有可能認真聽你教我怎麼修改投影片嗎？第二個問題是，我必須先有安全感，才可能敞開心接受指導回饋。我需要確定承認自己的錯誤、缺點與弱點，也不會影響我的飯碗或升遷機會。我必須完全信任你，相信在指導對話中和你坦誠相對，不會對評量的部分造成負面影響。

最後，我們在前面也提過，有太多太多的職場有雙向感激逆差的問題。即使是平常對生活相當滿足的人，有時也會覺得自己投入這麼多心血工作、一路上受了這麼多氣，別人應該更感激、更認可我們才對。正式的認可當然有幫助，但比起高出七級的上層主管儀式性表達認可，我們更想得到身邊同事與上司的認可。制式的感謝很快就會失去價值，真誠表達欣賞（「我看到你用這麼好的方式處理複雜的問題，也開始思考自己能不能用不同的方法去處理那些問題了」）的價值可能遠超過獎狀或禮金。

另外，每個人聆聽欣賞回饋的方式都不一樣。有些人習慣透過薪資接受欣賞，他們不理解其他人為什麼需要更多，才覺得自己受到重視；有些人習慣透過私下的談話或手寫的感謝字條接受欣賞，導師耐心再次講解某種技能、上司交辦有趣的差事，也能讓他們覺得獲得認可。重點不是設置「欣賞系統」，而是培養欣賞的文化，鼓勵組織的所有人去注意其他人工作時真正獨特的優點，並鼓勵大家注意每位團隊成員接受欣賞與鼓勵的方式，以最適合他們的方法表達謝意。

無論是欣賞、指導或評量回饋的平衡，都該由給予者與接受者共同負責。新手顧問莎拉發現自己收到不少嚴苛的指導回饋，卻完全不曉得自己現況如何，也因為缺乏評量回饋，以致每次她聽到指導回饋，都很容易誤以為那是評量。「我看不出自己有沒有把工作做好，所以每當在計畫執行到一半時收到指導回饋，總感覺自己面對的是行刑隊。最後我決定發問，對合夥人說：『在指導我之前，你可不可以先告訴我，我目前做得好不好？在目前這階段，我的工作成果到位嗎？』合夥人相當驚訝的說：『莎拉，妳做得很好啊！妳在這裡做下去，絕對有前途——妳都沒發現這件事嗎？』我以前一直沒發現，但聽到他這麼說終於能夠放鬆，並且專心聽他的指導。現在，我可以放心聽他的指導回饋了，這對我非常有幫助。」

## 三、提倡學習文化

每個組織都會有直接或間接的訊息傳達：什麼事物（才真的）受重視、什麼事物（才真的）會受獎勵。如果你希望員工重視「學習」，就必須在說話時表現出對學習行為的敬佩，在口耳相傳的成功事蹟中強調學習，並在受注目的計畫與重點推廣的專案中強調學習。

以下是提倡學習文化的五種方法。

### 1. 強調學習故事

許多組織中最受注目的成功者，似乎天生有才華，能不斷做出成果，而且在運氣與人際關係的助力下平步青雲。然而，現實經常和神話有出入，許多組織中的明星，真正優點在於他們的**學習**能力。

同儕描敘希嘉時，總說她天生才華洋溢、有魅力、聰明、討喜，能夠參與旗艦專案，並且很快就受邀出席高層會議。同事們看到希嘉步步高升，認為這是因為她天生才貌兼備，而且在組織中長袖善舞。

然而，同事並沒看到故事裡的關鍵。其實希嘉是積極主動又有毅力的學習者，她會注意自己不懂的事物並發問，也會請人允許她旁聽會議，試圖深入了解客戶，因而獲得寶貴的機會，得以親眼觀察上級如何扮演各自的角色。希嘉清楚表現出開放的態度，願意接受指導；她不以完人自居，反而能毫不遲疑地承認自己的錯誤，並說出自己從中學到的教訓。沒有人認為希嘉能回答所有問題，不過比較資深的同事都漸漸將她視為可信賴的夥伴，願意和她一起處理最棘手的問題。

不幸的是，組織並未善用希嘉的學習能力。她一步步攀升，卻沒有人鼓勵她分享學習方法，其他管理階層也沒做類似的分享，所以同儕與下屬將她的成功視為運氣與阿諛逢迎的結果，沒有觀察到（也沒有學到）她真正的長處。

組織文化的定義，有部分存在於相關的故事與傳說中——人們面對不可能的挑戰時，展現出的勇氣、機智或毅力。這些故事告訴我們，我們在怎樣的地方工作，以及組織對我們的期望。因為「錯誤故事」而「學到的教訓」不勝枚舉，每個成功的員工與團隊應該都有這種故事，但人們太少分享它們了。

## 2. 培養成長型自我

如果你想鼓勵人們脫離定型自我，轉為成長型自我，可以用兩種方法幫助他們。

**首先，教導他們**。在學到相關知識前，多數人應該都不懂「成長型自我」的概念。與他們分享定型自我與成長型自我的差異，讓他們討論這議題、提出自己的疑問與憂慮，然後談人們消化正面與負面回饋的模式差異，還有學到這些之後，我們該如何指導團隊成員。說明誠實之鏡與支持之鏡的概念，讓大家除了聊八卦與抱怨外，能夠幫助同儕看見彼此的盲點，並且分析回饋，找出正確的部分。將這些想法告訴員工，讓他們意識到這些可能性。

**第二，製造「拉力」的挑戰**。畢竟我們必須花費時間精力，才能辨識出觸發自己的機制、找到學習方法。人們會在練習的同時進步，而當進行對話的雙方都明白接受回饋的挑戰時，就能更有效地練習。和對方討論對回饋的反應、疑惑、防禦心理、盲點，以及對回饋來龍去脈的詮釋——這些都應該成為日常對話的一部分，幫助我們學習怎麼把工作做好。

但我們必須小心，在提供回饋時別以「成長型自我」來簡化對話：「你不接受我的回饋，是因為不願採行成長型自我。」成長型自我是提供聽取回饋的一種方法，不過擁有成長型自我的人，也不一定非得接受對方的回饋。

### 3. 討論第二次評分

第九章建議你練習給自己第二次評分，檢視你對於棘手的回饋有何反應。你可能對自己的評量結果不滿意，或是實行的計畫失敗了，但我們更關心你對這經驗的反應。隨著挑戰自然而然提高難度，你的環境變得愈來愈艱難，我們可以從你如何面對此番經驗來看出你的能耐，真正能讓人判斷你能力強弱的，是對經驗的反應。

話雖如此，我們並不建議你直接「給」別人正式的第二次評分（**他們接受第一次評量就已經夠緊張了，還得擔心自己的反應會成為你第二次評分的依據**）。不過，我們鼓勵你和員工討論第二次評分的挑戰性與重要性。給予者可以鼓勵接受者思索，這時不該只思考回饋本身，還應該想想自己接受回饋的方式，以及收到回饋後的行動——換言之，你可以鼓勵人思考，如何將第二次評分拉到最高。

### 4. 創造多軌回饋

在國際事務方面，「多軌外交」是指由形形色色的參與者創造出系統性變化以促進和平。第一軌是官方軌道，其中包括談判、高峰會、制裁與條約；第二軌是非官方軌道，雖然不是正式活動，但由民間人士與草根組織進行的外交也十分重要。

我們借用多軌外交的概念，以「多軌回饋」描述組織中雙管齊下的策略，教你如何設置兩條軌道來支持個人學習。員工需要第一軌的架構，這條軌道撐起了評量與輔導機制，包括績效管理系統、輔導計畫、員工訓練等。

但在許多方面，第二軌的活動更有助於學習，這包括和朋友、同儕與導師的對話、聽一些成敗的故事、關於方法與技能是否有效的討論，甚至是和人討論彼此最喜歡的書等，都能幫助員工學習。你可以在和朋友吃午餐時，進行誠實之鏡與支持之鏡的討論，揉合社交與互助學習。

第二軌讓這些重要的非正式互動有個正式名目，能幫助你討論這些事，並且更有意識地將它們帶入組織文化。

### 5. 多強調正面行為

對所有相關人員而言，績效管理最不討人喜歡的部分，就是「唸人」和「被唸」。一般情況下，每個人都會有更要緊的問題得處理，所以相較之下，設立目標、指導與完成評量只能算是次要責任，面對較為急迫的危機時，次要責任可能暫時被放到一邊。所以，人資或團隊領袖只能一再嘮叨，主管與員工也只能一再被唸。

影響力專家羅伯特．席爾迪尼（Robert Cialdini）的研究顯示，我們給績效回饋的方法可能全錯了。席爾迪尼認為我們談論負面行為時，經常會造成反效果，使負面行為成為常態。假如我是主管，有人寄電子郵件怪我沒準時交出評量報告，我會產生兩種反應：第一，我覺得遲交是因為我非常努力寫報告，卻沒有人認可我的努力。我又不是整天在（據說很寬敞）的辦公室打桌球，而是同時處理組織交給我的幾千份工作。

第二，我從那封信嘮叨的語氣看出，遲交報告的人應該不只我一個，還有一些和我一樣沒準時交報告的同伴。既然我的不良行為是常態，就沒必要認真看待對方的提醒，反正再過一個星期，我就會跟其他人一樣收到第二封提醒信。這不就是公司一貫的作風嗎？有趣的是，如果沒有再收到提醒，我反而會擔心是不是錯過了「彈性交期」。

席爾迪尼的研究顯示，比起譴責負面行為，強調**正面行為**更有助於人們改變。你寄信責怪員工，「你們當中有三一%的人還沒交評量報告。」這樣說的效果可能不太好。但如果你得意地說：「你們已經有六九%的人完成報告了，謝謝你們！」完成報告的人會覺得自己的努力受到認可，還沒交報告的人也會收到你給他們的訊息，知道自己落後了。

## 團隊領袖與給予者能做什麼？

那麼，主管或團隊領袖該怎麼做，才能改善組織文化呢？

組織文化其實是由許多次文化組成，不同主管、團隊、部門的次文化，可能都大相逕庭。你可以深深影響自己的團隊成員與次文化，而且長期還能邀請其他人加入你的行列。以下是三種對此有幫助的做法——

## 一、成為模範學習者、尋求指導

如果讓你選，你會選擇**鼓吹**成為學習者的好處，還是成為**模範**學習者？其實你已經知道哪一個選項比較好了吧！許多方面來說，主管**就等同**文化，如果他們擅長傾聽，就能奠定學習文化的基礎。

成為模範學習者的第一步，當然就是**成為**優秀的學習者。這對所有人都很困難，但更簡單卻常被遺忘的是下面這一步：表明自己努力學習的態度。鼓勵別人和你討論你的盲點，在對話時遠離互相責怪，朝共同貢獻的方向靠攏，並且開門見山地問對方，你造成了什麼問題。讓大家看到你負責的態度，和下屬一起為事情負責，並以這種方式期許下屬為工作負責。做績效評量時，幫助下屬看清系統、以及自己在系統中的角色，並且認可他們參與的意願與改變的努力。承認自己在接受回饋方面做不好的地方，並且尋求指導與幫助——不僅是向上級尋求幫助，同儕與下屬也是你可以尋求幫助的對象。這些都是前面談過的事，之所以在此重申一次，是因為身為領袖的你若想改善組織文化，最好的方法就是成為楷模。

## 二、身為給予者的你，必須管控自己的心態與自我

我們來看看詹妮絲遇到的情況。她雖然技術能力高超，也經常獲得好評，卻一再錯失升上管理職的機會，她因此感到困惑，怨念也愈來愈深。公司裡的勾心鬥角也太誇張了吧！哪有這麼不公平的事？

上司利奇知道詹妮絲並**沒有**受到不公平的對待，她只是不具備管理職所需的技能而已。詹妮絲沒有升上去，是因為利奇與其他人根據平時對她的觀察，質疑她的管理能力。然而，利奇從未直接將這件事回饋給詹妮絲，他擔心詹妮絲聽了會傷心難過。問題是，詹妮絲不知道自己有問題，就無法改正了。利奇心懷善意，想避免讓詹妮絲受傷，結果卻傷害了她、妨礙了她的事業。**這**才是不公平的待遇。

我們從利奇的例子可以看出，其實主管就和員工一樣，沒人喜歡回饋對話。給予回饋的人也會遇到自我矛盾的關卡：

- 「我不擅長給回饋，每次嘗試都會失敗。」
- 「如果他們不同意，或是因為我而感到不開心，那一定是我這主管當得很失敗。」
- 「他們不會喜歡我的。」
- 「我不希望他們覺得我是控制狂，也不希望他們覺得我在『教他們怎麼工作』（可是從

目前的情況看來，他們很明顯需要誰去教一教）。」

・「我是和善的好人，不想傷到他們的內心，也不想表現出不支持下屬的樣子。」

最後一點也許是我們最常擔心的事：無論我們的意圖是好是壞，如果傷到了別人，就會和我們的自我形象衝突——我是好人、仁慈的人，是支持下屬的領袖。接受者確實需要回饋，他們可能話太多、對他們說話也沒反應、態度很差勁，或是有體臭，可是我們大多數人都不太想提起這些事。就算我們只是扮演好自己的角色，傷到別人或讓別人不開心的感覺還是很糟糕，試圖避開這類情境，也是人之常情。

在此我們建議你注意一件事：短期來看令人受傷的話語，長期來看或許是對他們有幫助的。如果怕自己與對方傷心，而將重要的指導回饋憋著不說，長期下來可能會帶給對方嚴重的傷害。我們都需要別人的同情與鼓勵——這些是支持之鏡的任務，但我們也需要得到明確又精準的資訊——這些是誠實之鏡的工作。當我們做錯事或阻礙到自己時，會希望有人來告訴我們；但是看到別人做錯事時，我們卻猶豫再三，不願直言。當你考慮是否提供回饋與如何提供回饋時，請記得：除了考慮自己短期因自我衝突而感受到的不舒服之外，還要考慮到接受者可能面對的長期後果。

## 三、注意組織內個人差異造成的衝突

人的性情與腦內線路差異，也會給組織中給予與接受回饋帶來挑戰，畢竟每個人的基準線、擺幅、持續與復原時間都不同。為了方便舉例，我們假設無論在什麼樣的群體中，都會有大約半數人像第七章的克莉絲塔一樣樂觀開朗、能迅速從情緒低谷恢復常態；另外半數人則像亞麗塔一樣，收到負面回饋就會產生嚴重的情緒波動，也必須花更長的時間恢復常態。

讓我們做個有趣的小實驗：把這兩種人湊成一組，讓他們互相給回饋。

我們對回饋的敏感度，不僅影響我們接受回饋的反應，還會影響我們提供回饋的方式。假如主管對負面回饋高度敏感，可能也不願意給別人負面回饋，他也許會認為對方和自己一樣，對負面回饋有同樣痛苦的激烈反應。

這種想法也許對，也許錯。假如你把痛恨批評式回饋的亞麗塔型，和聽不懂隱晦批判的克莉絲塔型湊成一組，他們可能會無法有效溝通。亞麗塔擔心克莉絲塔受傷，於是拐彎抹角地傳達訊息，結果克莉絲塔非但沒感受到關心，反而愈聽愈煩躁。克莉絲塔最喜歡直來直往了，她的上一位主管看到問題就會對她說：「**再也**別做這種事了。」克莉絲塔非常喜歡這種溝通模式，她可以輕鬆聽懂主管的話，也不會覺得受傷，並且還得到了幫助。

那我們反過來，想一想克莉絲塔型給亞麗塔型負面回饋時，會發生什麼事。克莉絲塔也許完全沒注意到亞麗塔有多敏感，她提供嚴格而直接的回饋，是為了幫助亞麗塔改進，但是亞麗塔聽到「妳再也別做這三件事了」，很可能會一蹶不振，這樣克莉絲塔不是在揠苗助長嗎？在克莉絲塔看來，她毫不隱諱的言詞沒什麼了不起，只是給點建議嘛！然而對亞麗塔來說，她的內心遭受重創，不但沒被幫助到，反而深受打擊。

接下來，如果亞麗塔要告訴克莉絲塔說這種回饋模式太傷人，雙方的習慣會在下一次對話中重演。亞麗塔會小心翼翼、不清不楚地想辦法告訴克莉絲塔，那種嚴格的指責對她造成巨大傷害，而克莉絲塔聽不懂如此隱諱的說法，只會若無其事地說：「加油啊，孩子。」「妳別往心裡去。」「抱歉，妳剛剛說什麼我沒聽清楚。」克莉絲塔根本不知道兩人的互動出了問題，等到六個月後，則會因為亞麗塔跳槽到競爭對手那裡而震驚不已，「我明明花那麼多力氣幫助她成長！」

當然，天性對提供回饋風格造成的影響，還有其他變化型。容易擔憂的人經常提出過多回饋，試圖控制自己所在的環境；對自己要求極高的人，可能對別人要求也很高，因而持續給予指導回饋與負面評量，卻極少提供欣賞回饋；容易衝動行事的人經常太過「直白」，有時這種溝通方式能幫助別人，有時則會幫倒忙。這些變化的結果，可能會產生出人意料的組合，例如一個人身為給予者時粗枝大葉，成為接受者時卻極盡敏感。這就是為什麼你扮演給予者的角色時，必須請接受者指導你，教你適合他們的輔導模式。

## 接受者能做什麼？

最後幾句話，我們想送給努力適應組織、社會與家庭的接受者們。首先，請記住：無論在什麼情境下、無論身邊是哪些人，學習路上最重要的人就是你自己。你的組織、團隊或上司也許會支持你提出回饋，但也可能會壓抑回饋。不論是何者，他們都無法阻止你學習。你其實不必仰賴年度績效評量，不必等上司來指導你，你可以觀察、提問，並從同事、客戶、伴侶與朋友那裡尋求建議。你不必乾等著誰來教你怎麼賣出更多雙鞋，可以透過觀察那些業績最好的人，研究他們和你自己的差異，也請他們觀察你的表現。無論他們提出什麼建議，都先「試穿」看看、用他們的建議做實驗。假如合穿，那就穿出門吧！

無論你在組織中的工作是什麼——也許是賣鞋，也許是拯救他人的靈魂，都能向身邊的人學習。

☺😐☹

對個人來說，學習與接受之間存在著張力，同樣的，在組織中給予與接受回饋時，更是躲不開這股張力的糾纏。本章與書中其他章節提出的想法，能幫助我們管理自己內心與組織中的矛盾與張力，幫助我們展開對話、進行溝通。

學習是共同的責任沒錯，但說到底，關鍵在於你自己。

# 致謝

如果你嫌生活中的批評太少，那就到處跟別人說你在寫一本教人如何接受回饋的書。席拉常收到的評論，都類似：「有趣。還記得妳結婚那天嗎？」**你說二十年前那天**？「對啊，我一直覺得妳那天的禮服有點……」

道格收到的評論則比較像是：「等等，**你**要寫書教人怎麼接受回饋？不覺得有點諷刺嗎？」**是啊，是有點諷刺**。

所以說，我們該感謝的人很多——非常多。

首先，謝謝所有和我們分享小故事與難題的人。本書案例都改編自真實事件，是人們和客戶、同事、鄰居、朋友與家人互動的經歷，但有辨識度的細節都改掉了，某些情況下也結合不同的事件來說明，不過盡量保留每則故事在情緒方面的真實性。

過去許多年來，我們有幸在哈佛談判專案中心（Harvard Negotiation Project）和羅傑・費雪共事。羅傑是衝突管理領域的鼻祖之一，也是最熱情使用並推廣這些方法的人，他和威廉・尤瑞與布魯斯・派頓共著了《哈佛這樣教談判力》，推廣以利益為本的談判法。那部鉅著於一九八一年初版，是教人如何處理差異與問題的經典。羅傑在二〇一二年八月二十五日過世了，享耆壽九十歲，有位朋友在他的追思會上說：「現在，重責大任落到我們肩上了。」說得真好。

和我們共著《再也沒有難談的事》的好友布魯斯．派頓，天天以自身言行延續羅傑的精神，分析各樣事物都展現出卓越的知識與智力，面對世界上最棘手的一些衝突時，他也表現出不辭辛勞的樂觀態度。他在談判理論、實作與教學方面貢獻卓絕，過去二十年能有如此慷慨大方的同仁，我們也獲益良多。

Chris Argyris、Donald Schön、Diana McLain Smith、Bob Putnam 與 Phil McArthur 的研究，也是支撐我們思想的柱石之一。雖然書中並沒有使用這詞彙，但「推論階梯」（ladder of inference）是我們用以架構第三章的重要觀念，我們在書中介紹的種種想法，也奠基於「貢獻」與「防衛模式」等概念。Chris，謝謝你一生的研究，也謝謝你贈予這世界值得用好幾輩子學習的想法。

非常感謝談判理論學者與教育家，在 MIT 史隆管理學院教書的約翰．理查森，是他讓我們認識了欣賞、指導與評量的根本差別。這些想法的原型，在約翰和羅傑．費雪與艾倫．夏普合著的《橫向領導》一書中被提及，而這本書可說是溝通領域的祕寶。

這二十年來，哈佛法學院的 Bob Mnookin 從（有點可怕的）導師，變成了親切的同事與摯友。我們的職涯中，和你還有艾莉卡·愛瑞兒·福克絲、Kathy Holub、Alain Lemperer、Linda Netsch、Frank Sander 與 Alain Laurent Verbeke 這些團隊成員一同教書，是最能持續帶給我們滿足感的一件事。

感謝談判專案中心的 Susan Hackley、James Kerwin、Jessica MacDonald、Jim Sebenius、Dan Shapiro、Stephan Sonnenberg、Guhan Subramanian、威廉·尤瑞，以及多年來擔任助教並與我們合作的優秀學生。特別感謝哈佛商學院的 Michael Wheeler，他第一次提議的書名就成功獲選。

在心理學與組織行為學領域，我們參考了 Aaron Beck、卡蘿·杜維克、Amy Edmondson、Dan Gilbert、Marshall Goldsmith、John Gottman、Lee Ross 及 Martin Seligman 的研究與著作。我們也深深感謝 Jeffrey Kerr、Rick Lee、Sallyann Roth 與 Jody Scheier，他們為我們提供有關人際關係的獨到見解，書裡處處能找到他們的想法。

在神經科學與行為學領域，我們參考了 Richard Davidson、Cate Fornier、Jonathan Haidt、Steven Johnson 與 Sophie Scott 的研究。是神經科學家凱特幫助我們找到科學與科普的交界，沒有讓我們偏離軌道（希望如此）。

一路上，心理學者朋友 Robin Weatherill 都陪伴著我們，並且提供犀利的評論、故事、觀察與想法。Robin，謝謝你願意當我們的誠實之鏡，也謝謝你在多次週五晚餐和我們聊天南地北，在各方面給予我們寶貴的支持。

世界上的大忙人多得是，但我們的好友亞當．格蘭特**真的**很忙。身為學界最勤勞的男人，亞當在宣傳其出色的著作《給予：華頓商學院最啟發人心的一堂課》的同時，幫忙讀本書的草稿，並提出我們缺漏的研究、想法與構想。

科羅拉多大學的 Scott Peppet 給我們的回饋十分優雅、精確又機智，我們都懷疑他暗暗在取笑我們。如果所有人都能這樣取笑別人，那該有多好。俄勒岡大學法學院院長 Michael Moffitt，是最先收到我們的草稿的人。麥克要求可以寫得更精簡，而我們也努力嘗試了。哈佛法學院的 Bob Bordone 針對本書前半段提供極為有用的回饋，所以如果你讀到一半發現後半段沒那麼好讀，就知道該怪誰了。

喜歡系統思想與喜歡我們的兩類人，只有三個交集：Rob Ricigliano、Judy Rosenblum 與 Linda Booth Sweeney。明明是這麼小的族群，他們竟然從沒見過面。謝謝他們仔細閱讀並提供意見。

艾莉卡．愛瑞兒．福克絲之前忙著寫她自己的書《轉念間，全世界都聽你的》，一直沒空幫我們看稿——也可能是我們忙到沒空幫她。總之，我們雙方都沒有幫忙，但與關係如此親近的朋友同時寫書，真是極盡奢華的體驗。艾莉卡，謝謝妳以作家同伴的身分，給我們愛與鼓勵。

感謝以下各位提供故事、幫忙修稿，又無怨無悔和我們討論他們的想法：Jennifer Albanese、David Altschuler、Lana Proctor Banbury、Stevenson Carlebach、Sara Clark、Nan Cochran、Ann Garrido、Micah Garrido、Jill Grennan、Jack與Joyce Heen、Barbara與Maland Hoffmann、Kathy Holub、Stacy Lennon、Rory Van Loo、Susan Lynch、Celeste Mueller、Lea Ellermeier Nesbit、Andrew Richardson、Susan 與 Bob Richardson、Tom Schaub、Angelique Skoulas、Anna Huckabee Tull、Jim Tull與Karen Vasso。

非常感謝我們在三合管理顧問公司的各位同仁：有創意、勤勞又多才多藝的Sarah Seminski；用才智與和藹征服客戶，以致常常收到各種糕餅的Elaine Lin；三合的靈魂人物，確保除了自己之外所有人都神智正常，瘋狂痴迷流行Depeche Mode樂團的Heather Sulejman。也感謝我們的夥伴——我們心目中最受人喜愛的Debbie Goldstein——妳是我們最想同度人生風風雨雨的人。（對了，Taylor，我們找到Georgette了，她那時候在自己辦公室裡。）

也感謝所有在二〇一三年的三合團隊假期，分享自己想法與見解的人：Emily Epstein、Sharon Grady、Michele Gravelle 與 Sam Brown、Peter Hiddema、Audrey Lee、Ryan Thompson、Gillien Todd與Rob Wilkinson。還有，感謝在各方面幫助我們的同事與朋友：Jeremy Ahouse、Lisle Baker、Eric Barker、Chris Benko、Richard Birke、Robin Blass、Dawn

Buckelew、Cecile Carr、Laura與Dick Chasin，以及公共對話計畫（Public Conversations Project）的各位同僚Jared Curhan、John Danas、Phil Davis、Alan Echtenkamp、Jac Fourie、Amy Fox、Mike Garrido、Jim Golden、Eric Henry、David Hoffman、Bernardus Holtrop、Ted Johnson、Dee Joyner、Ismail Kola、Susan McCafferty、Liz McClintock、Jamie Moffitt、Monica Parker、Brenda Pehle、Jen Reynolds、Grace Rubenstein、Danny與Louise Rubin、Gabriella Salvatore、Joe Scarlett與Mary Fink、Jeff Seul、Olga Shvayetskaya、Linda Silver、Hill Snellings、Scott Steinkerchner、Laila Sticpewich、Wojtek Sulejman、Don Thompson與Joshua Weiss。計畫成形期間，愛荷華作家工作坊（Iowa Writer's Workshop）的BK Loren與二〇一二年夏季的各位同學，給了我們無價的指導與陪伴；在邁向終點的最後一里路，Angelique Skoulas大方和我們分享她在劍橋寧靜的歇腳處；婆婆Susan Richardson與先生John Richardson開心地接管家中大小事；卡萊爾公立圖書館的工作人員也一直在「歡迎回來」與「不打擾」之間保持最理想的平衡。

我們和杜克大學企業教育所的各位合作超過十年了，他們是最棒的合作夥伴，幫忙測試對於面臨全球挑戰與改變的高管與組織而言，哪些做法最有效。Holly Anastasio、Dennis Baltzley、Jonathan Besser、Laurie Beyl、Christina Bortey、Jane Boswick-Caffrey、Nedra Bradsher、Cindy Campbell、Mike Canning、Cindy Emrich、Pete Gerend、Monica Hill、Leah

Houde、Robin Easton Irving、Nancy Keeshan、Tim Last、Mary Kay Leigh、Pat Longshore、Steve Mahaley、John Malitoris、Liz Mellon、Maureen Monroe、Carrie Painter、Bob Reinheimer、Judy Rosenblum、Michael Serino、Blair Sheppard 與 Cheryl Stokes，你們不但是同僚，還成了我們深深信賴的朋友。

非常感謝經紀人 Esther Newberg 與ＩＣＭ的團隊，你們在我們還是初生之犢時接受了我們，這些年來，我們對你們的才華、智慧與支持的謝意，只有加深，沒有減少。

這是我們第二次和維京企鵝出版社團隊合作，這回的成果同樣令人滿意。Susan Petersen Kennedy 與 Clare Ferraro 從一開始就火力全開，我們深深感謝她們對我們的信心。封面設計師 Nick Misani 一出手就大展所長（你以後得了設計獎，記得在感言中提到我們哦）。Carla Bolte 提出了新鮮又誘人的設計。宣傳團隊的 Carolyn Coleburn、Kristin Matzen 與 Meredith Burks，與行銷團隊的 Nancy Sheppard、Paul Lamb 與 Winnie De Moy，和我們一樣深信本書同時屬於商管與心理類，也提出各種將它推廣到不同組織與個人的方案。一路上，Nick Bromley 不遺餘力確保一切都按計畫進行。

我們為編輯 Rick Kot 寫了好幾段致謝，他卻全數刪除，改成一句話「Rick 超棒，就這樣」。我們還想補充：你條理清晰的問題與（無窮無盡的）明智修改，讓這本書變得比最初好太多了，你藏在評語中的幽默也令我們忍俊不禁。Rick，我們願意為你赴湯蹈火——希望不會有這一天，但如果真的有需要，就撥電話給我們吧！

道格想謝謝幾位對他不離不棄的最好朋友：Don、Syl、Kate、Annie 與 Emma；Jimmy、Louisa、Susannah 與 Allyson；Wynn、Phyllis、Sophia、Alexa 與 Nadia；Matt、Luann、Faulks、Holly、Bloss、Manuela 與 Krausens 一家，還有 Sports Barn 與 Monkey Down 的各位。我知道能認識你們這些朋友，絕對是我三生有幸。

還有英俊貌美的各位家人。Rand，小時候我一直把你當成超人，時至今日，你仍是我眼中的超人；Robbie，你有種不可思議的能力，能讓身邊所有人感到安全又快樂（對不起，我小時候不該試圖賣你自來水的）；Julie，妳是我認識的人當中（其中包括我自己）最機智、幽默的人；Dennis、Alana 與 David，謝謝你們愛前面三個人，也謝謝你們當這麼好的親家。謝謝上述各位送我最棒的禮物——我所有的姪子與姪女：Andy、Charlie、Caroline、Colin、Daniel、Luke 與 Matty。媽，我會在獻詞的部分對妳還有爸說兩句。

「致謝」無法完整表示席拉對丈夫 John Richardson，以及三個孩子 Ben、Petey、Addy 的重重負債。他們在我忙於寫作時包容我，還假裝沒記下我虧欠的一切（我在沙發後面找到帳本了）。我超棒的父母 Jack 與 Joyce，給了我一輩子用之不盡的認可與肯定，也教我多少懷疑別人對你的好壞評價。我祖母 Christine 在我寫這本書的過程中，以高齡一〇五歲辭世，她生前天天示範自嘲的藝術。Robert 與 Susan、Jill 與 Jason、Stacy 與 Dan、Jim 與 Susan、Fred 與

Jessica、Andrew 與 Amanda，你們似乎都知道該在什麼時候提問、什麼時候鼓勵，你們給的回饋對我的自我感覺最為重要，而且一直對我很體貼又富有同情心。

在文法與名字這方面，我們想補充幾句話。我們經常用不帶性別意味的「他們」取代「他或她」，雖然這不太符合文法，不過用這種方式，能簡單又清楚地形容那些給我們回饋的人。我們想事先感謝所有選擇不寄信向維京企鵝出版社抱怨的讀者，因為出版社收到這種信，只會對我們說：「早就說了吧！」

本書中使用的人名來自不同的文化與傳統，而我們即使有任何針對文化的評論，也是採取間接的做法。文化當然能深深影響人們給予與聽取回饋的方式，然而，根據我們的觀察，人在接受回饋時的恐懼、不滿與受刺激觸發的反應，是不分文化與族群的。

最後，我們打從心底感謝曾經見過及未來會見到，擁有足夠的勇氣、好奇心與決心，願意在最重要時刻尋求並接受回饋的人。

Eurasian Publishing Group
圓神出版事業機構
用心與你對話 · 網野無限寬廣
先覺出版社
Prophet Press

www.booklife.com.tw reader@mail.eurasian.com.tw

人文思潮 149

# 謝謝你的指教：

## 哈佛溝通專家教你轉化負面意見，成就更好的自己

作　　者／道格拉斯．史東（Douglas Stone）、席拉．西恩（Sheila Heen）
譯　　者／朱崇旻
發 行 人／簡志忠
出 版 者／先覺出版股份有限公司
地　　址／臺北市南京東路四段50號6樓之1
電　　話／（02）2579-6600．2579-8800．2570-3939
傳　　真／（02）2579-0338．2577-3220．2570-3636
總 編 輯／陳秋月
資深主編／李宛蓁
責任編輯／朱玉立
編輯協力／陳子揚
校　　對／李宛蓁．朱玉立
美術編輯／林韋伶
行銷企畫／陳禹伶．朱智琳
印務統籌／劉鳳剛．高榮祥
監　　印／高榮祥
排　　版／莊寶鈴
經 銷 商／叩應股份有限公司
郵撥帳號／ 18707239
法律顧問／圓神出版事業機構法律顧問　蕭雄淋律師
印　　刷／祥峰印刷廠
2021年1月　初版

Thanks for the Feedback: The Science and Art of Receiving Feedback Well
Copyright © 2014 by Douglas Stone and Sheila Heen
Published by arrangement with ICM Partners
through Bardon-Chinese Media Agency
Complex Chinese edition copyright © 2021 by Prophet Press,
an imprint of Eurasian Publishing Group
ALL RIGHTS RESERVED.

定價 460 元　ISBN 978-986-134-369-3 版權所有．翻印必究

◎本書如有缺頁、破損、裝訂錯誤，請寄回本公司調換　Printed in Taiwan

當你能成功地朝著你必須前往的方向完成旅程——
你做了什麼？你就是在掌舵。
在我的工作中，我教大家：
當你在一段關係裡，能透過對話掌舵，這就是談判。
——《鏡與窗談判課》


◆ **很喜歡這本書，很想要分享**

圓神書活網線上提供團購優惠，
或洽讀者服務部 02-2579-6600。

◆ **美好生活的提案家，期待為您服務**

圓神書活網 www.Booklife.com.tw
非會員歡迎體驗優惠，會員獨享累計福利！



國家圖書館出版品預行編目資料

謝謝你的指教：哈佛溝通專家教你轉化負面意見，成就更好的自己／道格拉斯．史東（Douglas Stone）／席拉．西恩（Sheila Heen）著；朱崇旻譯.
-- 初版. -- 臺北市：先覺出版股份有限公司, 2021.01
面；14.8×20.8 公分 --（人文思潮；149）
譯自：Thanks for the feedback : the science and art of receiving feedback well
ISBN 978-986-134-369-3（平裝）
1. 人際關係 2.溝通技巧 3.成功法
177.3　　109019195